Fritz Stern
Verspielte Größe

Fritz Stern

Verspielte Größe

Essays zur deutschen Geschichte

Verlag C. H. Beck München

Die Deutsche Bibliothek – CIP-Einheitsaufnahme
Stern, Fritz:
Verspielte Grösse : Essays zur deutschen Geschichte /
Fritz Stern. – München : Beck, 1996
ISBN 3 406 41328 5

ISBN 3 406 413285

Gesamtherstellung: Freiburger Graphische Betriebe, Freiburg
Gedruckt auf säurefreiem, alterungsbeständigem Papier
(hergestellt aus chlorfrei gebleichtem Zellstoff)
Printed in Germany

Den Freunden in Crottorf

Inhalt

Vorwort

Leben und Leistungen bedeutender Menschen erinnern an die Größe Deutschlands, aber das Leben von Walther Rathenau endete im politischen Mord, das von Haber im verzweifelten Exil und das von Einstein im Haß auf Deutschland. Das Drama der deutschen Geschichte und das deutsch-jüdische Verhältnis bestimmte das Leben jener Menschen. Der Erste Weltkrieg, Auftakt zur Unmenschlichkeit in unserem Jahrhundert, bezeugte deutsche Macht wie auch politisches Versagen. Der Nationalsozialismus, vorerst bejubelt, war das Verbrechen dieses Jahrhunderts, und erst jetzt – nach der Selbst-Befreiung Ost- und Mitteleuropas – hat Deutschland in Europa eine zweite Chance erhalten, ist zur politisch-wirtschaftlichen Größe verurteilt – und zugleich zu einem behutsamen Umgang mit seiner Macht aufgerufen.

Dieser Band besteht aus jüngst verfaßten Studien. Vorträge sind oft Verlockungen, sich neuen Gebieten zuzuwenden. Sie richten sich meist an ein allgemeines, nicht zunft-gebundenes Publikum. Ich habe sie als Versuche zur Vertiefung angesehen innerhalb des Rahmens der deutsch-europäischen Geschichte, mit der ich mich seit Jahrzehnten beschäftige. Einige Aufsätze stützen sich auf neue Archivarbeit, alle auf Überlegungen, die das eigene Engagement widerspiegeln. Der Zeithistoriker kann seine eigenen Erfahrungen und Überzeugungen nicht verleugnen.

Das Buch enthält Rückblicke auf Vergangenheit und Reflektionen über die großen Veränderungen und Herausforderungen der jetzigen Zeit. Drei dieser Vorträge habe ich auf deutsch geschrieben; der Rest wurde übersetzt. Auch das entspricht dem eigenen Werdegang. Der letzte Beitrag hat einen außergewöhnlich persönlichen Ton. Er mag verziehen werden.

Ich danke allen jenen, die die Aufforderung zu diesen Ansätzen gegeben haben und die auch Gelegenheiten zur Diskussion boten. Ich danke Wolfgang Beck für sein spontanes Interesse an meiner Arbeit und Ernst-Peter Wieckenberg für seinen Rat und sein Verständnis.

Die zweite Chance? Deutschland am Anfang und am Ende des Jahrhunderts*

Es war im April 1979. Raymond Aron und ich gingen in Berlin zu einer Gedächtnisausstellung zum 100. Geburtstag von Einstein, Hahn, Laue und Lise Meitner, an Trümmern vorbei, in Gedanken bereits in der Ausstellung, als Aron plötzlich anhielt und unvermittelt und etwas melancholisch bemerkte: «Es hätte Deutschlands Jahrhundert sein können.» Er hatte wohl die Erinnerung an Größe und Verlust im Sinne, als er dies sagte – er, Franzose und Jude, der in Deutschland Anfang der 30er Jahr studiert hatte und später deutsches Denken in Frankreich vermittelte, bedauerte deutsches Scheitern.

Ich habe diesen Satz nie vergessen, wenn mir auch die genauen Umstände, die ihn hervorriefen, erst für die heutige Gelegenheit wieder in den Sinn kamen. Aron hatte recht: es hätte Deutschlands Jahrhundert werden können; am Anfang des Jahrhunderts war Deutschland das Land des dynamischen Aufstiegs. In der Geschichte des modernen Europa gab es immer ein Land – nacheinander Spanien, Frankreich, Holland, Großbritannien –, das ein Zeitalter nicht nur beherrschte, sondern prägte; so konnte man am Anfang des Jahrhunderts erwarten, daß Deutschland einen solchen Vorrang erreichen würde.

* Vortrag am 7. Oktober 1991 in Stuttgart im Rahmen einer Vortragsreihe der Robert-Bosch-Stiftung.

Dies war die Zeit, die ich als erste Chance bezeichnen möchte, und in seinem Leben und Wirken verkörperte Robert Bosch diese Chance. Deutschland im Aufstieg bedeutete wirtschaftliche Macht, und diese Macht wiederum beruhte auf einer unübertroffenen Integration von Wissenschaft, Technik und Unternehmertum; Bosch vertrat diese Integration. Aber deutsche Dynamik beruhte auch auf einem bewundernswerten, wohl auch etwas beklemmenden Arbeitsethos, das Arbeiter und Unternehmer, Beamte und Bürger, Künstler und sogar Akademiker hatten. Es war eine strenge, hoch disziplinierte, tüchtige Gesellschaft mit einem eingeschärften, noch jetzt imponierenden Ernst.

Robert Bosch allerdings war eine hervorragende Ausnahme in seiner Zeit; er war frei von den Vorurteilen seiner Kollegen. Vielleicht war es sein früher Aufenthalt in Amerika 1883/84, von wo er als Dreiundzwanzigjähriger an seine Braut schrieb: «Siehst Du, ich bin Sozialist ... Der Sozialismus ist etwas Großes, Edles, und ihn vollständig und erschöpfend zu ergründen und erklären, dazu sind Bände nötig, die allerdings da sind, aber von unserer Regierung verboten sind und somit nicht leicht zugänglich.» Bosch muß wohl einer der ganz wenigen gewesen sein, die gerade in Amerika den Sozialismus erlernten – auf alle Fälle erinnert sein damaliges Bekenntnis an das ungefähr aus gleicher Zeit stammende Wort von Clemenceau, wenn jemand mit zwanzig Jahren kein Sozialist sei, so habe er kein Herz, und wenn er später noch Sozialist sei, so habe er keinen Verstand. Bosch eben hatte beides und hatte ein Gefühl für die Notwendigkeit des Friedens im Betrieb und in der Politik; 1906 führte er den 8-Stunden-Tag ein und sorgte für bezahlte Ferien. Er hatte Verständnis für die Bedürfnisse von Arbeitern – und für all das wurde er von seinen harten Kollegen als der «rote» Bosch bezeichnet. Er setzte sich vor dem Kriege für den Völkerfrieden ein, für einen Verständnisfrieden im Ersten Weltkrieg, für deutsch-französische Versöhnung nach dem Krieg, und als überzeugter Demokrat war er ein Gegner des aufkommenden Nationalsozialismus. Seine Verpflichtung galt einem friedlichen, demokratischen Deutschland. Seine Hoffnung hat sich nicht erfüllt, und doch war sein Schaffen ein Beweis, daß die zweite Chance tiefe Wurzeln hat.

Allein schon die Namen, die ich nannte – Einstein, Hahn, Laue, Meitner, Bosch –, erinnern an eine Zeit blühender Kreativität. Woher diese Kreativität, dieser Aufschwung in fast allen Gebieten? Das Land förderte Kreativität, angefangen bei einer unübertroffenen Erziehungstradition, fortgesetzt durch die Zusammenarbeit von Wissenschaft, Industrie und Staat, durch Stiftungen, die die reine Forschung unterstützten, durch einen Wettkampf zwischen Ländern und Städten. Auch in Europa gab es einen ständigen Wettkampf: Olympische Spiele auf anderen Gebieten und mit anderen Mitteln. Es war der Geist der Zeit, der Leistung förderte. Sogar ungewollt hat man Kreativität gefördert: So mag z. B. die Diskriminierung der Juden ein Ansporn für deren erstaunliche Leistungen gewesen sein. Es war ein Land der Spitzenleistungen – das besagte auch der erstrangige Anteil von Nobelpreisen, den Deutsche vor 1933 bekamen, das besagte aber auch das kulturelle Leben: Im deutschsprachigen Gebiet kam der Einbruch ins moderne Leben; hier denkt man an den jungen Thomas Mann, an Rilke, an Liebermann und Lovis Corinth, an Freud und Kafka; man sollte ebenso an die Ideen und Errungenschaften des Werkbundes denken, deren Bedeutung Theodor Heuss würdigte. Ich meine, man könnte diese Entfaltung als die zweite Geniezeit bezeichnen; die erste ist bekannt, es war die Zeit des Sturm und Drang, der

Schöpfung einer neuen Sprache und Literatur, einer noch heute ergreifenden Musik, des Aufkommens deutscher Philosophie, die ihren Niederschlag in der Humboldtschen Universität und in politischen Reformen hatte. Sie war ein europäisches Phänomen. In der Zeit von 1890 bis 1914 waren es hauptsächlich Naturwissenschaftler – noch im Stadium einer gewissen Unschuld –, Künstler und Schriftsteller, die es erlauben, von einer zweiten Geniezeit zu sprechen. Von einer dritten Geniezeit – sie wäre eigentlich fällig am Ende des Jahrhunderts – wüßte ich nichts zu berichten.

Das Vorkriegsdeutschland genoß weltweites Prestige und eine unübertroffene, friedliche Ausstrahlung. Deutsche Wissenschaft und deutsche Universitäten wurden als vorbildlich betrachtet, wie auch deutsche Technik und Leistungsfähigkeit. Das galt auch für die Sprache, weitverbreitet besonders in Osteuropa; in Amerika gab es Millionen, deren Muttersprache Deutsch war.

Die große Zeit hatte ihre fatalen Schwächen – Schwächen, die es vielleicht zu jener Zeit in allen Ländern gab, die aber in Deutschland besonders schwerwiegend und letzten Endes selbstzerstörerisch waren. Ich will nicht auf die zunftbedingte Debatte über einen deutschen Sonderweg eingehen. Es genügt, daran zu erinnern, daß es viele deutsche Kritiker gab, die ihre Zeit mit größter Sorge betrachteten. Sie wußten, daß ihr Land sich anders entwickelt hatte als die westlichen Länder und waren stolz oder bestürzt ob dieser deutschen Entwicklung. Es gab im Wilhelminischen Reich nicht nur politische Opposition, sondern auch tiefe Besorgnis um die kulturelle und politische Zukunft des Landes.

Ich möchte nur an jene zwei Kritiker erinnern, die meines Erachtens die fundamentalsten Wandlungen im deutschen Leben erkannten. Nietzsche hat nicht nur den deutschen Bildungsphilister angeprangert; seine Kritik ging viel weiter: «Es kennzeichnet die Deutschen, daß bei ihnen die Frage ‹was ist deutsch?› niemals ausstirbt ... Die deutsche Seele hat Gänge und Zwischengänge in sich, es gibt in ihr Höhlen, Verstekke, Burgverliese; ihre Unordnung hat viel vom Reize des Geheimnisvollen; der Deutsche versteht sich auf die Schleichwege zum Chaos ... ‹Gutmütig und tükkisch› – ein solches Nebeneinander, widersinnig in bezug auf jedes andere Volk, rechtfertigt sich leider zu oft in Deutschland ...» Aber wohl noch wichtiger war Nietzsches Wahrnehmung des meist verschleierten Verfalls des religiösen Glaubens: woher der Halt der Menschen, woher die Werte in einer Welt, die von einer stillen Säkularisierung ergriffen ist?

Max Weber beschrieb die rationalistisch-bürokratische Welt, die Welt der Entzauberung – in der falsche Zauberer eine große Gefahr sein konnten. Weber, anders als Nietzsche ein betonter Patriot, schrieb noch im Kriegsjahr 1917 von «dem auffallenden Mangel an Anmut und Würde der deutschen äußeren Haltung», einem Mangel im Vergleich zu anderen Ländern. Es genügt, an Nietzsche, den oft verkannten Diagnostiker, und an Max Weber zu erinnern: Der eine sah die Gefahren von philosophisch-psychologischer, der andere von politisch-soziologischer Seite. Beide – in Sprache und Methode so verschieden und doch in ihrem leidenschaftlichen Ringen um die Wahrheit verwandt – leben weiter im Geist unserer Zeit, vielleicht besonders anerkannt außerhalb Deutschlands.

Voraussehende Kulturkritiker gab es viele – aber das wirklich Fatale im Wilhelminischen Reich war die politische Kultur, gekennzeichnet nach außen durch einen verheerenden Nationalismus, eine Überheblichkeit, die von geheimer Unsicherheit kam, einen Nationalismus, der sich gegen Menschen und Klassen im eigenen Land richtete. Das geeinigte Deutschland von 1871, zuerst erschüttert durch den sogenannten Kulturkampf, wurde ein Land der Zerrissenheit, wo soziale Gegensätze durch politische Führung und Einrichtungen nicht nur nicht gemildert, sondern stets verschärft wurden. Jeder Industriestaat hatte seinen Klassenkonflikt – in keinem anderen Lande wurde er so bitter ausgetragen wie in Deutschland. Die Diskrepanz zwischen moderner Wirtschaft und autoritärer, ja feudaler Struktur im politisch-sozialen Gebiet war der oft beklagte zerstörende Makel des Kaiserreiches. Moderne Wirtschaft bedingte ein stets anschwellendes Proletariat, das gerade in Deutschland in den Mietskasernen der Großstädte zu einem unwürdigen, enteigneten Leben verurteilt war.

Die Sozialdemokratie gab diesem Proletariat Hoffnung – und zwar Hoffnung auf ein besseres Leben, auf demokratische Gleichberechtigung, auf soziale Gerechtigkeit. Die Besitzenden schwelgten in Angst vor den Sozialdemokraten mit ihren Dogmen des Klassenkampfes und des Sozialismus, mit ihrer Beschwörung von Revolution und ihrer roten Flagge – und selbst als die Sozialdemokratie nach 1890 mehr und mehr reformistisch und revisionistisch wurde, hat die Oberschicht sie weiter als Feind, als Hort der «vaterlandslosen Gesellen» betrachtet und behandelt. Es kam zu einem gewollten Mißverständnis. Im Jahr 1895 beschrieb Max Weber die Situation: «Gefährlich und auf die Dauer mit dem Interesse der Nation unvereinbar ist es, wenn eine ökonomisch sinkende Klasse die politische Herrschaft in der Hand hält. Aber gefährlicher ist es, wenn Klassen, zu denen hin sich die ökonomische Macht und damit die Anwartschaft auf die politische Herrschaft bewegt, politisch noch nicht reif sind zur Leitung des Staates. Beides bedroht Deutschland zur Zeit und ist in Wahrheit der

Schlüssel für die derzeitigen Gefahren unserer Lage.» Auch erkannte Weber den «ökonomischen Todeskampf des alten preußischen Junkertums ...» Das deutsche Unglück war die Kompromißlosigkeit der Oberschichten, eine Mischung von Arroganz und Angst, verbrämt durch einen nationalistischen Idealismus, verkörpert von einem in seiner Unsicherheit tief modernen Menschen, von Wilhelm II. – diese Realität ist aber nur vorstellbar, wenn man sich an die Mentalität jener Zeit erinnert. Man muß die Menschen aus ihrer Zeit verstehen und ihre Worte hören. So bekannte der junge Ernst Reuter im Jahre 1913 seinen Eltern gegenüber: «Ich kann nichts dafür, daß ich Sozialist bin ... Es ist die heiße und glühende Liebe zu meinen Volksgenossen.» Für den Vater aber war die Sozialdemokratie Verrat an Vaterland und Christentum, an den heiligsten Gütern seines Lebens – und so spiegelte sich im Familienleben das Drama der deutschen Zerrissenheit wider. Zur gleichen Zeit warnte der sozialdemokratische Reichstagsabgeordnete Ludwig Frank, ein Vorkämpfer für sozialdemokratisch-liberale Zusammenarbeit, wie sie in seinem Baden bereits existierte, vor der «törichten Protzerei in ‹nationaler Gesinnung›, wie sie von oben befohlen und in großgezogenen Organisationen verbreitet wird.» Arbeiter seien nicht vaterlandslos: «Wer diesen wahren Trägern und Stützen des Vaterlandes die Heimat liebenswert macht, der handelt national. Wer weniger Kasernen, aber mehr Schulhäuser verlangt, der handelt national.» Aber es kam zu keinem Verständnis, zu keiner Versöhnung; im August '14 meldete sich Frank, glühender Patriot, 44 Jahre alt, Jude, sofort als Freiwilliger und fiel Wochen später, am 3. September.*

* Theodor Heuss' Nachruf in *Die Hilfe* zeugt von Vorkriegshoffnungen, die Ludwig Frank verkörperte: «Die deutsche Volkszu-

Wieviel Unglück hat dieses Land – wie auch andere Länder und auch noch heute – erlitten in dem Streit, wer wirklich national sei.

Es gab eine fatale Verbindung zwischen verbitterter Innen- und sinnlos aggressiver Außenpolitik. Allein der Flottenbau – diese Verkettung von industriellem Interesse, offizieller Prestigepolitik und nationalem Verlangen, stets aufgebauscht von bezahlter Propaganda – hat die deutsch-englische Rivalität, die sowieso bestand, zu einem verhängnisvollen Konflikt geschürt, der in England noch heute eine meist unbewußte Komponente von gelegentlichem Mißtrauen ist. Genügt da nicht das Urteil jenes vorsichtigen, wenn auch irgendwie entwaffnenden Reichskanzlers Bethmann Hollweg, der am 20. Juli 1914, in tiefer Sorge, daß es doch zum Krieg kommen würde, seinem Privatsekretär Kurt Riezler anvertraute: «Die früheren Fehler, gleichzeitig Türkenpolitik gegen Rußland, Marokko gegen Frankreich, Flotte gegen England, alle reizen und sich allen in den Weg stellen und keinen dabei wirklich schwächen. Grund: Planlosigkeit, Bedürfnis kleiner Prestigeerfolge und Rücksicht auf jede Strömung der öffentlichen Meinung. Die ‹nationalen› Parteien, die mit dem Radau über die auswärtige Politik ihre Parteistellung halten und festigen wollen.»

kunft verlor einen ihrer stärksten und notwendigsten Führer … Und keiner war so erwählt und berufen wie dieser, durch Verstand, Charakter, Autorität, Klugheit und Verantwortung für die ganz neu zu lösenden Fragen unserer inneren Politik Entscheidungen zu prägen. Uns allen, dem Volk und den Regierungen ist er der schmerzlichste Verlust, den dieser Krieg bisher gebracht … Als er die Grenze überschritten hatte, warf ihn eine französische Kugel nieder, und in raschem Schmerz schloß sich für immer der Mund, der ein Prediger staatlicher Freiheit und deutscher Kultur gewesen ist.»

Der Weltkrieg fing an mit der Erhebung, der Begeisterung vom August 1914: Endlich, so meinte man, gab es wieder ein geeintes Volk. Der Krieg hat die ungeheure militärisch-wirtschaftliche Kraft des Reiches bewiesen, aber der unerwartet lange Krieg mit seinen verhüllten Kriegszielen und seinen verheerenden Verlusten führte doch wieder zur erneuten Entzweiung – und im Schatten des Schreckens, des Sterbens und des Hungers in viel schärferer Form. Auch im Krieg kam es wieder zum Kampf im Innern und zum ewigen Streit zwischen Militär und Zivilregierung. Von all dem durfte das Volk nichts wissen: Militärische und politische Wahrheit wurde unterdrückt; viele Persönlichkeiten, auch aus dem konservativen Lager, wußten von den Fehlentscheidungen und den Verbissenheiten der oberen Schichten, hüllten sich aber in patriotisch bedingtes Schweigen. Nur so konnte es dazu kommen, daß die Niederlage als katastrophale Überraschung kam und daß die alten Führungsschichten sie als Dolchstoß von Verrätern darstellen konnten. Wie sehr während und nach dem Krieg das Land der Wirklichkeit entfremdet und der Lüge verschworen war – rückblickend kann man es vielleicht besser verstehen. Versailles und der Bolschewismus werden oft verantwortlich gemacht für das Scheitern der ersten deutschen Republik; sicher hat die internationale Lage die Möglichkeiten Weimars vermindert, die Alliierten haben schwere Fehler, gerade auch psychologischer Art, begangen. Der Bolschewismus hat einen permanenten Bürgerkrieg entfaltet. Aber der Haß im eigenen Land, die verbitterte Zerrissenheit, war der entscheidende Faktor beim Untergang Weimars und dem Aufstieg Hitlers. Mit Recht besinnt man sich auf die großen Leistungen der Weimarer Zeit – in Wissenschaft und Kunst wie auch auf sozialem Gebiet. Aber die Politik wurde von Emotionen und Interessen beherrscht; der

Haß, verschärft durch eine noch nie dagewesene Wirtschaftskrise, ermöglichte Hitlers Erfolg.

Die erste Chance, daß Deutschlands Größe, von aller Welt hoch geschätzt, sich in friedlicher Macht ausbreiten könnte, scheiterte im Ersten Weltkrieg. Die Schreckensherrschaft des Nationalsozialismus, der noch einmal Begeisterung und Siegesstimmung hervorrief, hat schließlich alles verspielt und hat dem Land eine Last aufgebürdet, wie sie wohl kein anderes Land ertragen muß. Ich erinnere an das Urteil des deutschen Historikers Ludwig Dehio, der kurz nach dem Zweiten Weltkrieg schrieb: «Die Voraussetzung zu *jeder* schöpferischen Reaktion Deutschlands auf die Epoche der Weltkriege ist die rücksichtslose Erkenntnis unserer furchtbaren Rolle in ihr als der letzten und also der höchst-dämonisierten Hegemonialmacht des absinkenden alten Europa.» Am Anfang der 50er Jahre waren es eher deutsche Politiker als Historiker, die dieses Urteil als Prämisse ihrer Arbeit angenommen haben. Historiker hatten wohl ihre eigene unerfreuliche Vergangenheit zu bewältigen, während die großen Persönlichkeiten jetzt in dem politischen Leben zu finden waren – wohl zum ersten Mal seit der Reformzeit am Anfang des 19. Jahrhunderts.

Was meine ich mit zweiter Chance, jenem so seltenen Geschenk für Menschen und Völker? Was bedeutet diese zweite Chance, unerhofft, vom Weltgeist gewagt? Das heutige, neue Deutschland ist mächtiger, als es je in den letzten 45 Jahren war; durch eigenes Verdienst und durch die List der Geschichte ist es zur führenden Macht in Europa geworden: Der Abstieg Rußlands hat dem neuen Deutschland eine noch größere Macht aufgebürdet. Die nationale Wunde ist geheilt, das nationale Ziel erreicht; Deutschland lebt – zum ersten Mal in der modernen Geschichte – in sicheren Grenzen. Es ist eine globale Wirtschaftsmacht geworden. Dank behutsamer Politik der Bundesrepublik, dank – auch diesmal wieder – seiner Wirtschaft, Technik und Leistungsfähigkeit hat dieses Deutschland eine Vormachtstellung in Europa errungen. Zweimal in diesem Jahrhundert hat es eine Vormachtstellung mit allen Mitteln angestrebt, und zweimal ist dieses Verlangen mit entsetzlichen Verlusten für das eigene Volk und für andere Völker gescheitert. Das heutige Deutschland ist, auch wenn es das nicht will, zur Größe verurteilt. Die zweite Chance besteht darin, daß ein mächtiges Deutschland seine Kraft, seinen Reichtum, sein Streben für den Frieden und die Vernunft einsetzt, daß es nicht nur rhetorisch Europa beschwört, sondern auch hilft, es realistisch zu verwirklichen.

In dem alten Europa hatte Macht etwas unvermeidlich Anziehendes: Die Geschichte Europas ist die Geschichte eines steten Kampfes um Großmacht, ein Wettkampf friedlicher und kreativer Art oder ein Kampf zerstörerischer Art. Macht hatte etwas Verlockendes, Verführerisches, Dämonisches – jetzt ist es, auch gerade für Deutsche, eher etwas Abschreckendes. Die Substanz der Macht hat sich verändert: Heute wird Macht an Wirtschaft, Technik und Wissenschaft gemessen – weniger wohl an Kultur und Geistesleben, obwohl gerade auch auf diesen Gebieten das neue Deutschland noch viel leisten könnte und müßte. Auf alle Fälle wird der deutsche Soldat als möglicher Feind heute nicht mehr gefürchtet, allenfalls gefördert; gefürchtet wird die Macht der D-Mark und deren Vorstoß zur Veto-Macht. Von der neuen Bundesrepublik wird viel verlangt: Man sprach früher von dem Prinzip *noblesse oblige;* heute ist es wohl eher *richesse oblige* – und geforderte Hilfe ist nicht immer leicht zu ertragen.

Das größere Deutschland ist mächtiger und unabhängiger, als es je die alte Bundesrepublik gewesen war. Die alte Bundesrepublik – im Zeichen des kalten Krieges – brauchte und erhielt den Schutz der Alliierten, am klarsten in der Verteidigung Berlins. Jetzt erst beginnt die viel größere Verantwortung, jetzt besteht ein noch größeres Bedürfnis an staatsmännischem Geschick. Die Bundesrepublik wird jetzt mit viel größeren Aufgaben konfrontiert, und sie erfährt dabei sowohl Anerkennung wie auch Widerwillen der anderen, den letzteren zum Teil aus Neid und sich widersprechenden Interessen, verschärft immer wieder durch Vergangenheitserinnerungen. Politische Verantwortung bedingt Verständnis des anderen – und das fällt keiner Nation leicht, und den Deutschen, verunsichert durch die eigene Geschichte, vielleicht am wenigsten.

Trotz allem habe ich in privaten wie in öffentlichen Gesprächen immer wieder meine Zuversicht betont und auch davor gewarnt, daß die Ängste der Vergangenheit nicht die Hoffnung auf die Zukunft verbauen sollten. Woher das Zutrauen?

Die Wiedervereinigung Deutschlands konnte sich vollziehen dank einer einmaligen internationalen Konstellation: Ich erinnere an den sowjetischen Reformer, an die sich selbst befreienden osteuropäischen Länder – aber auch an das sichere schnelle Zugreifen der Bundesrepublik. Die Wiedervereinigung war eine Art zweiter Anerkennung der Bundesrepublik, Anerkennung einer Politik der Verläßlichkeit, der Vernunft, bei allen gelegentlichen Entgleisungen, auch Entgleisungen letzter Zeit. Die Wiedervereinigung stand nicht im Zeichen eines deutschen Nationalismus; es gab keinen nationalen Triumphalismus. Das rein Materielle hat sicher eine große Rolle gespielt – auf beiden Seiten; die Menschen drüben wollten nicht nur ein freies, sondern auch ein besseres Leben; in der alten Bundesrepublik gab es die Furcht vor einer Massenflucht nach Westen. Und doch: Es war ein Aufstand für elementare Freiheit; die Menschen in Leipzig und Halle, in der damaligen DDR überhaupt, haben bewiesen, daß eine deutsche Revolution, eine friedliche Revolution, möglich ist.

Woher meine Zuversicht? Die alte Bundesrepublik hat etwas geleistet, was in den vorhergehenden Jahrzehnten nicht erreicht werde – die Überwindung der alten Zerrissenheit. Sie lebt mit verfassungsmäßigen Institutionen, die allgemein anerkannt werden, von denen man erwarten kann, daß sie auf friedlichem Wege die unvermeidlichen Konflikte austragen können. Diese Konflikte innerhalb Deutschlands werden nicht mehr aufgebauscht durch weltanschauliche Prinzipien, durch Freund-Feind-Denken. Ich weiß um das Unbehagen, das die Bundesrepublik früher und auch jetzt von Zeit zu Zeit befällt – wohl auch zu Recht, wie das in anderen Ländern auch der Fall ist. Der Unterschied aber zum früheren Klassenkampf, zum inneren Haß, ist unverkennbar: Dank wirtschaftlicher Kraft, aber auch dank eines neuen Denkens hat die Bundesrepublik eine innere Befriedung geschaffen – es gibt Unbehagen vielleicht gerade wegen zu viel Befriedung, aber die errungene Befriedung soll und darf nicht unterschätzt werden. Ich konstatiere diese Befriedung von einem historischen, nicht zeitgenössischen Standpunkt, auch ist sie wohl mit wirtschaftlichem Wohlstand untrennbar verbunden. Die Entschärfung innerer Kämpfe gab der bundesrepublikanischen Außenpolitik ihre Beständigkeit; noch gibt es innenpolitische Kräfte, die die Politik der Versöhnung zeitweise stören, aber im Vergleich zu früheren Zeiten ist die Politik gegenüber anderen Nationen nicht mehr von einem grundsätzlichen Widerwillen geschwächt; im Gegenteil.

Das antiwestliche Ressentiment, das das deutsche Geistesleben von 1890 bis 1945 so oft verstört hat, ist praktisch verschwunden. Wie so viele wünschte auch ich, daß man von dem Verschwinden jeglicher xenophober Ressentiments sprechen könnte: das Bild ist zwiespältig. Am heutigen Tage wird der deutsch-tschechisch-slowakische Vertrag paraphiert: ein etwas verspäteter Triumph der praktischen Vernunft. Die brutalen Ausschreitungen gegen Fremde, die innenpolitisch ausgenutzt werden, zeugen von Unvernunft und werden gerade auch vom Ausland mit Bestürzung wahrgenommen. In vielen Ländern gibt es Angst vor Überfremdung: Hat dieses Land nicht eine besondere Verpflichtung Asylsuchern gegenüber?

Und doch: Der erste Prüfstein für die demokratische Gesinnung und staatsmännische Verantwortung des heutigen Deutschland liegt woanders: Wie behandeln Deutsche Deutsche – die innere Entzweiung hat schon immer außenpolitische Vernunft bedroht. Das Unglück der ersten Chance war die innere Zersplitterung; daran muß man denken, wenn man die zweite Chance wahrnehmen will.

Die formelle Einigung ist gelungen; die Mauer ist verschwunden, das Land ist offen und neu zu entdekken; die Menschen sind frei. All das gibt Anlaß zur Freude, von der der Außenstehende allerdings wenig spürt. Es gibt Grund zur Freude und Dankbarkeit – und Freude ist etwas grundlegend anderes als Triumphalismus.

Die wirtschaftliche Einigung steht wohl immer noch im Vordergrund und wird auch vom Ausland gründlichst verfolgt. Man unterschätzte die Schwierigkeiten – und vielleicht wollte man sie auch unterschätzen; aber jetzt gibt es bereits die ersten Anzeichen des Fortschritts, des Wiederaufbaus. Die wirtschaftliche Sanierung verlangt Opfer auf beiden

Seiten, aber sie wird gelingen, und vielleicht mit größerem Erfolg für die sogenannten neuen Länder, als man ehemals angenommen hat. Wirtschaftlicher und sozialer Fortschritt, Aufheben des großen Unterschieds zwischen West und Ost, dies sind Vorbedingungen für die meines Erachtens wichtigste und schwierigste Art der Wiedervereinigung, die innere, die menschliche Wiedervereinigung.

Diese innere psychologische Versöhnung verlangt Klarheit und Mut zur Wahrheit. Ist man sich voll bewußt, wie schwer diese Wiedervereinigung sein wird? Im November 1989 dachte ich unwillkürlich an eine entfernte Parallele: Ich dachte an die Folgen des amerikanischen Bürgerkrieges – wie lange hat es gedauert, bis der geschlagene Süden sich dem Norden ebenbürtig gefühlt hat. Der Geist Abraham Lincolns, wohl der humanste Staatsmann, der je einen furchtbaren Krieg führen mußte, verschwand mit seinem Tode. Seine Großmut und sein Handeln fordern noch heute zum Nachdenken heraus. Ich betone noch einmal, daß die innere Heilung Wahrheit braucht: Gerade in der deutschen Politik ist vieles oft verschwiegen worden; Schweigen kann Gold oder auch Gift sein.

Es ist nicht leicht, als Außenseiter über die inneren Herausforderungen für das neue Deutschland zu sprechen. Am 17. Juni 1987 im Bundestag sagte ich: «An diesem Tage soll man der klaren, mutigen Stimmen aus dem anderen deutschen Staate gedenken, die Menschenwürde und Menschenrechte fordern. Diese Stimmen kommen oft aus der Kirche, einer Kirche, für die die Lehre und das Beispiel Dietrich Bonhoeffers noch sehr lebendig sind, und allein dieser Name erinnert an die Opfer eines anderen unvergeßlichen Moments deutschen Widerstandes.» Rückblickend darf man sagen, daß die Kirche in der DDR eine wichtige Schutzstellung gab, aber sie war nicht allein. Die

Menschen in dem anderen Land – man nannte es manchmal ein fremdes Land – haben gelitten: Sie hatten weder Freiheit noch Wohlstand. So lange es möglich war, sind viele geflohen, haben die Heimat und oft die Familie verlassen. Für die meisten war es eine schwere, unverdient schwere Zeit.

Bezeugte die Mauer nicht den Widerwillen, die Ablehnung des Regimes im eigenen Land? Sollte man sich da nicht erinnern, daß der Nationalsozialismus keine Mauer brauchte, der Nationalsozialismus sogar von mehr als einem Drittel der Bevölkerung in freier Wahl gewählt wurde? Im Osten waren es forcierte 99 % für Ulbricht und Honecker. Die Bürger der ehemaligen DDR müssen nicht nur ein neues Leben anfangen – dies kann ein beschwingendes Erlebnis sein, kann aber auch eine Art psychischer Überlastung darstellen. Alle müssen sich mit der bis jetzt mit Lügen behafteten Vergangenheit auseinandersetzen: Nach beinahe 60 Jahren brauner und roter Diktatur, in denen Terror und Lüge die Wahrheit verbannt hatten, werden sie jetzt mit einer verworrenen Vergangenheit konfrontiert, nicht als etwas Abstraktes, sondern auch als etwas, was das eigene Leben berührt. Wie haben sich Eltern und Freunde verhalten, wie weit ging die Komplizität, das Mitmachen, wer hat wen für die Stasi bespitzelt? Es gibt Enttäuschungen über Freunde, Erbitterung über die Nutznießer des Unrechtsregimes, und jetzt kommt dazu die Bestürzung, daß Freiheit auch Skinheads, intolerante, brutale Xenophobie hervorbringt.

Wie kann man bei diesem Prozeß dem Selbstverständnis, der Vergangenheitsbewältigung helfen? Bestimmt nicht mit Vormundschaft, mit Besserwissen. Man schuldet den Bürgern der ehemaligen DDR mehr als Abwicklung, man schuldet ihnen unter anderem einen Versuch der Erklärung: Wie konnte es zu einer zweiten deutschen Diktatur kommen, einer Diktatur, die auch mit Hoffnung begann? Vielleicht ist die Zeit gekommen, wo man eine europäische Geschichte der Anpassung, der politischen Verletzlichkeit, ja auch der Feigheit schreiben könnte. Ich habe einen ostdeutschen Pastor gehört, der unter dem Druck des Nicht-Verstanden-Werdens plötzlich sagte: «Ich fühlte mich als Befreier und fühle mich jetzt als Besiegter.» Man sollte den Mut von Hunderttausenden nicht vergessen, die eine friedfertige deutsche Revolution vollbracht haben. Auch die Bürger der Bundesrepublik hatten es am Anfang schwer, trotz Hilfe vom Ausland; es bedarf nicht irgendeiner Bilanz des Leidens, sondern des gegenseitigen Verständnisses, das meines Erachtens von Historikern in aller Öffentlichkeit vollzogen werden sollte. Sie könnten helfen, Mißstimmungen zu vermindern.

Erlauben Sie einem Historiker und Lehrer, wenn er auf das Erziehungswesen direkt eingeht: In unseren Ländern ist das *Lernen* schwierig und umstritten – wieviel schwieriger ist das *Um*lernen. Wie kann man Menschen zur politischen Mündigkeit verhelfen, sie von der Partei-Orthodoxie befreien? Es gibt eine Fülle von Problemen, deren Behandlung auch die Bürger der alten Länder berühren sollte: Man wird an die eigene Vergangenheit erinnert, an die eigene nicht immer gelungene Auseinanderesetzung mit den Folgen der Diktatur. Die Erfahrung der auferlegten Lüge, der Partei-Orthodoxie könnte vielleicht auch neue pädagogische Impulse hervorrufen; vielleicht kommt es gerade auch in den neuen Ländern zu neuen Ansätzen in Erziehung und Wirtschaft, und wir könnten neue Ansätze gebrauchen; unsere westliche Gesellschaft ist nicht vollendet, man soll sie ruhig einmal mit den neu geöffneten östlichen Augen sehen.

Die alte Bundesrepublik ist langsam wieder

Deutschland geworden. Die Welt muß sich an diese Fakten gewöhnen, aber Deutsche müssen verstehen, daß das neue starke Deutschland alte Ängste hervorruft; diese Ängste werden auch gelegentlich unnötig bestätigt – ich denke an die so verzögerte Anerkennung der deutsch-polnischen Grenze.

Vielleicht sollte man sich bewußt sein, daß das Land eine zweite Chance erhalten hat, daß dies Grund zur Freude, zum Ansporn ist, aber auch dies endlich beruhigte Land vor neue Aufgaben stellt. Ich habe hier manchmal das Gefühl der Verkrampftheit, daß man sich hinter praktischen Problemen versteckt, um die tieferen menschlichen Fragen zu vermeiden.

Ich betone noch einmal, daß meines Erachtens eine gewisse Zuversicht erlaubt und nötig ist. Das neue Deutschland ist nicht allein. Schon das macht den großen Unterschied zur ersten Chance: Es ist politisch, wirtschaftlich und – endlich – auch geistig mit dem Westen, mit Europa verbunden.

Dieses neue Deutschland existiert in einem völlig veränderten Europa, einem Europa, an dessen Bau die Bundesrepublik an führender Stelle mitgewirkt hat. Es ist das erste Mal in der Geschichte Europas seit der Gründung von Nationalstaaten, daß die Menschen von der Gefahr eines großen Krieges befreit sind, denn trotz der jugoslawischen Tragödie, trotz des wiederauftobenden Nationalismus, der zwar blutige Auseinandersetzungen und wohl auch Bürgerkriege entfalten könnte, ist ein Krieg, wie wir ihn zweimal in diesem Jahrhundert erlebt haben, nicht denkbar.

Aber dieses Europa bleibt eine Herausforderung für die führenden Länder Europas: Noch besteht kein Sicherheitssystem, das den gemeinsamen Frieden sichert, noch ist nicht entschieden, was für ein Europa es sein soll. Soll es ein Europa der Vaterländer sein, wie es de Gaulle beschrieb und wie es eiserne Damen noch heute vertreten, ein Europa der nationalen Egoismen, mit Brüsseler Prägung: Sicher ist schon ein solches Europa ein großer Fortschritt gegenüber dem alten verfeindeten Europa, aber es gibt andere Visionen, wie das Europa, das Jacques Delors im Auge hat: ein integriertes Europa mit Institutionen, die nicht nur eine gemeinsame Wirtschaftspolitik vermitteln können, sondern ein Europa, das eine gemeinsame Weltpolitik haben würde und ein übernationales System der Verteidigung. Ein solches Europa zu gestalten, verlangt nicht nur einen Abschied von souveränen Nationalstaaten, sondern verlangt Institutionen, die die demokratischen Rechte der Selbstbestimmung wahren können. Es muß ein wirklich demokratisches Europa werden und nicht nur ein wirtschaftsmächtiger Koloß. Vielleicht besteht ein gewisser Widerspruch zwischen der Vision von Delors und der jetzigen Brüsseler Wirklichkeit, der Brüsseler Bürokratie, die nicht gerade Charisma ausstrahlt. Bei der Entscheidung, welches Europa und in welchem Tempo es aufgebaut werden soll, wird Deutschland eine entscheidende Rolle spielen, aber es besteht ein noch dringenderes Verlangen heute – die Verpflichtung dem Osten, besonders den drei selbstbefreiten und bedrängten Ländern gegenüber: Sie gehören zu Europa. In der Zeit der Unterdrückung haben die späteren Befreier ein tieferes Verständnis für Europa empfunden als die meisten Westeuropäer; gerade hier – aus Gründen der geopolitischen Lage und in Erinnerung an die Vergangenheit – sollte Deutschland alles tun, um diesen Ländern auch den vollen Anschluß an Europa so bald wie möglich zu vermitteln. Sie hatten bereits meinen Freund Bronislaw Geremek, Historiker und führendes Mitglied von Solidarność, eingeladen: Ist er nicht ein überzeugender Repräsentant des neuen Europa?

Der neu aufbrausende Nationalismus ist eine große Gefahr. Aggressiver Nationalismus neigt – anders als Patriotismus – zur Intoleranz und zum Illiberalismus. Die Bundesrepublik hat, besser als viele andere Nationen, den Nationalismus und den ihm oft anhaftenden Militarismus überwunden – aber nationaler Egoismus von jeglicher Seite hat etwas bedrohlich Ansteckendes an sich.

Es wäre falsch, wenn man von der Bundesrepublik erwartete, daß sie keine nationalen Interessen hätte. Sie muß einen Ausgleich finden zwischen nationalen und übernationalen Interessen, sie muß den Zusammenhang zwischen den beiden finden und klar darstellen. Man soll nur nicht die wirklichen Interessen verheimlichen: Die erste Chance wurde verspielt durch zu große Verheimlichung.

Die deutsch-amerikanischen Beziehungen werden schwieriger zu gestalten sein, als dies in den letzten 45 Jahren der Fall war. Diese Beziehungen waren nie so unbelastet, wie man bei jeder neuen Krise rückblikkend gedacht hat. Aber die Selbstverständlichkeit der amerikanischen Präsenz, die Notwendigkeit, Amerika zum Schutz der Bundesrepublik und von Berlin an der Seite zu haben, fällt weg. Jetzt werden neue Belastungen hervortreten: so zum Beispiel die politischen Erwartungen Amerikas an deutschen Beistand auch außerhalb des NATO-Gebiets, dann weiterhin die wirtschaftlichen Interessen, die trotz allem gemeinsamen Einsatz für einen freien globalen Markt auch Rivalitäten und Konflikte, wahrscheinlich in verstärktem Maße, mit sich bringen. In sämtlichen Wirtschaftsgremien – in Brüssel, in der Gruppe der sieben wichtigsten westlichen Industrieländer, in der Weltbank – wird Deutschland eine weit mächtigere Stelle einnehmen müssen als bisher; und jede Vorrangstellung erregt Unwillen, und dieser Unwillen mag durch

Vergangenheitserinnerungen noch belastender wirken. Auf all diesen Gebieten – ganz gleich, ob es um harte wirtschaftliche Konflikte geht oder um die Zukunftspläne für Osteuropa – muß das neue Deutschland viel Verständnis für die Außenwelt aufbringen, muß es immer wieder Takt üben – ein Talent, das keine Nation auf immer gepachtet hat. Größeres Wissen von anderen kann Takt und Rücksichtnahme erleichtern.

Das neue Deutschland – wie auch die anderen reichen Länder der Welt – steht vor kaum vorstellbaren globalen Herausforderungen: Drei – bald auch vier – Milliarden Menschen leben in Armut und wissen um den Reichtum der anderen; zu unserer Schande haben wir auch die sogenannte Dritte Welt in unseren Städten, zum mindesten ist dies der Fall in Amerika. Kann man eine neue Weltordnung planen oder erwarten, die nicht diese Armut und ihre Ansprüche berücksichtigt? Die große Angst vor einer Massenflucht aus Osten und Süden nach Europa ist verständlich, aber ihr kann leicht etwas Brutales anhaften. Soll Europa zu einer Stätte des protektionistischen Wohlstands werden? Der Zusammenbruch im Osten sollte uns noch bewußter machen, wie gerade die Industriestaaten die Umwelt geschädigt haben. Auch hier bedarf es einer globalen Verantwortung.

Der Kollaps der Sowjetunion bedeutet, daß es nur noch eine Supermacht gibt; aber auch die USA befinden sich in einem Moment der inneren – noch kaum erkannten – Schwäche. Es gab eine Zeit nach 1941, da haben viele Menschen das amerikanische Jahrhundert beschworen, aber es entwickelte sich zu einem sehr kurzen, wenn auch vergleichsweise erfolgreichen Jahrhundert. Die Pax Americana ist heute weder wirtschaftlich noch innenpolitisch tragbar. Es ist eine Ironie der Geschichte, daß im Moment des bolschewistischen Bankrotts der amerikanische Kapitalismus auch angeschlagen ist; die Reagansche Politik und noch mehr die Reagansche Stimmung haben schnellen Gewinn anstelle von dynamischem Aufbau gesetzt. Auch die Habgier wurde bei uns in gefährlicher Weise dereguliert. Sie wissen um die Schwächen Amerikas und um das tiefste Problem von allen, das Rassenproblem, wobei ich hinzufügen möchte, daß gerade das gesteigerte Bewußtsein von diesem schweren Problem das Land bewegt – im doppelten Sinne des Wortes. Und doch hat das Land nicht nur eine einzigartige politische Tradition, sondern auch heute noch eine latente Kraft der Reformbereitschaft. Man muß das Land kennenlernen, wobei ich bemerken möchte, daß es eine der heutigen Aufgaben sein müßte, den Menschen in den neuen Bundesländern die Chance zu geben, ein klares Bild von Amerika zu gewinnen, am besten durch gezielten Austausch, wie Ihre Stiftung das Amerikanern ermöglicht.

Der Zerfall des Bolschewismus ist ein Sieg der Demokratie und soll auch als solcher gewürdigt werden. Aber Sieg ist kein Dauerzustand, und Demokratie besteht hauptsächlich aus Spielregeln für den politischen Prozeß, bietet die Möglichkeit für friedlichen Ausgleich von gegensätzlichen Interessen und Vorstellungen. Das Funktionieren einer Demokratie ist mühsam, so mühsam wie Mündigkeit, deren politischer Ausdruck Demokratie ist.

Demokratie ist zum Schlagwort des Jahrhunderts geworden; es gab Volksdemokratien, die in Wirklichkeit Nomenklatura-Diktaturen waren. Es gibt heute eine Partei in Schweden, die sich Neue Demokratie nennt – und die hauptsächlich eine Ablehnung jeglicher Politik predigt, die beängstigende Ressentiments hochspielt – und die in ihrem unerwarteten Erfolg bei der letzten Wahl genau das Gegenteil darstellt von dem, was der Name besagt. Es gibt wohl auch andere Beispiele solcher Verwirrungen, neuerweckte antidemokratische Emotionen sollte man nicht bagatellisieren. Das Wort Demokratie besagt wenig; es ist zu oft mißbraucht worden.

Und doch wissen wir, daß das demokratische Prinzip, die offene Gesellschaft, der freie Markt, und *the rule of law* heute ein weit größeres Ansehen genießen als je zuvor – wobei noch einmal erwähnt werden soll, daß die Bundesrepublik bewiesen hat, daß eine demokratische Ordnung sich durchsetzen kann; sie hat es für sich bewiesen und hat in entscheidenden Momenten andere Nationen unterstützt in ihrer Wende von Diktatur zu Demokratie. Ich denke hier an Spanien und Portugal. Aber sollte man sich nicht gerade in dem Augenblick, wo das letzte totalitäre System in Europa zusammenbricht, fragen, wieso dieses System – gleich dem des Nationalsozialismus – mit so vielen Hoffnungen begann und von so viel Zustimmung begleitet war. Darf man annehmen, daß diese Hoffnungen – betrogen, wie sie nun einmal wurden – völlig verschwinden? Der Bolschewismus war die absolute Pervertierung des Sozialismus, aber sollte das Ende dieser Utopie nicht der Anstoß zu neuem Denken sein? Hier meine ich nicht, einen dritten Weg suchen – den gibt es nicht. Ich denke an einen neu überdachten Liberalismus, der dem Rechnung trägt, was im 20. Jahrhundert vor sich ging: die Korruption von Hoffnungen, die man mit den Begriffen der Gemeinschaft und der sozialen Gerechtigkeit kennzeichnen kann. Der Nationalsozialismus hat die Hoffnung auf Gemeinschaft korrumpiert und der Bolschewismus die Hoffnung auf mehr Gerechtigkeit. Für beide blieb schließlich nur noch die Gemeinschaft der Opfer. Aber wir, die in demokratischem Wohlstand leben, sollten uns dieser Hoffnungen weiter bewußt sein; die

Hoffnung auf das Mehr als Wohlstand bleibt bestehen.

Erlauben Sie mir, ein Beispiel für das «Mehr als Wohlstand» zu zitieren. Es wurde im Jahr 1910 von einem großen amerikanischen Denker, William James, entworfen in seinem nicht genügend beachteten Aufsatz «The moral equivalent of war» («Das sittliche Äquivalent des Krieges»). Er bekannte sich zu den pazifistischen Strömungen der Zeit, obwohl gerade auch in Amerika damals einem recht rohen Chauvinismus gehuldigt wurde, und begann in typisch amerikanischer Weise mit dem einfachen Satz: «Der Kampf gegen den Krieg wird keine Ferienreise oder camping party sein.» Die Tatsache, daß ein moderner Krieg ein Schrecken sein würde, genüge nicht zur Verhinderung eines solchen Krieges: «Der Schrecken macht die Faszination.» Man muß den Menschen eine andere Möglichkeit geben, sich selbstopfernd auch in Gefahr einzusetzen für ein gemeinsames Ziel. «Eine permanent erfolgreiche Friedenswirtschaft kann nicht einfach eine Vergnügungswirtschaft sein», schrieb er. Er setzte auf bürgerliche Leidenschaft, auf bürgerliche Ehre, die sich gegen nationalen Schaden mit derselben aufopfernden, gemeinschaftlichen Kraft wenden würde, wie dies früher im Kriege geschah. Nach zwei furchtbaren Weltkriegen, nach dem Zeitalter des zweiten Dreißigjährigen Krieges von 1914 bis 1945, der ebenso viele Tote forderte wie die Zahl der gesamten Bevölkerung Europas im 18. Jahrhundert – sollte man sich da nicht auf die Gedanken dieses Psychologen besinnen? John Kennedy hatte seine Ideen im Sinne, als er das amerikanische Peace Corps gründete.

Die zweite deutsche Chance kann nur erfolgreich wahrgenommen werden, wenn sich die Bürger einsetzen, wenn man erkennt, daß Bürgersein auch Verpflichtung bedeutet. Die Aufgaben, die auf Deutschland zukommen, können von keiner Regierung allein übernommen werden – schon gar nicht von unserer modernen Art der Regierung, die auf Meinungsumfragen schielt, auf Image erpicht ist, die Banalität zur Staatskunst erhoben hat. Der Geist darf nicht permanent apolitisch sein. Vor acht Jahren sprach Edzard Reuter von der Notwendigkeit «einer Gemeinschaft der Vernünftigen». Wir brauchen beides: Gemeinschaft und Vernünftige – denn der letztere könnte sich leicht absondern, ein Einzelspanner werden, als den sich Einstein bezeichnete. In Gemeinschaft, mit Menschen aus allen Gebieten, sollte der einzelne sich seiner Verantwortung für Politik und Gesellschaft bewußt werden.

In ihrer Rechtsprechung haben die Franzosen eine besondere Strafe, die heißt «la mort civile», der bürgerliche Tod, und bedeutet den Verlust des Wahlrechts und anderer Rechte im öffentlichen Leben. Es gibt aber auch eine freiwillige Absage, eine Art bürgerlichen Selbstmord, das heißt ein apolitisches Denken und Handeln, eine Abkehr von der Verantwortung. Die Staaten Osteuropas sind im Begriff, eine bürgerliche und offene Gesellschaft zu gründen; wir haben sie und müssen verstehen, daß eine offene Gesellschaft nicht Ziel, sondern Aufforderung zum Engagement ist – und nicht nur oder notwendigerweise im politischen Raum. In einer solchen Gesellschaft und gerade jetzt haben Historiker eine besondere Verantwortung: Es gilt denjenigen, die sich vom Kommunismus befreit haben, ein soweit irgend möglich wahres Bild der Vergangenheit zu vermitteln, sie daran zu gewöhnen, daß es kein vorgeschriebenes Bild gibt, sondern viele auch widersprüchliche Interpretationen. Dies gehört zu einer freien, pluralistischen Gesellschaft. Historiker sollen der Aufklärung, nicht der Verklärung dienen.

Die Wahrnehmung der zweiten Chance, das behutsame Umgehen mit der neuen deutschen Macht in ihrer größeren Unabhängigkeit, wird von dem Verhalten einzelner Bürger und Gruppen abhängen. Und so hat das Historisch-Politische auch seinen menschlichen Anklang. Die friedsame Revolution von 1989 hatte etwas sehr Menschliches an sich: Václav Havels Verlangen, «in der Wahrheit zu leben», bewegte viele der Befreier und beweist, daß das Geschick des einzelnen und der Gesellschaft untrennbar sind. Eine zweite Chance ist etwas Seltenes für ein Volk wie für den einzelnen; es ist zugleich Geschenk und Herausforderung und hat auch etwas Unheimliches an sich. Es ist das Menschliche in diesem Moment der deutschen Geschichte, das mich an eine Mahnung Goethes erinnert, mit der ich schließen möchte:

Und solang Du das nicht hast,
Dieses: Stirb und Werde!
Bist Du nur ein trüber Gast
Auf der dunkeln Erde.

Die Historiker und der Erste Weltkrieg
Eigenes Erleben und öffentliche Deutung*

Ich hatte das Glück, Isaiah Berlin im Juni 1942 zu begegnen, als er bei der britischen Botschaft in Washington arbeitete. Es war eine zufällige und dennoch eindrucksvolle Begegnung bei Chaim Weizmann, und ich erwähne sie nur, um daran zu erinnern, daß Isaiah Berlin in seinem Porträt von Weizmann sehr einleuchtend und auf eine geradezu befreiende Weise schildert, was es bedeutet, menschlicher Größe zu begegnen, in ihren Bannkreis zu treten. Auch in der Auseinandersetzung einiger Historiker mit der Urkatastrophe unseres Jahrhunderts, dem Ersten Weltkrieg, kann man, so scheint mir, etwas von dieser Größe entdecken.

Es gibt eine ehrwürdige Tradition von Historikern, die von den großen Umwälzungen ihrer Zeit Zeugnis abgelegt haben: so Thukydides, der uns den Bericht über einen Krieg hinterließ, an dem er selbst als General teilgenommen hatte, einen Krieg, dessen tiefe Ursachen und dessen äußeren Verlauf er mit unvergleichlichem Klarblick erfaßte. Unübertroffen ist auch seine Analyse, wie Kriege das Wesen von Staaten, von Befehlshabern und Soldaten offenbaren, wie Geld und Moral gleichermaßen Faktoren sind, die den Ausgang bestimmen, wie sich Wendepunkte aus ihren psycho-

* Zweite Sir Isaiah Berlin Lecture, gehalten in Oxford am 3.12.1992. Ich danke Donald Kelley, Jürgen Kocka und Jay Winter für ihre Ratschläge. Christoph Kimmich hat diesen Essay im Manuskript gelesen; seine bewährte Hilfe war mir von großem Wert.

logischen Wurzeln erklären lassen. Mit seiner Darstellung des Peloponnesischen Krieges wollte Thukydides der Nachwelt einen «immerwährenden Besitz» vermachen. Und das hat er getan.

Thukydides hatte diesen großen Krieg vorausgesehen. Die Macht und das imperiale Streben Athens weckten allgemein große Befürchtungen. Die Katastrophen unserer Zeit hingegen begannen mit einem Krieg, den kaum jemand erwartet hatte – oder, anders gesagt: Der Krieg, der da entbrannte, lief allen Vorstellungen zuwider, die man sich je von einem möglichen Krieg gemacht hatte. Die Menschen hielten es allenfalls für möglich, daß sich die zwischen den Großmächten und auf dem Kontinent bestehenden Rivalitäten zu einem kurzen Krieg entzünden könnten – ähnlich dem von 1870 zwischen Frankreich und Preußen. Die Lehren des amerikanischen Bürgerkriegs und des Russisch-Japanischen Krieges wurden selbst in Militärkreisen außer acht gelassen.

Ich habe mir die Frage gestellt: Wie reagierten die Historiker auf die völlig unvorhergesehene Zerstörung, die über ganz Europa hinwegging? Wie erlebten sie und wie erklärten sie sich diese Zerstörung? Konnten sie, aus nächster Nähe und dem ständigen Druck patriotischer Propaganda ausgesetzt, eine andere Perspektive, eine Art historischer Distanz gewinnen? Ist es denkbar, daß der Krieg ihre Anschauungen gar nicht veränderte, daß er sich auf ihre Ansichten über die Natur des Menschen und das Wesen des historischen Prozesses nicht auswirkte, oder brachte er sie einem neuen Verständnis alter Prozesse näher? Wirkten sich ihr Erleben und ihre Erfahrung auf ihre Arbeit aus, prägte der Krieg das Metier des Historikers und beeinflußte dies wiederum die verschiedenen nationalen Kulturen? Ich denke hier an das, was C.V. Wedgwood mitten im Zweiten Weltkrieg geschrieben hat: «Der Historiker ist für vieles verantwortlich. Die Geschichte – ich meine die Geschichtsschreibung – hat Staaten geschaffen und zugrunde gerichtet, hat Unterdrückte ermutigt und Unterdrücker geschwächt, hat Aggressionen gerechtfertigt und sich über Recht hinweggesetzt.»[1]

Ich werde mich im folgenden auf einige Historiker von Rang konzentrieren, die Aufzeichnungen hinterlassen haben. Die einfachen Prämissen meiner Überlegungen seien kurz genannt: Ich glaube, daß Gegenwart und Vergangenheit unauflöslich miteinander verbunden sind, daß sich Leben und Arbeit schwerlich voneinander trennen lassen, auch wenn solche Zusammenhänge oft unklar und zum Teil unbewußt sind. Diese Anschauung ist heute weitgehend anerkannt und hat ältere Auffassungen verdrängt, etwa die eines John Bury, der in der Geschichte eine exakte Wissenschaft sah, oder die eines Fustel de Coulanges, der, in aller Bescheidenheit, wie ich glaube, erklärte: Nicht ich spreche, sondern die Geschichte spricht durch mich. Angesichts der unbekümmerten Subjektivität, die heute in manchen Bereichen unseres Faches auf dem Vormarsch ist, könnte man das Verschwinden jener alten Strenge bedauern, die auch in Rankes Wunsch, das Ich auszulöschen, zum Ausdruck kommt, aber ich glaube, nur totalitäre Gesellschaften können das Ich auslöschen. In anderen Verhältnissen und unter anderen Lebensbedingungen werden Historiker der eigenen Zeit und dem eigenen komplizierten Ich kaum entgehen.

Ich möchte kurz auf meine enge innere Beziehung zu diesem Thema eingehen, eine Nähe, deren ich erst gewahr wurde, nachdem ich mich schon für es entschieden hatte – ein Geschenk des Unbewußten. Ich bin im Schatten des Ersten Weltkriegs aufgewachsen. Daheim und auf den Straßen wurde man beständig an den Krieg erinnert – durch die Fronterfahrungen meines Vaters und auch die verstümmelten Männer, denen man täglich begegnete. Ich bin genau in der Mitte zwischen den beiden Weltkriegen geboren, und im Laufe meines Lebens und Arbeitens ist mir dieses frühe, schockhafte Erschrecken immer gegenwärtig geblieben. In den sechziger Jahren begann ich, über den Krieg zu schreiben. Ich beteiligte mich an der sogenannten Fritz-Fischer-Debatte, in der noch einmal die Kontroverse über das Ausmaß der deutschen Verantwortung am Ausbruch des Ersten Weltkriegs aufbrach.[2] Damals wurde mir nach und nach klar, daß ich den Vietnamkrieg und den Ersten Weltkrieg in einem reziproken Licht sah – eine für mich ganz besondere und nützliche Einsicht in das Wechselspiel zwischen Vergangenheit und Gegenwart.

Aber noch einmal zurück zum Anfang: Im Dezember 1905, nach dem Burenkrieg und dem Russisch-Japanischen Krieg, schrieb der belgische Historiker Henri Pirenne an einen Freund: «Glaubst Du wirklich an die Möglichkeit eines Krieges? Mir ist es unmöglich, in dieser Beziehung auch nur die geringste Befürchtung zu hegen.»[3] Ich glaube, vor dem Juli 1914 dachten die meisten Europäer genauso – zumindest ein großer Teil der akademischen Elite führte ein vergleichsweise privilegiertes Leben, die Angehörigen dieser Elite widmeten sich ihren Studien und ihrer Karriere und glaubten zuversichtlich, daß die Gelehrten immer eine auf Zusammenarbeit und friedlichen Wettstreit gründende internationale Gemeinschaft bilden würden, daß die Grenzen immer offen sein würden und daß sich der intellektuelle und wissenschaftliche Fortschritt weiter fortsetzen werde, ohne den gewohnten Gang des Lebens jemals zu stören. Auch die Historiker machten sich diese bequeme Anschauung und das Vertrauen in die Dauerhaftigkeit, das sich unausgesprochen mit ihr verband, zu eigen; ausgerechnet diejenigen, die sich von Berufs wegen mit den großen Umwälzungen der Vergangenheit befaßten, hielten ihre eigene Welt auf absehbare Zeit für unveränderlich. Gewiß, es gab Ausnahmen, aber der unbewußte kollektive Traum der meisten Gelehrten bestand in der Hoffnung, den überkommenen Lebensrhythmus an die nachfolgende Generation weiterzugeben: ein Leben, zu dem Studien im eigenen Land und im Ausland ebenso gehörten wie Arbeit und Karriere, Muße und gemächliche Reisen zu den Schätzen fremder Länder.

Mit anderen Worten, die meisten dieser Idealtypen, wenn ich einen Begriff Max Webers hier einmal ironisch verwenden darf, waren in der klassischen Antike und der großen europäischen Literatur verankert. Darin bestand ihr Erbe. Sir E. L. Woodward erinnerte sich: «Ich war vierundzwanzig, als der Krieg ausbrach. Bis dahin hatte ich, ohne es zu wissen, viel zu sehr in und mit meinen Büchern gelebt.»[4] Aus der gleichen Haltung heraus hatten sich vor 1914 die Historiker vom Leben abgekapselt, hatten sich spezialisiert und ihr Blickfeld immer mehr eingeengt. Mit der Herablassung des humanistisch gebildeten Gelehrten meinte Friedrich Meinecke dazu, daß die Geschichte begonnen habe, einem Laboratorium zu gleichen. Von einigen Ausnahmen – Johan Huizinga etwa – abgesehen, schirmten sich die Historiker gegen die massiven Befürchtungen der Künstler und Schriftsteller ab, die in den Jahren vor 1914 durchaus ein Gespür für die Brüchigkeit und Scheinheiligkeit der etablierten, repressiven Ordnung entwickelten. Von Anfang an kämpfte die künstlerische Moderne in ihren verschiedenen Formen darum, ihrer Ahnung Ausdruck zu verleihen, daß der bürgerliche Schein nur eine häßliche, undurchsichtige Wirklichkeit bemäntele, daß die

Welt viel chaotischer, viel wirrer und brüchiger sei, als die konventionelle Anschauung dies wahrhaben wollte; vor allem in Deutschland ahnten die Künstler etwas von einer bevorstehenden Katastrophe, und diese Intuition ging in ihrer Schärfe über einen bloßen Kulturpessimismus, eine rückwärtsgewandte Sehnsucht nach Erlösung, weit hinaus. Ich glaube, man kann mit Recht sagen: «Im frühen deutschen Expressionismus begegnete uns – im Inhalt, in der Form, in der Farbe – ein Motiv der Gewalt, das sehr viel intensiver war als im Kubismus oder im Futurismus.» [5]

Zunächst sah man in dem Krieg, der im August 1914 ausbrach, ein Abenteuer, ein Zwischenspiel, nicht das Ende der gewohnten Lebensweise. Der Hinweis auf die Jubelstimmung in Deutschland im August 1914, auf die unmittelbare Verkehrung von Gewalt in etwas Geistiges, ist heute zum Gemeinplatz geworden. Selbst Hermann Hesse konnte noch im Dezember 1914 schreiben: «Die moralischen Werte des Krieges schätze ich im Ganzen sehr hoch ein. Aus dem blöden Kapitalistenfrieden herausgerissen zu werden, tat vielen gut, grade auch Deutschland, und für einen echten Künstler scheint mir, wird ein Volk von Männern wertvoller, das dem Tod gegenübergestanden hat und die Unmittelbarkeit und Frische des Lagerlebens kennt.» [6] Für viele war der August 1914 ein moralisch-psychologisches Strafgericht über die Welt der Zeit vor 1914. Viel war damals von Erlösung durch Opfer die Rede, ein Gedanke, von dem sich vor allem Teile der kulturellen Elite angesprochen fühlten. Es gab allerdings auch andere Reaktionen. In seinen Kriegserinnerungen schreibt Marc Bloch über die ersten Tage der Mobilmachung in Paris: «Die Traurigkeit, die tief in unseren Herzen begraben lag, zeigte sich nur in den roten, geschwollenen Augen vieler Frauen.» [7] In mancher Hinsicht ist es bemerkenswert, daß Marc Bloch ein Soldat der ersten Stunde wurde: Er war achtundzwanzig, ein Intellektueller der Oberschicht; als Historiker wurde er zum scharfsinnigen Beobachter dieses Krieges, den er unmittelbar miterlebte. Schon in jenen ersten Erinnerungen äußerte er sich als Zeuge der Geschichte; wir wissen, daß seine Erfahrungen als *poilu* sein ganzes Leben geprägt haben. Im Zweiten Weltkrieg meldete er sich erneut als Freiwilliger, und seine eindringliche, schonungslose Analyse der französischen Niederlage von 1940 ist ein historisches Meisterwerk. Als Jude schon gefährdet, schloß er sich auch noch der Résistance an; sein Martyrium bei der Folterung und der Ermordung durch die Deutschen ist bekannt; der Kette von Schrecken, deren Zeuge er war, fiel er auch selbst zum Opfer.

Ich fand nur wenige Dokumente, die das private Erleben von Historikern während des Ersten Weltkriegs bezeugen. Aber jene, die ich fand, sprechen von Erfahrungen und Empfindungen, in denen sich die schweigende Masse vielleicht wiedererkannt hätte; allgemeine und individuelle Themen klingen darin an, es gibt unverwechselbare Stimmen und Berichte, die über das Individuelle hinausgehen.

Es wird sich zeigen, daß die meisten dieser Stimmen französischer oder britischer Herkunft sind – aber auch zwischen ihnen gibt es Unterschiede. Die Franzosen sahen den Krieg vor allem als historische Pflicht. Einmal mehr ging es um die Verteidigung von *La patrie*. Bei britischen Historikern hingegen erkennt man eine gewisse Abneigung gegen eine Beteiligung am Krieg. Sie fürchten die mit dem Krieg verbundenen Schrecknisse und sind sich nicht sicher, daß er gerechtfertigt sei. Junge Liberale hatten sich schon dem Burenkrieg widersetzt, und nun äußerten G. M. Trevelyan und E. L. Woodward ihre Zweifel und Skrupel:

War die Verletzung der belgischen Neutralität der wirkliche Grund für den Kriegseintritt Großbritanniens? Oder verhielt es sich so, wie E. L. Woodward, den der Krieg bis an sein Lebensende beschäftigte, später formulierte: «Hatte sich England nicht mit dem gleichen politischen Egoismus angesteckt wie Deutschland, weniger plump und prahlerisch, aber befangen in dem gleichen räuberischen Gesellschaftssystem?»[8]

Auf deutscher Seite lagen die Dinge anders: Einen deutschen Bloch oder Tawney habe ich nicht gefunden, also Männer, die in der Historikerzunft schon anerkannt waren und sich nun plötzlich in den Schützengräben wiederfanden. Die Riesen des Fachs waren zu alt und die künftigen Meister zu jung. In einem autobiographischen Fragment erwähnt Gerhard Ritter, der führende Historiker der Zeit nach 1945, seinen Militärdienst in Rußland mit einem Halbsatz. Ich bin auch kaum auf Äußerungen von Unbehagen oder Besorgnis zu Beginn des Krieges gestoßen. Einige der bekanntesten Gelehrten – ich denke an Wilamowitz-Moellendorf oder Dietrich Schäfer – führten den Chor der Chauvinisten an und feierten die Angriffe auf den dekadenten Erbfeind Frankreich und auf Großbritannien, das einen schuldlosen Rivalen zu erdrosseln trachtete, in hohen Tönen. Wo Unbehagen spürbar wird, äußert es sich oft in einer, wie man sagen könnte, defensiven Aggressivität. Einige Historiker spielten eine führende Rolle in der Alldeutschen Bewegung, andere folgten Max Weber und forderten innere Reformen zur Erhaltung der nationalen Einheit als einer unabdingbaren Voraussetzung für jede Art von Sieg. Es gab auch Pazifisten wie Ludwig Quidde und Friedrich Wilhelm Förster, aber sie hatten keine Gefolgschaft. Für die Alliierten oder vielmehr für die Historiker auf der Seite der Alliierten war der Krieg selbst das bedeutsame Ereignis; für die Deutschen waren Anfang und Ende, die Aussicht auf den Sieg und die vernichtende Niederlage, die entscheidenden Momente der Gefühlserregung oder Bewußtseinsveränderung.

Das Anlegen einer Uniform und die damit verbundene Unterordnung unter eine Autorität, die Überzeugung, daß der Dienst im Krieg etwas Ehrenwertes oder zumindest eine Notwendigkeit sei – das alles gehörte zur kontinentalen Erfahrung; den meisten jungen Leuten waren die soldatischen Tugenden eingeschärft worden. Die Uniform symbolisierte patriotische Männlichkeit. Engländern und Amerikanern war diese Haltung weniger vertraut; der soldatische Geist war ihnen nicht fremd, aber sie feierten ihn lieber nachempfindend, im Gedenken an bestimmte historische Augenblicke.

Doch alle Historiker, die Soldaten wurden, auch diejenigen, die sich wegen ihres Alters für den Dienst hinter der Front meldeten, machten Erfahrungen und Entdeckungen, die sich ihnen, wie ich glaube, unauslöschlich einprägten. Da war zunächst die Begegnung mit dem eigenen Ich, mit jenen Seiten dieses Ich, die man außer in solchen unvorstellbaren Ausnahmesituationen gar nicht kennenlernt. So schrieb etwa R. H. Tawney, dieser von christlicher Milde erfüllte Geist, im Jahre 1916: «Beim Überqueren des Niemandslandes müssen wir mehr Männer verloren haben, als ich damals bemerkte. (...) In den meisten Menschen steckt irgendwo ein urzeitlicher Wilder, ein Tier, das bisweilen nach einer Gelegenheit verlangt, seine Lust an der Zerstörung hervorzukehren. In mir jedenfalls steckt dieser Wilde. (...) Jeder Mann, auf den ich schoß, fiel, bis auf einen. Ich ärgerte mich, war wütend. (...) Nicht daß ich ihm oder sonst irgendwem wehtun wollte. Ich ärgerte mich darüber, daß ich nicht getroffen hatte.

Das ist das Scheußlichste am Krieg, diese widerwärtige Frivolität. Man wird zu einem boshaften Affen, der das Ebenbild Gottes fröhlich in Stücke reißt.»[9] Die Entdeckung des eigenen Ich in der Todesgefahr, der Anblick der Sterbenden, die Angst vor dem Tod und die Gefahr des Todes auf sich nehmen: elementare Gefühlsregungen bei sich und anderen erleben, Aggression und Angst, aber auch Mitgefühl und Anstand – und angesichts all dessen unerschüttert bleiben? Überleben war Zufall – auch dies eine moralisch schwer belastende Erfahrung.

Es gab eine zweite Art von Begegnungen, von der ich meine, daß sie entscheidend war und von universaler Bedeutung: die Begegnung mit Menschen aus anderen Klassen und Regionen, das plötzliche Aufbrechen der abgeschirmten Klassenexistenz. Noch einmal möchte ich Tawney zitieren; er war einer der schärfsten und aufrichtigsten Beobachter, im Stil einem George Orwell nicht unähnlich. In «The Attack» schrieb er: «‹Wenn das alles ist, wird es ein Spaziergang›, sagte ein kleiner Mann neben mir, der freundlichste und tapferste der Freunde, den kein Ärger verdrießen und keine Gefahr erschrecken konnte, von Beruf Maurer, aber einer, der überall Hand anlegen konnte, der Mann, den ich mir vor allen anderen in einer Notlage an meiner Seite gewünscht hätte; doch er ist tot.»[10] Mir scheint, dies war eine allgemeine Erfahrung. Marc Bloch hat sie intensiv durchlebt. Andere waren vielleicht immun gegen sie, blieben verschlossen. Dennoch scheint mir die Erfahrung, daß auch der Maurer ein Mensch im tiefsten Sinne des Wortes ist, eine prägende gewesen zu sein, für Historiker ebenso wie für andere Kriegsteilnehmer.

Ich möchte mich einem anderen Historiker und Beobachter des Krieges zuwenden, Elie Halévy, bei Kriegsausbruch 44 Jahre alt, damals schon ein anerkannter Historiker und Philosoph, berühmt durch seine Geschichte des englischen Volkes, die, wie er 1911 in einem Brief schrieb, aus dem Wunsch entstanden war, «das unergründlichste Volk zu ergründen, das moralischste, das am wenigsten zur Vertraulichkeit neigende, das mobilste, das anpassungsfähigste, das offenste und zugleich scheinheiligste.»[11] Halévy hat in Thukydides immer einen Lehrmeister erblickt, und im Ersten Weltkrieg sah er ein Ereignis von den Dimensionen des Peloponnesischen Krieges, einen Krieg, dessen Ursachen so tief reichten, daß er Jahrzehnte dauern könnte. Halévy hatte den Krieg als solchen immer gehaßt, doch als er dann ausbrach und es nach den ersten Schlachten schon 50000 Verwundete gab, meldete er sich zum Sanitätsdienst und arbeitete die meiste Zeit über in einem Lazarett im savoyischen Albertville. «Dienstbotenarbeit», so schrieb er, «– aber nützlich, und das Gespräch mit dem einfachen Soldaten ist in diesen Zeiten gescheiter als die Korrespondenz mit Intellektuellen.»[12] Im Dezember 1914 schrieb er: «Wenn die pazifistische Rhetorik im Krieg falsch klingt, so klingt die kriegerische noch falscher. Der einzige Schriftsteller, der mich zur Zeit befriedigt, ist Joffre [der den Tagesbefehl ausgegeben hatte, mit dem die Marne-Schlacht begann]. Der Rest ist Schweigen oder sollte es sein.»[13]

Aber der Rest war nicht Schweigen. Im Gegenteil, der Lärm der Propaganda und ein immer dichteres Gespinst von Lügen machten denjenigen schwer zu schaffen, die ausgebildet waren, Quellen und Dokumente aufzusuchen und zu deuten, um der Wahrheit so nah wie möglich zu kommen. Marc Bloch erkannte, wie schnell sich falsche Gerüchte ausbreiteten. Er wies auf die Allgegenwart dessen hin, was er kurz nach dem Krieg in einem berühmten Aufsatz die *«fausses nouvelles»* nannte, und darauf, wie heftig und ängstlich die Menschen in Zeiten großer Unsicherheit schon auf die leiseste Andeutung von Verrat reagierten;[14] Zensur und pausenlose, die Wahrheit entstellende Propaganda waren kennzeichnend für diese Atmosphäre. Den ganzen Krieg hindurch äußerte Halévy immer wieder seine Besorgnis über einen stetigen Machtzuwachs des Staates in allen Lebensbereichen. Würde der Staat im Frieden wieder freigeben, was er im Krieg in die Hand genommen hatte?

Tawney wiederum sah, wie aus der Kluft zwischen Heimat und Front eine andere Unwahrheit hervorwuchs. Im Jahr 1916 begann er einen Artikel mit den Worten: «Es ist sehr schön, wieder zu Hause zu sein. Aber bin ich zu Hause?» Er fühlte sich abgestoßen von dem Bild, das sich die Öffentlichkeit in England vom Frontsoldaten gemacht hatte, abgestoßen davon, wie Zivilisten, die Zivilisten geblieben waren, es offenbar nötig hatten, Zivilisten, die Soldaten geworden waren, zu verherrlichen. «Aber zwischen euch und uns hängt ein Schleier. Ihr selbst vor allem habt ihn, ohne es zu bemerken, hervorgebracht. (...) Ihr habt euch, so möchte ich behaupten, entschieden, euch ein Bild zu machen, weil euch die Wahrheit nicht gefällt oder weil ihr sie nicht ertragen könnt. (...) Von der materiellen Wirklichkeit des Krieges, die alles andere färbt, von der endlosen, abscheulichen körperlichen Erschöpfung sprecht ihr kaum, denn sie würde den Glanz, die Kraft, den Elan des Bildes beeinträchtigen. Vom Innenleben eurer Soldaten, von dem fortwährenden Zusammenprall widersprüchlicher moralischer Grundsätze, davon, daß die Seele von mechanischer Monotonie erdrückt zu werden droht, davon, wie schwierig es ist, sich Quellen der Erfrischung zu bewahren, von dem Gefühl, *eine nutzlose Rolle in einem Stück zu spielen, das von Affen aufgeführt und von Verrückten inszeniert wird, von alledem, so scheint mir, ahnt ihr nichts.»*[15] (Hervorhebung von mir). In Tawneys gerechtem, verzweifeltem Zorn kommt ein Gefühl der Gespaltenheit zum Ausdruck, in dem, wenn auch vielleicht unbewußt, eine Vorahnung anklingt: Jenes falsche Bild wird auch das Leben in der Nachkriegszeit vergiften, und es wird zynische Zweifel hervorbringen. Tawney weist auf ein moralisches Dilemma hin, das uns noch heute plagt: Wie soll man leidenschaftslos über den Krieg sprechen, ohne ihn zu verherrlichen, aber auch ohne dem oft ungewollten Heldenmut der Soldaten in ihrer Notlage die gebührende Bewunderung zu versagen?

Ich glaube, der Historiker spricht oft nicht nur für sich, auch wenn seine Eindrücke sein eigenes Leben vielleicht dauerhafter formen als das anderer Menschen. Über seine ersten fünf Monate als *poilu* schrieb Marc Bloch: «Ein Leben, zugleich barbarisch, gewalttätig, oft farbenreich, aber oft auch von trostloser Monotonie, dazwischen Fetzen von Komödie und grausamer Tragödie. Wer hätte während fünf Monaten im Feld nicht eine reiche Ernte von Erfahrungen angehäuft?»[16] Alle historischen Tatsachen, so schrieb er später, seien wesentlich psychische Tatsachen.[17] Er sah, wie sich Männer aus allen Klassen und allen Regionen in einfache Soldaten verwandelten, er erlebte die Kameradschaft, in der er die Grundlage des Mutes erkannte. Aber Bloch lernte nicht nur die Menschen kennen; er skizzierte auch die Dörfer und Kirchen, die er um sich her sah. Er schrieb: «Es läßt sich nicht leugnen, daß das in der horizontblauen Uniform verbrachte Jahr vor allem dem Stadtbewohner Gelegenheit bot, tiefer in die Geborgenheit der Natur und der Landschaft einzudringen, als die flüchtigen Ferien ihm dies früher erlaubt hatten.»[18] Blochs gesamtes späteres Werk zeugt von dieser tiefen Bindung an den Boden, an die Felder und Dörfer, an die bäuerlichen

Ursprünge Frankreichs. Eingestimmt auf die Tönung dieser Welt und eingedenk ihrer geistigen und materiellen Formen, versuchte er, die Anfänge des französischen Volkslebens wiedererstehen zu lassen. Die Zeit, die Bloch als Soldat und Offizier verbrachte, prägte ihn für den Rest seines Lebens.

Für viele war der Krieg mit seinem endlosen, sinnlosen Leiden eine radikalisierende Erfahrung. Einerseits die Entdeckung des einfachen Mannes – die Erkenntnis, daß nicht irgendeine Klasse oder Glaubensrichtung Tugend, Mut und Anstand für sich gepachtet hatte. Andererseits aber auch die Erfahrung der Unzulänglichkeit der Vorgesetzten, ihrer Unfähigkeit und ihrer moralischen Mittelmäßigkeit. So schrieb Sir E. L. Woodward später: «Wenn ich an meine eigenen zornigen Erwägungen über unsere Kommandeure zurückdenke, erkenne ich bei mir selbst eine beträchtliche Selbstgefälligkeit, eine intellektuelle Unduldsamkeit und einen halb eingestandenen Klassenneid.» Aber über seine Abneigung gegen die «militärische Arroganz» hinaus erkannte er das «geringe Maß an fachlicher Kompetenz». «Niemand zweifelte an ihrem Mut, ihrer Disziplin, ihrer Besonnenheit in schwierigen Augenblicken, ihrem Durchhaltevermögen. Ihr Problem war ein Mangel an Phantasie und ‹freier Intelligenz›.» So gelangte er zu dem Schluß: «Die siegreichen Generäle haben die europäische Zivilisation durch die Methoden, deren sie sich zu ihrer Rettung bedienten, beinahe zerstört.» Doch was er als ihren «geistigen Analphabetismus» bezeichnete, ging über persönliches Versagen weit hinaus: Eine ganze Gesellschaft hatte diesen Analphabetismus hervorgebracht.[19] Und in seinem keineswegs unvoreingenommenen Kriegsepos, seinem Buch «World Crisis», versuchte Winston Churchill, die Gefühle zutiefst kriegsmüder Soldaten wiederzugeben: «Als ich in der

Dämmerung eines Novemberabends zum erstenmal einen Zug Grenadiere durch die matschigen Felder führte, die den Zugang zu unseren Gräbern gewährten (...) gelangte ich zu der festen Überzeugung, daß die einfachen Soldaten und ihre Offiziere, gewappnet mit ihrer Sache, durch ihre Tugenden zuletzt die Fehler und Versehen von Stäben und Kabinetten von Admirälen, Generälen und Politikern und ohne Zweifel auch viele meiner eigenen wiedergutmachen würden.» [20] Das Bestreben der Franzosen und Briten im Zweiten Weltkrieg, die Menschenverluste an der Front möglichst gering zu halten – ein Bestreben, das in beiden Ländern auf sehr unterschiedliche Weise in die Tat umgesetzt wurde –, erwuchs aus der Erinnerung, daß Vernunft, Humanität und wohlverstandenes Nationalinteresse im Ersten Weltkrieg geopfert worden waren.

«Gewappnet mit ihrer Sache», schrieb Churchill – aber worin bestand für die Historiker «ihre Sache»? Ich glaube nicht, daß es der mit zunehmendem Dünkel verkündete offizielle Anspruch war, für Demokratie und Zivilisation zu kämpfen; bei den Historikern wuchs vielmehr der Verdacht, daß die eigenen Kriegsziele das patriotische Getrommel Lügen straften. Doch die britischen Historiker waren, genau wie Marc Bloch und andere, der festen Überzeugung, daß ein deutscher Sieg eine unerträgliche Zukunft mit sich bringen würde. Die meisten von ihnen hatten die deutsche Wissenschaft einst hochgeschätzt, sie hatten dieses in vieler Hinsicht so verheißungsvolle Land mit seiner erstaunlichen wissenschaftlichen Kreativität und seinem reichen musikalischen und künstlerischen Erbe bewundert; Deutschland war tatsächlich ein Land der Dichter und Denker gewesen. Aber die alten Bindungen zerbrachen, als im Oktober 1914 dreiundneunzig prominente deutsche Künstler, Gelehrte und

Naturwissenschaftler den «Aufruf an die Kulturwelt» unterzeichneten, ein trotziges Manifest, das Deutschlands Unschuld beteuerte, den Schutz pries, den der deutsche Militarismus der deutschen Kultur gewähre, den deutschen Einmarsch in Belgien verteidigte und bestritt, daß dabei irgendwelche Greuel vorgefallen seien. Dieses an einstige Kollegen und Freunde gerichtete Manifest fand im Westen rasche Verbreitung und wurde wie eine zweite, diesmal moralische Kriegserklärung aufgefaßt, ein unerhörtes Beispiel autistischer Arroganz, vielleicht die erste in unserem Jahrhundert von Intellektuellen unterzeichnete Erklärung, die sich als Ausdruck der Freiheit gab, in Wirklichkeit aber nur von tiefer Unterwürfigkeit zeugte. Vielleicht war der Antagonismus zwischen deutschen Intellektuellen und Gelehrten und ihren Kollegen auf der Seite der Alliierten unvermeidlich; viele von denen, die das Manifest unterzeichneten, mögen sogar gehofft haben, auf diese Weise eine Entfremdung zu vermeiden – und bewirkten doch genau das Gegenteil. Die übrige Welt, auch Amerikaner wie Nicholas Murray Butler, fühlte sich betrogen und beleidigt, weil ihre deutschen Kollegen die Wahrheit verraten und die elementarsten Objektivitätsmaßstäbe über Bord geworfen hatten.[21] Ein weiteres Ideal war zerstört – und das schon in den ersten Wochen des Krieges. Selbst ein zurückhaltender, unabhängiger Patriot wie Elie Halévy war über den «Aufruf» entsetzt und spielte mit dem Gedanken, eine Liste von Deutschen zu veröffentlichen, die ihn nicht unterzeichnet hatten, ließ diesen Plan aber fallen, als ihm klar wurde, daß eine solche Liste diese Personen entweder provozieren oder kompromittieren würde. Es dauerte auch nicht lange, da klang das Pochen der Alliierten auf die eigene Rechtschaffenheit kaum weniger hohl als die deutsche Propaganda, und bald stimmten Gottesdiener und Moralwächter überall in den chauvinistischen Chor ein. Dennoch, es war die Furcht vor einem siegreichen, arroganten Deutschland, die die Historiker veranlaßte – unter Zweifeln und Skrupeln, die ihnen zur Ehre gereichen – an ihrer Sache festzuhalten und für sie einzustehen. Diese Furcht und die enge Beziehung zu den anderen Soldaten und zum eigenen Land.

Als der Krieg endlich zu Ende ging, herrschte unter den Historikern auf seiten der Alliierten wenig Jubel. Erleichterung und Besorgnis waren die vorherrschenden Empfindungen. Einen geistigen Waffenstillstand gab es nach dem November 1918 nicht. Wenige glaubten, daß die Lichter, die im August 1914 erloschen waren, nun wieder angezündet würden; wenige teilten den Optimismus eines G. P. Gooch, eines glühenden Verfechters der Idee des Völkerbundes, der damals schrieb: «Wenn wir die neue Weltordnung aufbauen wollen, für deren Schöpfung zehn Millionen junger Männer ihr Leben dahingaben, müssen wir versuchen, die Ursachen, geistige nicht weniger als materielle, zu beseitigen, aus denen heraus die größte Tragödie der Geschichte erwachsen ist.»[22] Einige Historiker, die sich seit langem um die nationale Selbstbestimmung von Tschechen, Polen und Südslawen bemüht hatten – ich denke hier an R. W. Seton-Watson –, schöpften aus dem Zusammenbruch der alten Reiche wahrscheinlich Hoffnung und Befriedigung. Doch das war nur ein begrenzter Sieg der Liberalität zu einem unvorstellbar hohen Preis. Ich glaube, G. M. Trevelyan traf die düstere Stimmung der meisten Menschen richtig, als er schrieb: «Wir sind heutzutage um nichts besser als ein Trupp Urmenschen, die einen Weltbrand überlebt haben. Betäubt sitzen wir zwischen den Ruinen der Welt, die wir kannten (...) Das Leben vor dem Krieg ist sonderbar unterschieden von dem Leben nachher. Die Gewißheit der Dauer ist verschwunden.»[23]

Eine gewisse elitäre Nostalgie schwingt in Trevelyans Bemerkung wohl mit, dennoch brachte er einen tiefgreifenden Stimmungswandel zum Ausdruck, der viele Europäer erfaßt hatte. Das Gefühl der Dauerhaftigkeit war tatsächlich verschwunden und mit ihm die ermutigende Idee des Fortschritts, die die Voraussetzung vieler historischer Arbeiten und anderer intellektueller Bemühungen vor 1914 gewesen war. In den Augen vieler hatte es in der Welt vor 1914 eine glückliche Verbindung zwischen den Ideen von Dauerhaftigkeit und Fortschritt gegeben.

Felix Gilbert schreibt in seinen Memoiren: «Zu jung, um im Krieg zu kämpfen, jedoch alt genug, über meinen künftigen Weg entscheiden zu müssen, bevor die Welt wieder eine feste Ordnung angenommen hatte, glaubte ich, einer besonderen Generation anzugehören, und viele meiner Altersgenossen teilten dieses Gefühl. Anders als die Generation davor und danach waren wir skeptisch gegenüber den Werten der Vergangenheit, aber ebenso skeptisch hinsichtlich der Möglichkeit gesicherter Verhältnisse in der Zukunft.»[24] Eine brüchige, angsterfüllte, desillusionierte Welt ging aus der Katastrophe hervor – und auf tausenderlei Weise überschattete dieser Krieg die nächsten beiden Jahrzehnte. Nirgendwo ein Land für Helden, wie Lloyd George es versprochen hatte – daher auch die Faszination, die die selbstproklamierte egalitäre Gesellschaft, die an die Stelle der russischen Autokratie trat, für manche besaß. Liegt uns diese Stimmung heute nicht wieder besonders nahe? Sind nicht auch die jungen Leute von heute skeptisch, was die Werte der Vergangenheit angeht, und unsicher im Hinblick auf die Stabilität der Zukunft – trotz der Hoffnung, mit der ein junger amerikanischer Präsident, der in Oxford studiert hat, die Welt erfüllt?

Über deutsche Historiker habe ich kaum gesprochen; aber, wie gesagt, kaum einer von ihnen hat seine unmittelbaren Eindrücke an der Front festgehalten. In der Heimat waren die deutschen Historiker in der Mehrzahl unkritische Befürworter des Krieges, viele von ihnen sogar echte Propagandisten, die die Alliierten für ihre Raubgier und ihre Scheinheiligkeit schmähten und die Vorherrschaft Deutschlands über Europa forderten. Es gab allerdings auch warnende Stimmen, besonders beharrlich und eindringlich die von Max Weber.

Bei Ausbruch des Krieges stand der fünfzigjährige Weber in einem starken Zwiespalt. Im August 1914 schrieb er in einem Brief: «Denn einerlei, wie der Erfolg ist – dieser Krieg ist groß und wunderbar.» Aber von Anfang an fürchtete er auch, die «großsprecherische (...) prahlende» Außenpolitik Deutschland seit 1895 habe die Fähigkeit seines Landes geschwächt, einen Krieg zu führen, den er für notwendig hielt, um Deutschlands Stellung als Großmacht zu bekräftigen. Im Oktober 1914 schrieb er an Tönnies: «Die Hunderttausende bluten für die entsetzliche Unfähigkeit unserer Diplomatie (...)» Er meldete sich zum Militärdienst und leitete für ein Jahr ein Militärlazarett. Begierig, Verantwortung zu übernehmen, mochte er nicht glauben, daß diejenigen, die das Land regierten, ihm kein politisches Amt anvertrauen wollten. «Muß man denn entweder ein Esel oder ein Streber sein, um bei den Behörden akzeptabel gefunden zu werden?»[25] Er hegte sehr konkrete Vorstellungen über eine Nachkriegsordnung, in der Deutschland eine stärkere Position einnehmen sollte. Zugleich jedoch ahnte er den wirklichen Ausgang des Krieges – wenngleich er sich ihn sicher weniger drastisch vorstellte – und war dennoch zutiefst bestürzt, als der Zusammenbruch dann wirklich kam; im Augenblick der Niederlage mochte er die Regierenden nicht verurteilen, obwohl er schon

1917 die Macht des reaktionären Extremismus erkannt hatte. Sein Realismus begriff die deutsche Torheit und ihre tieferen Ursachen; doch sein Patriotismus erlegte ihm beharrliches Schweigen auf. In das Kalkül, wie groß die Macht einer Nation sei, sollte man stets auch ihre Fähigkeit zur Selbstkritik, zur kollektiven verständigen Entrüstung einbeziehen. In diesem Jahrhundert hatte Schweigen – und mochte es auf noch so edlen Motiven beruhen – oft unselige Folgen, vor allem in Deutschland.

Auch Friedrich Meinecke wandte sich gegen den alldeutschen Wahn. Doch nach dem plötzlichen Zusammenbruch standen diese Gemäßigten vor einer beklemmenden Wahl: offen zu sagen, wie sie dachten, und damit Wasser auf die Mühlen der Radikalen im eigenen Land und der rachsüchtigen Alliierten im Ausland zu leiten oder die eigenen Ansichten über Verrat und Treubruch für sich zu behalten. Ihr Schweigen überließ es den radikalen Künstlern, die Torheit des alten Reiches mit seiner Kriegsverherrlichung bloßzustellen, etwa George Grosz, dessen bissige Porträts die alten etablierten Klassen empörten. Nach 1918 führten die Deutschen den Krieg mit unverminderter Erbitterung gegeneinander und gegen ihre früheren Feinde weiter.

Selbst der konservative Gerhard Ritter, der im Januar 1919 von den deutschen Revolutionären als von einem entfesselten, schwer wieder zu bändigenden Tier sprach, räumte in privaten Briefen ein, daß in der deutschen Politik vor dem Krieg und während des Krieges nicht alles zum Besten bestellt gewesen sei.[26] Ernst Troeltsch, der große liberale Theologe, schrieb am Tag des Waffenstillstands: «Allein das Morden ist zu Ende, die Illusion zerstoben, das alte System ist unter seiner Sünde zusammengebrochen.» Und Ende Oktober 1918 schrieb Friedrich Meinecke, er und jeder andere wünsche sich, ehrenvoll zu sterben, und fügte hinzu: «Ein furchtbares, düsteres Dasein erwartet unser unter allen Umständen! Und so sehr mein Haß gegen die Raubtiernatur der Gegner fortlodert, ebenso heiß ist auch mein Zorn und Empörung über die deutschen Gewaltpolitiker, die uns durch ihre Überhebung und ihre Dummheit in diesen Abgrund gerissen haben.»[27] Aber im großen und ganzen scheuten sich die deutschen Historiker, die Sünden des alten Systems, die Arroganz und die Dummheit der deutschen Machthaber zu kritisieren – zum Teil auch, weil sie der alten Ordnung verbunden blieben. Die Niederlage machte den anfangs so triumphalen deutschen Nationalismus weinerlich und gehässig; wie andere deutsche Akademiker neigten auch die meisten Historiker zu einer unnachgiebigen Haltung – und bestätigten auf diese Weise die Kollegen auf der alliierten Seite, die sich sträubten, sie wieder in die internationale Gemeinschaft aufzunehmen.

Die Niederlage und die Demütigung von Versailles erbitterten die deutschen Historiker und bestärkten sie in ihrer Identifikation mit nationalistischen Positionen. In seiner Luther-Biographie legte Gerhard Ritter großen Wert darauf, daß Deutschland kein westliches Land sei. In seiner spektakulären Biographie des Stauferkaisers Friedrich II., des *stupor mundi,* verherrlichte Ernst Kantorowicz, der jüdische Nationalist, der später ins Exil nach Oxford und Princeton ging, seinen Helden als einen zweiten Cäsar – lag darin unausgesprochen ein Tadel der demokratischen Zwerge seiner eigenen Zeit? Es gab natürlich auch Gemäßigte, Ausnahmegestalten, Männer, die nach intellektueller Versöhnung suchten. Ich denke hier an Weber, Meinecke oder den weitgehend vergessenen liberal-katholischen Historiker Franz Schnabel. Ein bedeutender Historiker wie Otto Hintze sah sich durch den Krieg zu einer veränderten Betrachtungsweise genötigt; er gab die enge politische, auf Preußen konzentrierte Perspektive seiner Studien aus der Vorkriegszeit auf und wurde Komparatist. Merkwürdigerweise und bis heute beunruhigend kam die thematische Ausweitung des Faches hin zur Sozialgeschichte allerdings erstmals unter den Nationalsozialisten zustande. Aber auch in der Weimarer Republik gab es natürlich Dissidenten. Der bekannteste unter ihnen war Eckhart Kehr, der die inneren gesellschaftlichen Gründe für die verhängnisvollste Entscheidung der deutschen Vorkriegspolitik bloßlegen wollte, die Entscheidung zum Bau einer Hochseeflotte. Deswegen und aufgrund anderer Affronts gegen Nation und Zunft wurde er von der etablierten Historikerelite als Außenseiter behandelt. Kehr und seine wenigen Mitstreiter nahmen daraufhin Zuflucht bei der Polemik. Toleranz, Offenheit, Bereitschaft zur Kontroverse gehörten nicht zu den Merkmalen des akademischen Lebens in Deutschland. Mit einem Begriff Isaiah Berlins könnte man sagen, das intellektuelle Leben Deutschlands war von einer «gegenaufklärerischen» Mentalität geprägt – sowohl vor dem Krieg als auch in noch stärkerem Maße, wenngleich mit ehrenwerten Ausnahmen, nachher.

Die Zeit nach Versailles war überall eine Zeit des Rückzugs. Deutschland bietet dafür nur ein besonders extremes Beispiel: Viele Historiker beschränkten sich auf monographische Arbeiten, auf historische Fingerübungen. Im Anschluß an den berüchtigten Kriegsschuldparagraphen des Versailler Vertrages versuchten Historiker in allen ehemals am Krieg beteiligten Ländern Verantwortlichkeiten zu klären, wobei sie als wichtigste Quelle diplomatische Berichte benutzten, zusammengestellt von Gelehrten, die ihrerseits nicht immer frei von offizieller Überwachung waren. Es waren nutzlose Bemühungen, bei denen das gewünschte Ergebnis oft von vornherein feststand.

Ich möchte kurz auf einige Ausnahmen eingehen, einige Historiker, die sich nicht zurückzogen und an denen erkennbar wird, daß der Krieg hier und da auch neue Anstöße für das historische Denken gab. In den zwanziger Jahren war der heute weitgehend in Vergessenheit geratene belgische Historiker Henri Pirenne ein hochgeachteter, prominenter Vertreter seines Faches; im Jahre 1916, als er schon einen Sohn an der Front verloren hatte, leitete er den Widerstand gegen deutsche Forderungen, die Universität von Gent wieder zu öffnen und Flämisch zur offiziellen Sprache zu machen. Die Deutschen erkannten Pirennes zentrale Rolle, verhafteten ihn und deportierten ihn nach Deutschland – ließen ihm jedoch immerhin genug Freiheit, ein Buch zu schreiben. Wie großartig wäre es, wenn wir eine Sammlung bedeutender Bücher besäßen, die in der Gefangenschaft geschrieben wurden! Pirenne begann mit der Arbeit an einer Geschichte Europas von der Völkerwanderung bis zur Reformation. Zugleich erwies er sich als ein scharfer Beobachter seiner Mitgefangenen und des Landes, das ihn gefangenhielt. Nachdenklich stimmten ihn die britischen Kameraden, die in der Gefangenschaft den Tag von Waterloo feierten – und ihn erschreckte, was er von Deutschland sah, einem Land, in dem auch er studiert und das er einst mehr als alle anderen bewundert hatte. In seinen «Souvenirs de captivité» zeichnete er ein niederschmetterndes Bild von der deutschen Professorenschaft, von der Unterwürfigkeit, mit der sie auf die Kette um ihren Hals auch noch stolz waren – solange sie nur gehörig verziert war. Er glaubte, die alten deutschen Tugenden hätten im Krieg Bankrott gemacht, und schilderte ein Land, in dem Hysterie herrschte und der Rassismus auf dem Vormarsch war.[28] Ungefähr um die gleiche Zeit war auch ein französischer Offizier in deutscher Kriegsgefangenschaft, der die lähmenden Konflikte innerhalb der deutschen Führung während des Weltkriegs intuitiv erkannte; de Gaulle ahnte die Kluft, die zwischen der zivilen und der militärischen Führung bestand, und nannte sein inzwischen fast vergessenes Buch mit Recht «La Discorde chez l'ennemi».

Für sein Werk zur Wirtschaftsgeschichte vielfach bewundert, wurde Pirenne nach dem Krieg zu einem Helden der Zunft. Er führte den Vorsitz über den ersten internationalen Historikerkongreß nach dem Krieg, der 1923 in Brüssel stattfand. Zehn Jahre zuvor hatte der Kongreß in London getagt, und damals hatten die Deutschen die größte Delegation entsandt. Diesmal wurden auf Pirennes Betreiben Deutsche nach Brüssel nicht eingeladen. Pirenne hatte alle deutschen Auszeichnungen und Titel zurückgegeben und alle Beziehungen zu dem Land, dem er sich einst eng verbunden gefühlt hatte, abgebrochen. Andere hielten es wie er. Und dennoch forderte Pirenne, der die nationalistischen Exzesse während des Krieges bedauerte, man müsse mit der traditionellen Nationalgeschichte brechen, und hob hervor, nur ein vergleichender Ansatz könne rassistische und nationale Scheuklappen vermeiden und die Originalität und Individualität jeder Nation erkennbar machen. Der Anlaß verlieh seinem Appell besonderes Gewicht, und Pirenne freute sich, unter den Zuhörern auch Marc Bloch und Lucien Febvre zu sehen.

Febvre und Bloch hatten Pirenne schon 1921 gebeten, die Leitung einer neuen, dezidiert «alliierten» Zeitschrift zu übernehmen, die sich der Sozial- und Wirtschaftsgeschichte widmen sollte, Gebieten, um die es ihrer Meinung nach in Frankreich nicht sonderlich gut bestellt war. Der Anstoß zu diesem Projekt war ein zugleich historiographischer und ein politischer: Vor 1914 hatten die Deutschen eine Zeitschrift, die «Vierteljahrschrift für Sozial- und Wirtschaftsgeschichte» herausgegeben. Sie hatte ihr Erscheinen während des Krieges eingestellt, aber selbst wenn sie demnächst wieder erscheinen sollte, «könnten wir uns nicht, als wäre nichts gewesen, daran beteiligen wie vor 1914.» Febvre und Bloch sahen in Pirenne den einzig möglichen Lehrmeister, sie wählten ihn zu ihrem Mentor, erfüllt von echter Bewunderung und wohl wissend, daß sie auf sein Prestige angewiesen waren. Wie sehr können doch solche über die Generationengrenzen hinwegreichenden Freundschaften unser privates und berufliches Leben bereichern! Febvre und Bloch sahen in Belgien auch einen idealen Ort für ihr Projekt, in Anbetracht der im gemeinsamen Kampf gebrachten Opfer und jener «unvergeßlichen Tage, als man spüren konnte, wie sich die Seele eines Volkes regte, das dieses Glück hatte: in einer Stunde der Entscheidung seinen Historiker zu finden». Febvre und Bloch gingen mit ihren Vorgängern, ihren eigenen «traurigen» Lehrern hart ins Gericht, sie sollten an dem neuen Unternehmen nicht beteiligt werden: «Titel und Rang verleihen nicht immer Talent – jedenfalls sind sie nicht unbedingt jenem geistigen Schwung förderlich, der Jugend ist (…)» [29] Wie Pirenne wollten auch sie die Zusammenarbeit mit den Deutschen nicht wieder aufnehmen, zumindest für einige Zeit. An dieser Frage scheiterte das Projekt schließlich: Amerikanisches Geld wurde gebraucht, aber Waldo Leland vom American Council of Learned Societies bestand darauf, eine deutsche Beteiligung sei unabdingbare Voraussetzung für eine amerikanische Förderung. Die amerikanische Förderung der europäischen Integration, der Wiedereingliederung Deutschlands hat eine bemerkenswerte Geschichte.

1927 erneuerte Marc Bloch in Oslo sein Plädoyer für einen neuen Typus von Geschichtsschreibung, für einen vergleichenden Ansatz. Schließlich gründeten er und Febvre 1929 ein rein französisches Forum, die «Annales», die einmal mehr auf das zielten, was Historiker oft gefordert und selten erreicht haben: eine wirklich umfassende Sicht auf die Vergangenheit, deren vielfältige Faktoren von der Wirtschaftsgeographie bis zum kulturellen Milieu in ihrem Zusammenhang untersucht werden sollten. In den «Annales» begrüßte Bloch 1933 Georges Lefebvres Untersuchung über die «Grande Peur» im Jahre 1789 als eine monumentale Studie über die halluzinatorischen Erfahrungen einer ganzen Nation. Bloch mit seinem Verständnis für die *«fausses nouvelles»* erkannte das Verdienst genauer psychologischer Untersuchungen von politischen Ereignissen; er erkannte in Lefebvres Werk das, was auch wir heute in ihm sehen: eine Studie über «Mentalitäten», bevor solche Studien zur Mode wurden. Insgesamt muß man sagen, daß nur wenige Historiker die Hoffnungen der «Annales» erfüllten; die heutigen Vertreter der «Annales»-Schule scheinen oft mehr an der Dekonstruktion der Methode interessiert als daran, die Vergangenheit aus den anfänglich intendierten Perspektiven zu rekonstruieren.

Schon 1923 betrieb Johan Huizinga, der große holländische Historiker, in der Nachfolge Jacob Burckhardts eine übernationale Geschichtsschreibung, die, wie mir scheint, ebenfalls von der Erfahrung des Krieges durchdrungen war. Sein Buch «Herbst des Mittelalters» hatte er während des Krieges, in einer Zeit privaten und allgemeinen Leids, geschrieben. Ich spüre in diesem Buch eine spezifische Betroffenheit angesichts der Gewalt, in der ein Zeitalter endete, und eine Hervorhebung destruktiver Leidenschaften. «Gewiß, jede Zeit läßt in der Überlieferung mehr Spuren ihres Leids als ihres Glücks zurück. Es sind die leidvollen Geschicke, die zur Geschichte werden.»[30] Wie Burckhardt war auch Huizinga ein engagierter, von Sorge erfüllter Beobachter seiner Zeit; der Materialismus, die geistige Leere, die Macht der Technik über das Leben – das alles stieß ihn ebenso ab wie die steigende Flut des Rassismus in den dreißiger Jahren. Er war ein Europäer vor der Zeit: In einem offenen Brief an Julien Benda sprach er sich im Dezember 1933 für ein gemeinsames Europa vieler Nationen und Kulturen aus, für eine freie, nicht irgendeiner monströsen Behörde untergeordnete Assoziation: «Die nationalistische Erbitterung, die heute ehrenwerte Geister in den Wahnsinn getrieben hat, wird zuletzt der Idee Europas dienen. Das Fieber wird sich legen. Die großen Irrtümer sind bis jetzt noch immer überwunden worden.»[31] Aber zunächst einmal fiel eben diese nationale Wut über sein eigenes Land her. Auch Huizinga wurde zum Wortführer des Widerstandes gegen deutsche Forderungen und unterstützte seine Kollegen an der Universität Leiden, die sich im Herbst 1940 dagegen wehrten, ihre jüdischen Kollegen zu entlassen. «Wenn es darauf ankommen wird, unsere Universität und die Freiheit der Wissenschaft in Niederland zu verteidigen, dann müssen wir alles daransetzen können: unser Gut, unsere Freiheit und sogar unser Leben.»[32] Die deutschen Eroberer erkannten einen unbeugsamen Feind und deportierten den Achtzigjährigen in ein deutsches Lager, wo er seinen Mitgefangenen mit einem ergreifenden, sorgfältig abgewogenen Vortrag über die Befreiung Leidens, die Befreiung von spanischer Tyrannei, neuen Mut schenkte.

Im Jahre 1929 hielt Elie Halévy die Rhodes Lectures in Oxford unter dem Titel «The World Crisis, 1914–1918», meiner Ansicht nach die beste Analyse des Krieges, seiner Ursprünge und seiner Bedeutung.

Er erkannte das Törichte an dem Versuch, die Ursprünge des Krieges durch Untersuchungen von Politik und Diplomatie zu ergründen: «Mit Pillen ein Erdbeben kurieren.»[33] Ein treffendes Bild: Der Krieg war das Resultat lange unterdrückter unterirdischer Kräfte, des Zusammenstoßes heftiger Spannungen innerhalb der Nationen und zwischen ihnen, von inneren Kräften, die zur sozialistischen und nationalistischen Revolution drängten, und jenen Kräften, die die Großmächte in Gegensatz zueinander brachten. Halévy verstand das Wechselspiel zwischen inneren und äußeren Faktoren und berücksichtigte auch das, was James Joll später «die stillschweigenden Annahmen» der führenden Politiker nannte. Er war vielleicht der erste, der einen gewissen Abstand zu der Katastrophe gewann; der Geist von Locarno mag ihm die Distanzierung erleichtert haben. Halévys umfassende Deutung hat sich heute allgemein durchgesetzt; die wissenschaftliche Auseinandersetzung mit dem Krieg überhaupt, diesem gewaltigen Schrecken, wurde sehr vernachlässigt, und vielleicht haben erst heute wieder Sir Michael Howard und John Keegan diese Auseinandersetzung erneuert und vertieft.

In der Zeit nach dem Krieg tauchten vor allem in Frankreich zwei Leitgedanken auf, zumindest als Ziele innerhalb unseres Faches. Der Krieg hatte gelehrt, wie hoch der Preis der nationalen Abkapselung war – daher der Ruf nach einer vergleichenden, diese enge Perspektive überwindenden Geschichtsschreibung. Mit ihm verband sich eine Akzentverschiebung zugunsten einer möglichst breit angelegten Sozialgeschichte. Und bewies nicht die Erfahrung des Krieges auch, wie künstlich die Aufspaltung des Studiums der Vergangenheit in verschiedene Gebiete war, ganz zu schweigen von der Beschränkung auf die ausschließliche Beschäftigung mit dem politischen Geschehen?

Die Erinnerung an den Krieg hemmte und förderte zugleich neue Ansätze der Geschichtsschreibung.

Der Krieg und der nachfolgende Friede verliehen Amerika eine neue Bedeutung, und auch bei den Historikern spiegelte sich diese neue Position wider. Kaum waren die Vereinigten Staaten in den Krieg eingetreten, beauftragten Regierung und Universitäten die Historiker, Texte vorzubereiten, die die Mission Amerikas erläutern sollten. In der Zeit nach dem Krieg wurden amerikanische Historiker als ebenbürtige Mitglieder der internationalen Gemeinschaft der Gelehrten anerkannt.

Über weite Strecken der Nachkriegszeit reagierten auch die besten amerikanischen Historiker auf die Herausforderungen der unmittelbaren Lebenserfahrung, man denke etwa an William L. Langer, der sich an Amerikas großem Abenteuer, wie er es nannte, als Soldat beteiligte und ein Wegbereiter dessen wurde, was wir heute internationale Geschichte nennen; man denke auch an Richard Hofstadters Arbeiten, die auf die schweren ökonomischen und moralischen Krisen im Zuge der Großen Depression reagierten oder an die Arbeiten von C. Vann Woodward, die der Erfahrung rassistisch motivierter Diskriminierung entsprangen und das qualvolle und verbitterte Leben der im Bürgerkrieg unterlegenen Südstaaten zu verstehen versuchten.

Ich bin in der Gefahr, von Gipfeln zu sprechen, wo Täler das Normale waren. Viele historische Untersuchungen nach 1918 waren wieder Routinearbeit, Rückkehr zu früherer Abschottung. Die meisten Historiker mieden die großen Themen der Vergangenheit und die furchtbaren Herausforderungen der Gegenwart. Andererseits jedoch widerstanden die meisten westlichen Historiker den großen Versuchungen der Zeit, dem Bolschewismus und Faschismus.

Die eigene Arbeit bot einen bequemen Schutz; einige Monate nach Hitlers Machtergreifung schrieb Meinecke an einen Kollegen: «Bei der Arbeit vergißt man zuweilen (...) alles übrige und verfährt so, als ob man zeitlos lebte. Sie haben Recht, wir Geschlagenen sind jetzt, soweit bürgerlich, alle auf demselben schwankenden Floß im stürmischen Meer vereinigt und sollen lernen uns zu vertragen.»[34] Aber die deutschen Historiker waren gar nicht so sehr darauf aus, sich zu vertragen, eher tendierten sie zur stillschweigenden Komplizenschaft mit dem neuen totalitären Regime oder gebärdeten sich, wie etwa der österreichische Historiker Srbik, als offene Parteigänger der Nationalsozialisten. Im Westen spaltet das Vermächtnis des Krieges die Historiker: Einigen schien das «Appeasement« die Lehre zu sein, die aus dem Ersten Weltkrieg zu ziehen sei, andere hielten Wiederbewaffnung und Widerstand gegen Aggression für notwendig. Beim Ausbruch des Zweiten Weltkriegs gestand Bloch in einem Brief an Febvre: «In den Jahren 1919–1920 und später ließen wir die allergrößten Dummheiten zu, gegen die wir nicht oder viel zu wenig protestierten. (...) Wir verkauften unsere Seele für unsere Ruhe, für unsere geistige Arbeit, für die Sorglosigkeit, wie sie jenen eignet, die nach vier Schreckensjahren endlich wirklich leben wollen. Wir haben etwas falsch gemacht.»[35] Bloch selbst hat in seiner großartigen Abrechnung mit der französischen Niederlage 1940 darauf hingewiesen, daß die Fäulnis, die aus nationaler Gleichgültigkeit hervorsickerte, das Land vergiftete und daß sich in der abgestumpften Inkompetenz an der Spitze nur die Lethargie, die Konflikte, der Verlust an Entschlossenheit auf den unteren Rängen spiegelte. Sein Buch war ein letzter Tribut an die zentrale Bedeutung der inneren Moral.

Ältere Generationen haben die Katastrophen in

diesem Jahrhundert erlebt; einigen von uns bleibt nur das, was Henry James «Katastrophenphantasie» (*«imagination of disaster»*) genannt hat – aber vielleicht ist auch sie ein Anreiz, die Vergangenheit zum Wohl und Nutzen der Gegenwart zu erklären. Ich fürchte aber, für viele Historiker haben sich die Verbindungen zwischen Leben und Arbeit sehr gelockert; die große Mode der Theorie mit all ihrer Abstraktheit kann leicht die Oberhand über die Erfahrung mit all ihrer widerspenstigen Komplexität gewinnen.

Aber auch innerhalb unserer Zunft gibt es menschliche Größe, die von einer Generation auf die andere übergeht. Während des «Sitzkriegs» Anfang 1940 begann Marc Bloch, der wieder im Feld war, mit der Arbeit an einer Geschichte der französischen Gesellschaft im Gefüge der europäischen Zivilisation. Die Widmung lautete: «Im Gedenken an Henri Pirenne, der in einer Zeit, als sein Land Seite an Seite mit dem meinen für Recht und Kultur kämpfte, als Gefangener eine Geschichte Europas schrieb.»[36] Im Jahre 1986 schrieb Bronislaw Geremek, ein polnischer Historiker, der sich mit den Randschichten im mittelalterlichen Frankreich befaßt hatte, und zugleich ein gefährdeter Führer von Solidarność, eine Hommage an Marc Bloch, die er selbst, da er von den polnischen Behörden festgehalten wurde, nicht in Paris vortragen konnte. Zum Schluß hieß es bei Geremek: «Ich glaube nicht, daß ich dem Denken [Blochs] untreu werde, wenn ich sage: *on peut mourir pour Danzig.*»[37] Die Wendung hatte eine doppelte Bedeutung. Bloch hatte sich entschieden, für Danzig zu kämpfen, der Aggression der Nationalsozialisten Widerstand entgegenzusetzen und für seine Überzeugungen zu sterben. Geremek hatte sich für ein Leben entschieden, in dem «Sterben für Danzig», d.h. für den Ort, an dem die

Solidarność entstanden war, und für die Freiheit ins Gefängnis zu gehen eine bedrohliche Realität war. Vielleicht haben wir in unserem Teil der Welt das Schlimmste hinter uns, aber die Trias von Pirenne, Bloch und Geremek bleibt eine Inspiration. Historiker haben eine staatsbürgerliche Verantwortung, und ohne Freiheit können wir nicht wie Menschen leben.

Isaiah Berlin hat selbst Zeugnis von den unheilvollen Verwicklungen unseres Jahrhunderts abgelegt. Mehr noch: Mit moralischer Energie und Weisheit hat er die großen intellektuellen und geistigen Traditionen des modernen Europa ergründet und dabei sein Augenmerk vor allem auf jene Strömungen gerichtet, die der Freiheit entweder besonders förderlich oder besonders gefährlich sind. Er hat für unsere Zeit den Wert der Geschichtsschreibung und den zentralen Platz, den in ihr die Ideen einnehmen, aufs neue bestätigt. In seinem Werk hat eine Bemerkung Rankes dauerhafte Gestalt gewonnen: «Das Große ist vielmehr, daß die menschliche Freiheit überall in Anspruch genommen wird: die Historie verfolgt die Szenen der Freiheit; das macht ihren größten Reiz aus.»[38] Die Rückbesinnung auf solche Gedanken erinnert uns daran, daß Clio immer wieder sehr unterschiedliche Diener an sich gezogen hat, gering an Zahl, doch groß an Geist. Ihre Werke werden tatsächlich zu einem «immerwährenden Besitz».

Deutsche Vergangenheit aus amerikanischer Sicht: Hundert Jahre amerikanische Historiographie *

Die Gründung der American Historical Association (AHA) vor hundert Jahren liefert den Anlaß zu diesen Gedankengängen über die amerikanischen Geisteswissenschaften, wenngleich wir wissen, daß es etwas Willkürliches hat, geistige Leistungen mit exakten Zeitangaben zu versehen. Das amerikanische Interesse an der deutschen Geschichtswissenschaft setzte nicht erst mit Gründung der AHA ein. Es begann früher, begann, wie so vieles andere, mit Leopold von Ranke und der Entstehung seiner historischen Schule. Die Gründung der AHA und der Zeitschrift «American Historical Review» war Ausdruck des amerikanischen Bemühens, der Akademisierung in Deutschland und Europa nachzueifern. Auch die Amerikaner erkannten die große Bedeutung der akademischen –

* Im Jahr 1984 feierte die American Historical Association ihr 100jähriges Bestehen; auf ihrer Jahrestagung fanden aus diesem Anlaß mehrere Sonderveranstaltungen zur Geschichte einiger Zweige der wissenschaftlichen Geschichtsschreibung in den Vereinigten Staaten statt. Das Folgende ist eine überarbeitete und erweiterte Fassung meines Vortrages über die Deutschland-Geschichtsschreibung in den Vereinigten Staaten.

Das Thema vereinigte in sich zwei Dinge, denen seit langem mein Interesse galt: die Geschichte der Geschichtsschreibung und die Darstellung der deutschen Geschichte. Es gab mir auch Gelegenheit, mich über die Entwicklung der amerikanischen Europageschichtsschreibung zu äußern, die der Art und Weise, wie die Europäer selbst über ihre Geschichte schreiben, ver-

oder, wie es damals hieß, wissenschaftlichen – Geschichtsschreibung. In einem Land, das oft als ein unhistorisches charakterisiert worden ist, bedeutete das den Beginn eines Kampfes gegen viele Widrigkeiten.

Wir rufen uns ein Jahrhundert ins Gedächtnis, in dessen Verlauf die amerikanischen Historiker sich nach anfänglicher Abhängigkeit durch eine Phase akademischer Emanzipation und politischer Gegnerschaft bis zur Stufe der Gleichwertigkeit und Zusammenarbeit emporarbeiteten. Es ist eine Geschichte, die

wandt und zugleich doch auch von ihr verschieden ist. Mir fiel auf, daß die amerikanische Geschichtsschreibung genau in derselben Zeit Weltniveau erreichte, in der die Vereinigten Staaten sich zur Weltmacht entwickelten. Es bereitete mir Freude, die Arbeit mehrerer Generationen amerikanischer Historiker zu studieren, auch wenn es sich nur um einen engen thematischen Ausschnitt handeln konnte. Ich genoß die Wiederbeschäftigung mit Themen, über die ich einst mit meinem Freund Richard Hofstadter diskutiert hatte. Ich traf auf amerikanische Autoren, die scharfsinnige Analytiker des Deutschlands ihrer Zeit waren; Thorstein Veblen widmete Deutschland ein Buch, andere äußerten ihre Ansichten zum aktuellen politischen und kulturellen Geschehen in Briefen oder Artikeln. Mein Thema hatte, kurz gesagt, nicht nur mit der Geschichtsschreibung als solcher zu tun, sondern auch mit dem Puls des deutschen und amerikanischen Lebens. Die beiden Weltkriege und die Ankunft europäischer Emigranten übten tiefgreifende Wirkungen auf die amerikanische Intelligenz: Was an unserem Thema ein weiteres Mal deutlich wurde, war die Offenheit unserer Disziplin, die – zugleich segensreiche und gefahrbringende – Aufgeschlossenheit der Historiker für die gesellschaftlichen Dramen, die sich in ihrer eigenen Lebenszeit vollzogen.

Ich möchte Felix Gilbert, Christoph Kimmich und David Rothman danken, die das Manuskript in verschiedenen Stadien seiner Entstehung gelesen und mir mit Kommentaren und Vorschlägen sehr geholfen haben. Ich möchte außerdem die Unterstützung durch Michael Fitzsimmons, Thomas L. Hughes, John Lukacz, R. R. Palmer und G. Tomas Tanselle erwähnen. Ich bin zwei Assistenten, Adam Bellow und Arthur Brenner, für ihre Hilfe bei meinen Forschungen zu Dank verpflichtet.

mit einem starken deutschen Einfluß begann, in einer Zeit, als übereifrige amerikanische Studenten deutsche Einrichtungen und Methoden einfach auf Amerika übertrugen und hofften, amerikanische Geschichte im Stil der Deutschen schreiben zu können. Um das Jahr 1903 ging eine neue Generation amerikanischer Historiker daran, sich von dem deutschen Vorbild zu befreien; die Progressiven proklamierten unter Mißdeutung und teilweiser Ablehnung Rankes eine «neue Geschichte», dazu bestimmt, den Bedürfnissen eines neuen Amerika zu dienen. Manche amerikanischen Junggelehrten fanden das kaiserliche Deutschland ganz und gar nicht sympathisch, aber ob prodeutsch oder eher Deutschland-skeptisch – kaum einer wagte es, über deutsche Geschichte zu schreiben.

Der Erste Weltkrieg und die Verwicklung Amerikas in ihn warfen das «deutsche Problem» auf und brachten uns überhaupt näher an Europa heran. Im Verlauf des Krieges entwickelten einige führende Historiker der USA eine frühe und oftmals unreflektierte antideutsche Haltung. Die Deutschen zahlten jetzt den Preis für die übersteigerte Bewunderung, die sie beansprucht, gefördert und akzeptiert hatten, und bei vielen Amerikanern schlug unreflektierte Bewunderung in unkritische Gegnerschaft um. Nach Kriegsende begannen amerikanische Historiker, erfüllt von einem neuen Zusammengehörigkeitsgefühl mit Europa, die europäische Geschichte ins Visier zu nehmen, und nach und nach errangen sie auch internationale Anerkennung. Als das besiegte Deutschland sich in eine monströse Tyrannis verwandelte, wurden wir zu Schutzpatronen der deutschen Geschichte; zwischen 1933 und 1945 wurde deutsche Geschichte hierzulande und in England geschrieben oder überhaupt nicht. Das deutsche Problem erwies sich als brennende politische und historiographische Herausforderung; evident wurde dies nicht zuletzt durch die Ankunft politischer Flüchtlinge aus Deutschland. Den Historikern unter ihnen bereitete Amerika zumindest teilweise einen durchaus wohlwollenden Empfang. Der Zweite Weltkrieg und die Nachkriegsrolle der USA als westliche Führungsmacht prägten eine jüngere Generation amerikanischer Historiker; diese Gelehrten waren in Europa und dessen Geistesleben zuhause, und einige von ihnen leisteten wichtige eigenständige Beiträge zum Verständnis des deutschen Problems.

Die Nachkriegsgeneration – meine Generation – konnte sich über einen Mangel an unverdient glücklichen Umständen nicht beklagen. Wir wuchsen – sei es in den Vereinigten Staaten, sei es in Europa oder jenseits des Atlantiks – in einer Zeit heran, in der Europa der Brennpunkt eines leidenschaftlichen politischen und weltanschaulichen Konflikts war. Europa war auf dramatische Weise unser Schicksal. Wir entwickelten uns zu Historikern Europas in einer Situation, in der eine nie dagewesene Mischung aus amerikanischen und internationalen, namentlich deutschen Begabungen das Feld bereicherte.

In den vergangenen 25 Jahren hat es zwischen amerikanischen und deutschen Historikern eine intensivere Zusammenarbeit gegeben als jemals zuvor; die Grenzlinien verlaufen nicht mehr entlang nationalen Zugehörigkeiten, sondern entlang thematischen Orientierungen und unterschiedlichen stilistischen und methodichen Ansätzen. Wir haben in der Qualiät unserer Arbeit einen ungefähren Gleichstand erreicht. Auf beiden Seiten besteht eine bedauerliche Tendenz zu immer größerer Spezialisierung, während zugleich der unmittelbare politische Impetus nachgelassen hat. Die Frage nach den Ursachen des Nationalsozialismus stellt sich einer jüngeren Generation nicht mehr mit derselben Dringlichkeit wie ihren Vorgängern. Um es auf eine Kurzformel zu bringen: Die Debatte über 1933 ist mehrdeutiger und kontroverser geworden. Nicht wiedergekehrt sind die Zeiten deutscher akademischer Vorherrschaft – heute kennen amerikanische Amerika-Historiker eher die Arbeiten ihrer französischen und britischen Kollegen als die ihrer deutschen Zeitgenossen.

Im Folgenden werde ich mich mit der früheren Periode befassen, mit den fernen Anfängen und mit jener dramatischen Phase, in der größeres intellektuelles Vermögen und politische Umbrüche zusammentrafen und die Historiker die Vergangenheit differenzierter und unter ausgeprägten moralischen Vorzeichen sahen. Weniger werde ich zur jüngsten Vergangenheit und zur Gegenwart sagen; zum einen weil ich das meiste davon als allgemein bekannt voraussetzen kann, zum anderen weil die neueren Arbeiten zu ausschnitthaft und facettenreich sind, als daß man auch nur eine übersichtliche Klassifizierung vornehmen könnte. Auch ist wahr, daß die Historiker sich lieber mit der Vergangenheit als mit der lebendigen Gegenwart befassen, und das nicht nur aus Gründen der Vorsicht.

Die zunehmende Bedeutung amerikanischer Wissenschaft auf dem Gebiet der deutschen Geschichte rührt an einige der großen Themen unserer Zeit und unserer Disziplin. An ihrem Beispiel lässt sich die Offenheit, die Anpassungsfähigkeit der Geschichtsschreibung demonstrieren, die Empfindlichkeit, mit der Historiker auf Veränderungen inner- und außerhalb ihrer Disziplin reagieren. Die Geschichte der Geschichtsschreibung, wie ich sie hier an einem Beispiel darlege, ist ein Beitrag zum Thema des kulturellen Wandels; die Gründe für die Art und Weise, wie Historiker schreiben, sind manchmal ebenso aufschlußreich und bedeutsam wie das, was sie schreiben. Die

Ideale der Historiker und ihre Methoden, die materiellen Bedingungen ihrer Forschungs- und Veröffentlichungstätigkeit haben sich verändert – ebenso wie die Gesellschaftsschicht und das Kulturmilieu, aus dem die amerikanischen Historiker stammen. Es waren großbürgerliche Gelehrte, die bei der Professionalisierung der amerikanischen Historiographie die Pionierarbeit leisteten, doch um die Wende zum 20. Jahrhundert herum trat ein neuer Historikertypus auf den Plan: Leute, die es aus kleinen Verhältnissen zu etwas gebracht hatten, oft aus dem Mittleren Westen stammten, sich einem politisch fortschrittlichen Amerika verschrieben hatten und sich mit den Problemen einer industriellen Zivilisation auseinandersetzten. Sie definierten neue Regeln für die amerikanische Geschichtsschreibung. Bald wurden ihre fortschrittlichen Positionen ihrerseits wieder in Frage gestellt. An den amerikanischen Deutschland-Historikern gingen diese Veränderungen nicht spurlos vorbei, ebensowenig wie die Wandlungen, die sich in der deutschen Geschichtswissenchaft vollzogen, und vor allem auch die radikalen Umbrüche in Deutschland selbst. Zur Zeit der Gründung der AHA standen sich die USA und Deutschland noch fern; in der Folge wurden sie nacheinander zu Rivalen, Feinden und Freunden. Zweimal im 20. Jahrhundert vereitelte Amerika mit militärischen Mitteln deutsche Ambitionen; in beiden Kriegen öffnete sich eine tiefe Kluft. Die meisten Amerikaner sahen im Dritten Reich eine Kampfansage nicht nur an die Sicherheit des Westens, sondern an unsere grundlegenden Werte und Überzeugungen. Und ohne Zweifel mußte es sich den Historikern ebenso darstellen. Nur flüchtig nach dem Ersten und auf nachhaltige Weise nach dem Zweiten Weltkrieg versuchten die Vereinigten Staaten, die Kluft durch Maßnahmen von nutzbringender Wohltätigkeit zu überbrücken. Die

Geschichte Deutschlands wurde in solchen Zeiten unter dem düsteren Eindruck katastrophaler Geschehnisse geschrieben.

Es gibt das vertraute und, wie manche meinen, idyllische Bild vom einsamen Gelehrten, der, vergraben in Archivmaterial, durch kritische Sichtung der erhalten gebliebenen Dokumente Vergangenheit rekonstruiert, abgeschottet von den Stürmen der Welt und von Leidenschaften in seinem Innern. Solche Gelehrte gibt es sicher, aber ich bezweifle, daß es viele sind. Ich denke an den großen Theodor Mommsen, der der Legende nach eine solche Persönlichkeit war. Sein politisches Testament belehrte uns eines anderen. Das, was in der Welt geschah, hatte Einfluß auf die meisten unserer Kollegen. Manche waren sich dessen bewußt und versuchten, Geschichte dennoch leidenschaftslos zu schreiben. Die anderen, denen es an diesem Bewußtsein mangelte, liefen eher Gefahr, eine parteiische Geschichte zu schreiben. Ich hoffe, daß es mir gelingt, hin und wieder einen Zipfel des dramatischen Geschehens zu erhaschen, das ein Wesensbestandteil der scheinbar so beschaulichen Geschichte unseres Faches war.

Um zu den Anfängen zurückzukehren: Im Jahr 1884 gründeten amerikanische Historiker unsere Vereinigung – ein Schritt in Richtung einer Professionalisierung, die der unserer deutschen Kollegen um eine Generation nachhinkte. In beiden Ländern waren aber auch unterschiedliche Stimmungen und Erfahrungen wirksam. In Europa hatten die Französische Revolution und Napoleon bei den Menschen einen neuen Sinn für Geschichte geweckt, und außerdem erforderte der um sich greifende Nationalkult ein Wissen auch über die Vergangenheit der eigenen Nation. Die Amerikaner waren von den genannten Umwälzungen weniger betroffen, und ihr Nationalismus war auch nicht so wetteifernd. Die Amerikaner verband nicht so sehr eine gemeinsame Vergangenheit als vielmehr eine gemeinsame Zukunft. Das systematische Studium der Vergangenheit war in Amerika nicht so sehr ein kultureller und politischer Imperativ wie in den rivalisierenden Nationalstaaten Europas.

Wie Richard Hofstadter einmal angemerkt hat, ist man sich in der amerikanischen Öffentlichkeit einig darüber, daß «der Heldenmut, der die [amerikanische] Revolution ermöglicht, und die staatsmännische Weisheit, die die Verfassung hervorgebracht hat, Beweise dafür sind, daß das Land unter der Führung von Männern, die gleichsam Halbgötter waren, und mit Institutionen, denen zur Vollkommenheit nicht viel fehlte, in die Welt trat». Die Amerikaner waren aber auch Anhänger der Geschichtsauffassung der Whigs, in der «der Gedanke des Fortschritts ein zentrales Axiom ist. Wie aber kann ein Volk Fortschritte machen, das schon zu Beginn der Vollendung sehr nahe ist?» Wie auch immer, die Überzeugung, man könne sich, ausgehend beinahe von Perfektion, zu immer neuen Höhenflügen aufschwingen, war und blieb eine wiederkehrende, zuversichtliche und widersprüchliche Grundvorstellung des amerikanischen Ausnahmebewußtseins. Aber Amerika war ja auch anders, war, um noch einmal Hofstadter zu zitieren, «die erste postfeudale Nation, die erste Nation auf der Welt, die von ihrem ersten Tag an im Zeichen von Protestantismus, Nationalismus und modernem kapitalistischen Unternehmertum stand und sich entwickelte».[1]

In dem Maß, wie die Amerikaner ihr Land als entlegen und einzigartig wahrnahmen und von seiner Ausnahmestellung überzeugt waren, entfiel für sie die Notwendigkeit, die Geschichte anderer Nationen zu studieren, die so anders, so böswillig und bigott waren. Im 19. Jahrhundert, als noch talentierte Amateure das Feld beherrschten, die in der Geschichte einen Zweig der Schönen Literatur sahen, mochte es Gründe dafür geben, das eine oder andere erhebende Geschichtsthema zu studieren, wie den Aufstand der Niederlande oder andere Ereignisse, die dem amerikanischen Unabhängigkeitskampf entweder ähnelten oder ihn beeinflussten; doch im allgemeinen scheuten die Amerikaner aus Gleichgültigkeit oder übergroßem Respekt davor zurück, über europäische Geschichte zu schreiben.

Für die Amerikaner des 19. Jahrhunderts war europäische Geschichte, um Leonard Krieger zu zitieren, die pränatale Geschichte Amerikas und daher von geringem Interesse.[2] Für Studien über Deutschland bestanden kaum Anreize, für ein Studium in Deuschland hingegen jede Menge. Die deutsche Universität, wie sie sich nach der Humboldtschen Reform präsentierte, war ein Magnet für studierwillige Ausländer; zwischen 1820 und 1920 schrieben sich rund 9000 Amerikaner an deutschen Universitäten ein.[3] George Bancroft war der glanzvollste amerikanische Student in Berlin und Göttingen, wo er obendrein eine lebenslange Freundschaft mit Otto von Bismarck schloß. Viele andere kamen ins Mekka der Gelehrsamkeit. Sie hörten die Vorlesungen Rankes und Johann Gustav Droysens, später Heinrich von Treitschkes und Karl Lamprechts. In Amerika gab es keine Pendants zu diesen Geistesgrößen. Vor hundert Jahren existierten in den Vereinigten Staaten rund 400 Hochschulen und Universitäten, an denen vielleicht 20 Vollzeit-Historiker lehrten.[4] In Deutschland hingegen war die Geschichte in den Rang einer für die Bildung geradezu zentralen Disziplin erhoben worden; die Wissenschaft hatte dadurch einen besonderen Nimbus gewonnen, war mit einer besonderen Aura versehen worden.

Vielen amerikanischen Studenten imponierte das gleichsam naturwissenschaftliche Ideal – das Postulat, die Historiker müßten die Vergangenheit anhand verifizierbarer Quellen rekonstruieren; manche gingen noch einen Schritt weiter und meinten, das naturwissenschaftliche Ideal setze die Wahrung strengster Objektivität voraus. So setzte sich die Überzeugung durch, Geschichtswissenschaft sei das Zusammentragen von gesichertem Wissen, die Anhäufung von Tatsachen und Abhandlungen. Manche hielten die Geschichte für eine induktive Wissenschaft und leiteten historische Gesetzmäßigkeiten aus empirischen Tatsachen ab. Vor allem aber erkannten sie, daß die Geschichte eine ernsthafte Profession war, die es verdiente, als eigenständiges Fach an der Universität gelehrt zu werden. Sie bemühten sich, die spezifisch deutsche Lehrform des Seminars an den amerikanischen Universitäten heimisch zu machen; schon 1869 setzte Charles Kendall Adams an der Universität von Michigan ein Seminar nach dem Vorbild Rankes auf den Lehrplan, in dem freie Forschungen kritisch diskutiert wurden. Aus Amateurgeschichtsschreibung wurde so akademische Historiographie. Ob nun eine Festanstellung für Clio eine gute Idee ist oder nicht, tut hier nichts zur Sache. Dieser Wandel hat aber zweifellos seinen Preis gehabt.

Der deutsche Einfluß auf das amerikanische Hochschulwesen ist wohlbekannt; indes wirkte er deutsche Einfluß wahrscheinlich nicht so sehr durch seine geistige Substanz als durch seine institutionellen Strukturen und rhetorischen Formen. (Die Substanz sollte erst im Zuge einer späteren Transplantation folgen.) Einige in Deutschland ausgebildete amerikanische Historiker leisteten besonders gewichtige Beiträge zu dieser frühen akademischen Anleihe, vor allem Herbert Baxter Adams und John W. Burgess. Die beiden gehörten zu den bedeutendsten Organisatoren im amerikanischen Hochschulwesen und glaubten, die historische Methode der großen deutschen Lehrer zu importieren und die institutionellen Voraussetzungen für die Ausübung von «Wissenschaft» zu schaffen – ein häufig mißverstandener Begriff, der systematischen Wissenserwerb in jeder Disziplin meint, und nicht «exakte Wissenschaft».

Adams studierte nach seinem College-Abschluss in Amherst (1872) in Heidelberg und Berlin, bei Droysen und – für ihn wichtiger – bei Johann Kaspar Bluntschli. Droysens Diktum, das Wesen der historischen Vorgehensweise sei es, «forschend zu verstehen», wurde für Adams zum lebenslang hochgehaltenen Motto.[5] 1876 war Adams der erste, der an der Johns Hopkins University einen Lehrauftrag für Geschichte erhielt; er baute hier auch ein historisches Seminar auf.

Kurz nach dem Tod von Adams im Jahr 1901 pries Woodrow Wilson seinen ehemaligen Mentor als einen «großen Industriekapitän, einen Kapitän auf dem Gebiet der systematischen und organisierten Forschung».[6] Adams hatte 1882 die Reihe «Johns Hopkins University Studies in Historical and Political Science» gegründet und leitete sie bis 1900; in dieser Reihe wurden Abhandlungen in der für die amerikanische Wissenschaft typischen Publikationsform, der Monographie, veröffentlicht; sie waren in Amerika das charakteristische Medium für die Veröffentlichung akademischer Resultate. Adams war auch die treibende Kraft hinter der Gründung der AHA und amtierte 15 Jahre lang als ihr Gründungs-Sekretär. 1885 beschloß die AHA, Ranke zu ihrem ersten – und vorläufig einzigen – ausländischen Ehrenmitglied zu ernennen. George Bancroft schrieb als Präsident an Ranke: «Wir wünschen uns Ihren Segen. [...] Dies soll eine besondere Ehrung für Sie als der größte lebende Historiker sein.»[7] Das Bemühen Adams', die US-Bundesregierung zu Unterstützungsleistungen für die historische Forschung zu bewegen, blieb fruchtlos. Die europäischen Staaten erkannten die Bedeutung der Disziplin Geschichte an und taten etwas für sie; nicht so die US-Regierung. Obwohl hinter ihrer Gleichgültigkeit keine wohlmeinenden Motive standen, zeitigte sie möglicherweise positive Konsequenzen, bewirkte sie doch, daß die amerikanischen Historiker weniger ausgeprägte Bindungen an den Staat entwickelten. Vielleicht tummelten sich in ihren Reihen auch mehr Vertreter dessen, was Hofstadter mit Blick auf Beard als «hartgesottene Bilderstürmerei» charakterisierte.[8] Wie auch immer, wenn man die Abhängigkeit des amerikanischen höheren Bildungswesens von privaten und öffentlichen Finanzmitteln bedenkt, darf man es als eine der großen Errungenschaften unseres akademischen Lebens bezeichnen, daß wir uns angewöhnt haben, die Hand zu beißen, die uns füttert.

Trotz seiner öffentlichen Bekenntnisse zur deutschen Wissenschaft hielt Adams keine Verbindung zu deutschen Kollegen. Es war sein Verdienst, daß die Johns Hopkins University die Bibliothek Bluntschlis erwarb. Anlässlich ihrer feierlichen Übergabe sang der Präsident des Kuratoriums der Universität, Richter Dubbin, ein weiteres Mal das rituelle Loblied auf die deutschen Bildung: «Denn welches naturwissenschaftliche Problem, welche literarische Streitfrage, welcher umstrittene Aspekt der Geschichte können als in befriedigender Weise untersucht gelten, solange nicht die Ergebnisse deutscher Forschung dazu vorliegen?»[9]

Ein weiteres Organisationstalent mit Studium in Deutschland und nachhaltiger Wirksamkeit im amerikanischen Universitätswesen war John W. Burgess. In seinem enthusiastischen Eifer, die Columbia University in eine Bildungseinrichtung nach deutschem Vorbild zu verwandeln, an der Forschung und Wissenschaft dominieren sollten, versuchte er das College, die Unterstufe der akademischen Studienlaufbahn, zugunsten einer einheitlichen Graduiertenanstalt abzuschaffen. Das gelang ihm glücklicherweise nicht, aber dank der Gründung der Fakultät für Politikwissenschaft machte er die Columbia University zu einer bedeutenden Forschungsstätte.[10] Er unterrichtete die nachfolgende Historiker-Generation im, wie er es nannte, wissenschaftlichen Studium der Geschichte und Politik. Seine Germanophilie kannte keine Grenzen; noch 1908 behauptete er, die Deutschen stünden den «echten» Amerikanern in bezug auf «ethische, moralische und geistige Qualitäten [...] näher als die Angehörigen irgend einer anderen europäischen Nation, sogar der englischen». Die Frage, warum er sich trotz seiner englischen Abstammung in Deutschland stets ebenso heimisch gefühlt hatte wie in England, beantwortete er selbst auf originelle Weise: «Der Engländer ist ein Germane mit normannisch-französischer Kruste; unter den Bedingungen und Erfahrungen des amerikanischen Lebens neigt diese Kruste dazu, abzubröckeln, und das germanische Element im englischen Charakter kommt wieder zum Vorschein.»[11] Nach Burgess' Überzeugung mußten sich politische Wahlverwandtschaften nach rassischen Affinitäten richten. Er hielt sich für einen wissenschaftlichen Historiker und täuschte sich wahrscheinlich selbst darüber, daß sich unter diesem Gewand extravagante Vorurteile verbargen.

Burgess, die diversen Träger des Namens Adams und viele anderen schrieben ihre Abhandlungen in einem Stil, den sie für den deutschen hielten. Ihre große

Ehrfurcht vor allem Deutschen hielt jeglichen Ehrgeiz, sich mit den Deutschen auf deren eigenem Terrain zu messen, in engen Grenzen.[12] Was sie von deutschen und englischen Historikern ihrer Zeit übernahmen, war die sogenannte Keimtheorie – ein Begriff, der für sich schon von Szientismus zeugt: Der Keim für die lokalen Institutionen Englands und Amerikas liege in den germanischen Wäldern. Amerikanische Patrizier ließen sich bereitwillig auf diese Teutomanie ein. Albert Bushnell Hart von der Harvard University, der seinen Doktor ebenfalls in Deutschland gemacht hatte, schrieb 1883 die «fundamentalen Prinzipien der amerikanischen Geschichte» nieder; darin behauptete er unter anderem, die amerikanischen Institutionen seien «ihrem Ursprung nach teutonisch; sie sind durch englische Institutionen zu uns gekommen».[13] Nun hatten Urwälder sehr wenig mit amerikanischen Institutionen zu tun, die zeitgenössischen deutschen Universitäten hingegen sehr viel. In einer Zeit massenhafter Einwanderung in die Vereinigten Staaten war dieser Teutonismus mehr als eine Idiosynkrasie schrulliger Gelehrten; sie war ein als Geschichtswissenschaft getarnter Rassismus.

Der Respekt wirkte sich in der Praxis aus. 1896 rief die AHA eine Kommission ins Leben, die den Geschichtsunterricht an den höheren Schulen unter die Lupe nehmen sollte, der sich auch damals noch in einem beklagenswerten Zustand befand. Die Kommission bestand aus Herbert Baxter Adams, Albert Bushnell Hart, Charles Homer Haskins aus Wisconsin, Andrew C. McLaughlin aus Michigan, Henry Morse Stephens von der Cornell University, Lucy Maynard Salmon vom Vassar College und George L. Fox von der Hopkins Grammar School. Lucy Salmon fiel die Aufgabe zu, das deutsche Schulsystem zu studieren und darüber zu berichten, vor allem natürlich über das Gymnasium. «Es wird deutlich werden», schrieb sie, «daß von allen Ländern Deutschland dasjenige ist, von dem Amerika am meisten lernen kann», nicht zuletzt was die zentrale Rolle des Geschichtsunterrichts betreffe; er sei das verbindende Element in den deutschen Lehrplänen. Sie hatte auch den Eindruck gewonnen, in Deutschland sei «jeder Geschichtslehrer ein absoluter Meister seines Faches» – ein beneidenswerter Zustand, wenn es denn zutraf. Sie erkannte allerdings auch die Grenzen der Übertragbarkeit. «Der deutsche [Lehrer] glaubt, daß der junge Mensch bis zum Eintritt in die Universität kein Urteilsvermögen besitze, an das man appellieren könne.» Der Deutsche lebe «in einem militärischen Klima, wo Gehorsam das oberste Gesetz ist. Als Kind wird ihm von Anfang an beigebracht, daß jedermann anderen zu gehorchen hat.» Sie warnte ihre Landsleute davor, den Unterricht an den weiterführenden Schulen ausschließlich auf die amerikanische Geschichte hin zu orientieren; eine solche Beschränkung würde die Denkfähigkeit der Schüler im späteren Leben beeinträchtigen. «Die amerikanische Geschichte hängt in der Luft – wie ein am Himmel schwebender Ballon –, wenn sie nicht fest in der europäischen Geschichte verankert bleibt.» [14] Wir haben Perioden der Verankerung durchgemacht – und auch solche des freien Schwebens.

Zwischen 1907 und 1910 untersuchte eine andere AHA-Kommission dieselbe Frage, diesmal ohne europäische Vorbilder zu erwähnen, und kam zu dem Schluß, an amerikanischen Schulen solle vier Jahre lang Geschichte gelehrt werden, davon zwei Jahre lang europäische und englische Geschichte. Dieser Bericht bezeugte ein stärker ausgeprägtes amerikanisches Selbstbewußtsein; seine Lektüre könnte einen elegisch stimmen, wenn man ihn mit der vor einigen

Jahren publizierten Bestandsaufnahme «A Nation at Risk» vergleicht.[15] Die Vergangenheit erscheint heute reicher, als sie es vor 90 Jahren war, doch in der Kunst, sie zu lehren, sind wir ärmer geworden.

Auf ihre Erfahrungen in Deutschland reagierten die Amerikaner mit gemischten Gefühlen. William James schrieb 1867 einen Sketch über die Eigenarten eines deutschen Gelehrten; zufällig fiel seine Wahl auf einen der bedeutendsten: Wilhelm Dilthey. Das Porträt wäre sicher noch vernichtender ausgefallen, wenn er sich eine Figur niedrigeren Ranges ausgesucht hätte. Während der amerikanische Gelehrte, so James, ein Bürger bleibe, ein Mensch in der Gesellschaft, «schien dieser Kauz nichts anderes sein zu können als ein Professor [...], als könne er der übrigen Gesellschaft einzig und allein als ein auf diesem oder jenem Gebiet gebildeten Menschen gegenübertreten – und nie auch nur für einen Moment seine fachlichen Interessen vergessen oder seinen Spezialgebiets-Instinkt ablegen zu können.»[16] Andere Studenten begannen sich nach 1870 kritisch über «schrullige, verbohrte und illiberale» Professoren zu äußern.[17] Ganz zu Ende des Jahrhunderts studierte William E. Dodd bei Karl Lamprecht und Erich Marcks in Leipzig; seine Doktorarbeit schrieb er über die Anfänge der Demokratischen Partei in den Vereinigten Staaten – ein Thema, über das seine deutschen Professoren nicht viel gewusst haben dürften. Auch Dodd nahm aus Deutschland gemischte Eindrücke mit; während er das kulturelle Leben in vollen Zügen genoß, fand er den deutschen Militarismus abstoßend.[18]

Nach der Jahrhundertwende trat ein neuer Typus des amerikanischen Historikers auf den Plan. Frederick Jackson Turner, Charles Beard, James Harvey Robinson und Carl Becker stammten durchweg aus dem Mittleren Westen. Sie waren weniger durch die

Ehrfurcht Neu-Englands vor Europa gehemmt und mehr dem neuen Amerika zugewandt – einem industriellen Amerika, das in den 1890er Jahren unter einer großen Depression gelitten hatte. Die neue Generation hatte deshalb einen geschärften Sinn für wirtschaftliche Ungerechtigkeit, Armut und Korruption, für Habgier und die Probleme mit der jüngsten Masseneinwanderung. Diesen Männern führten andere Leidenschaften die Feder beim Schreiben von Geschichte; die Nöte der Gegenwart lagen ihnen näher als die Sternstunden der Vergangenheit. Beard hatte, wie Robinson, in Deutschland studiert; sein ganzes Leben über stand er im Bann dessen, was er für Rankes historisch-naturwissenschaftliches Prinzip hielt, weil er sich einerseits zur Objektivität gegenüber der Vergangenheit, andererseits aber den Forderungen der Gegenwart verpflichtet fühlte. Robinson ging davon aus, daß beide Anliegen sich vereinbaren ließen; Beard war sich nicht so sicher. Der ein wenig ältere Turner artikulierte schließlich die Gefühle der ganzen jüngeren Generation, als er verkündete: «Diese neue Demokratie, die das Land erobert und die Ideale der [alten] Staatskunst vernichtet hat, ist nicht entstanden, weil ein Wissenschaftler vom deutschen Wald geträumt hat.»[19] Es war undenkbar, daß diese jüngere Generation amerikanischer Historiker, die sich so sehr mit spezifisch amerikanischen Themen und Defiziten beschäftigte, von den subtilen psychologischen Wirkungen hätte unberührt bleiben können, die von Amerikas stetig wachsender imperialer Macht ausgingen, von der neuen Stellung im Kreis der Weltmächte.

Robinson und Beard hatten eine kritischere Einstellung zur deutschen Professorenschaft – vermutlich nicht nur weil sie sich von der teutonischen Vormundschaft emanzipieren wollten, sondern auch um sich von ihren unmittelbaren großbürgerlichen Vorläufern abzuheben.[20] Sie forderten eine «neue Geschichte», die im Einklang mit dem euphorischen Zeitgeist der Progressiven Ära stehen müsse.[21] Ein neuer kritischer Nationalismus regte sich in den Vereinigten Staaten, während bei den deutschen Historikern zunehmend ein immer schärferer und unkritischer Nationalismus und eine methodische Engstirnigkeit zutage traten.

James Harvey Robinson, dessen Lebensdaten genau denen von Frederick Jackson Turner entsprachen und der ebenfalls aus dem Mittleren Westen stammte, studierte in Harvard; William James war dort der einzige Lehrer, der ihm wirklich imponierte. 1888 begann seine Studienzeit in Deutschland, 1891 legte er seine Dissertation zum Thema Bundesrat vor; es war eine konventionell geschriebene Arbeit über einen konventionellen Gegenstand. 1895 kam er an die Columbia University, als deren erster Professor für europäische Geschichte. Beard wurde 1903 Mitglied der Fakultät, und die beiden wurden enge Freunde. 1902/03 trat Robinson, gerade 40 Jahre alt, mit einem Plädoyer für einen neuen geschichtswissenschaftlichen Ansatz hervor, einer Attacke gegen das, was J. R. Green schon viel früher die «Trommel- und Trompeten-Geschichtsschreibung» genannt hatte und was Robinson fälschlich mit der Rankeschen Tradition gleichsetzte. Er forderte einen weiter gefaßten Geschichtsbegriff, der wirtschaftliche und geistige Entwicklungen mit einbezog, der die politische Geschichte von Staaten und Institutionen transzendierte und sie zugleich verständlich machte. Er forderte darüber hinaus, das Studium der Vergangenheit müsse im Dienste des künftigen Fortschritts stehen; antiquarische Historie war ihm ein Greuel. Seine eigenen, vielbenutzten Lehrbücher standen exemplarisch für diese neue Auffassung.

Robinson tat sich auch als Kritiker deutscher Gelehrsamkeit hervor; in einer ausführlichen Literaturübersicht, die 1903 unter dem Titel «The Study of the Lutheran Revolt» in der «American Historical Review» erschien, stellte er fest, die meisten deutschen Historiker setzten den «Parteienstreit», den Glaubenskonflikt, immer weiter fort; seiner Meinung nach übersahen die religiös orientierten Historiker die entscheidenden säkularen Elemente in der Reformationsbewegung. Er ermahnte sie, Toleranz zu üben, zu akzeptieren, daß keine Glaubensrichtung absolut wahr oder falsch sei, daß vielmehr jede im Dienst bestimmter Sonderinteressen stehe. «Die Entwicklung der politischen Ökonomie und Soziologie hat unser Augenmerk auf eine neue Klasse historischer Quellen gelenkt und beeinflußt unsere Interpretation derjenigen Quellen, die den Wissenschaftlern schon seit langem vertraut sind», schrieb er. «Die alten Positionen» – womit er die konfessionelle Parteinahme meinte – seien noch keineswegs begraben, vor allem nicht in Deutschland, dem Land, in dem die Amerikaner sich angewöhnt hätten, ständig Hilfe «bei der Lösung der historischen Probleme der Zeit zu suchen». Robinson wies auf die «Bewunderung» hin, mit der «deutsche Wissenschaftler immer von Ranke sprechen und die einigen von uns Heutigen übertrieben und ziemlich unerklärlich erscheint». Und er fügte hinzu: «Der Glanz von Rankes Werk ist verblaßt, und zwar just durch den Erfolg der Reformen, für deren Durchsetzung in der Geschichsschreibung er so viel getan hat».[22] Es war seltsam und wenig glaubwürdig von Robinson, zu behaupten, daß das Werk Rankes, wenn es denn gelesen werde, umso heller erstrahlen müsse, weil seine Nachfolger und Epigonen sehr wenig von seiner Breite und seinem literarischen Talent besäßen. Der Beitrag von Robinson erfüllte indes einen doppelten Zweck: Er kritisierte zum einen die vorherrschende, namentlich die deutsche historische Fachliteratur und lieferte zum anderen einen Vorgeschmack auf seine neun Jahre später publizierte programmatische Forderung nach einer «Neuen Geschichte».

Robinson war ein zurecht gefeierter Hochschullehrer. Er las zuerst an der Universität von Pennsylvania und dann an der Columbia, wo er 1904 seinen Grundkurs über die Geistesgeschichte des westlichen Europa erstmals anbot – und damit ein amerikanisches Spezialfach begründete, nämlich die Geistesgeschichte (die sich in ihrer amerikanischen Variante von der abstrakteren deutschen Geistes- oder Ideengeschichte unterscheidet). Robinsons Einfluss an der Columbia University war enorm und wirkte lange nach. Er war es, der Lynn Thorndike, Preserved Smith, C. J. H. Hayes und James Shotwell zu ihren breit angelegten Untersuchungen über die Vergangenheit Europas anregte. Thorndike avancierte zu einem international angesehenen Mediävisten – und zu einem Lehrer von monumentaler Langweiligkeit. Preserved Smith legte 1920 das Werk «The Age of the Reformation» vor, das ein deutscher Historiker der Gegenwart als den «einzigen sehr wichtigen amerikanischen Beitrag [...] zur Lutherforschung» bezeichnet hat.[23] Es kann noch heute als eine bedeutsame Arbeit gelten. Hayes hat seinerseits eine beachtliche geistesgeschichtliche Schule begründet; sein Doktorandenseminar muß als eines der produktivsten im Bereich der amerikanischen Europa-Geschichtsschreibung anerkannt werden. Aus dieser Schule kam einer der ersten wichtigen amerikanischen Historiker des modernen Deutschland, Eugene Anderson, des weiteren auch Jacques Barzun, der mein Lehrer war; ich kann daher beanspruchen, ein entfernter Nachfahre Robinsons zu sein.

Die Neue Geschichtsschreibung und der neue Geist, der ihr innewohnte, konnten mit den teutonischen Phantastereien eines Burgess nichts anfangen. Etliche amerikanische Gelehrte entwickelten schon vor dem Ersten Weltkrieg eine recht kritische Einstellung zum kaiserlichen Deutschland, die sich auch in ihren Schriften niederschlug. Im Jahr 1911 schrieb der damals 24jährige Bernadotte Schmitt, einer der ersten Rhodes-Stipendiaten in Oxford, in «The Nation», die «Angst vor Deutschland» sei «die Hauptursache für die überbordende Aufrüstung». Diese Entwicklung bringe die liberalen Hoffnungen auf ein Ende aller Kriege in Gefahr. In Schmitts Augen war die Agrarierpartei die beherrschende politische Kraft in Deutschland. «Diese Männer sind notorische Reaktionäre», schrieb er. Sie seien «in den Traditionen des Militarismus geboren und aufgewachsen. [...] Sie schwelgen in der Gewohnheit, anderen Nationen ihre Handlungsweise aufzuzwingen, und sie haben nicht vor, von ihrem Tun abzulassen.» Um die Kriegsgefahr zu bannen, müsse «die ganze Welt kundtun, daß kein Land den Frieden stören darf, um seine vermeintlichen Interessen zu wahren oder die Launen einer privilegierten Klasse und eines selbstgefälligen Monarchen zu befriedigen».[24] Schmitt sah sich zeit seines beruflichen Lebens mit dem Vorwurf konfrontiert, antideutsch und pro-britisch zu sein; vielleicht war seine antideutsche Agitation verfrüht. Seine in Oxford verbrachten Jahre hatten zweifellos ihre Wirkung getan, doch das Verhalten der Deutschen – oder zumindest ihre Rhetorik – schien ihm recht zu geben. Sein Buch über das englisch-deutsche Verhältnis nach 1740 kam nach Kriegsausbruch heraus und war eines der ersten Beispiele für europäische Diplomatiegeschichte aus amerikanischer Sicht. Ein weiterer Vertreter der neuen Generation anglophiler amerikanischer Historiker – und ein völlig konträrer Typus zu den großbürgerlichen Historikern vor ihm – war Roland Usher, der

1913 mit seinem Buch «Pan-Germanism» noch einmal ein Warnsignal gegen den deutschen Expansionismus setzte.

Die erste bedeutende amerikanische Analyse des modernen Deutschland war das Werk eines Nicht-Historikers. Thorstein Veblens «Imperial Germany and the Industrial Revolution», noch vor dem Krieg entworfen und begonnen, aber erst 1915 veröffentlicht, ist ein kompliziertes Werk von eigenartiger Brillanz, gleichzeitig ein Zeugnis von Veblens umfassendem Verstand und ein Tribut an den neuen Geist, der die amerikanische Forschung beseelte. Veblen war interdisziplinär aus Intuition. In seiner analytischen Antwort auf die Frage, weshalb Deutschland an Großbritannien vorbeigezogen war, untersuchte er die divergierenden Merkmale des britischen und des deutschen Kapitalismus und erklärte unter Einbeziehung anthropologischer und soziologischer Erkenntnisse die Verschiedenartigkeit der politischen Entwicklung in den beiden Ländern. Er arbeitete die in Deutschland zu beobachtende Diskrepanz zwischen dem Triumph des modernen Kapitalismus und der Technik einerseits und dem obsoleten «dynastischen Staat» andererseits heraus, den feudalen Strukturen und atavistischen Instinkten, den alten Formen der Klassenherrschaft. Die Industrigesellschaft führt eben nicht überall zu identischen politischen Kulturen. Nach Ansicht Veblens war die kulturelle Gestalt Deutschlands «nicht mehr zeitgemäß und nicht mehr im Reinen mit sich selbst, da zum einen Teil archaisch und zum anderen ganz neu. [...] Der sich daraus ergebende Mangel an Gelassenheit ist vielleicht nicht unbedingt als Schwäche zu bewerten.» In einer denkwürdigen Passage stellte er fest, daß dieser «Geist williger Unterwürfigkeit, auf dem das preußische System administrativer Leistungsfähigkeit beruht, unter der

Würde eines freien Mannes ist; daß er der Geist eines Untertanen ist, nicht eines Staatsbürgers; daß er, außer für dynastische Belange, als Defekt und Makel anzusehen ist und daß schließlich die praktischen Erfordernisse des zivilisierten Lebens solche anachronistischen Überbleibsel des Mittelalters nicht dulden werden. Die Gewöhnung daran wird verloren gehen».[25] Daß diese deutschen Eigenarten dem dynastischen Staat und der industriellen Wirtschaft in höchstem Maße nützten, traf allerdings zu. Wie Marx war auch Veblen Diagnostiker und kritischer Moralist zugleich; wie Marx verabscheute er Unterwürfigkeit. Veblen war ein hausgemachter amerikanischer Max Weber; in bezug auf ihr umfassendes Verständnis und ihre Zivilcourage hatten die beiden Männer viel miteinander gemein.

Veblens Buch fand wenig Beachtung. Während des Krieges wollte das Propagandabüro der US-Regierung seine Verbreitung fördern, doch das U. S. Post Office unterband seine Auslieferung unter Berufung auf das Gesetz gegen feindliche Spionage. Die Diagnose Veblens erwies sich als zutreffend; die von ihm aufgezeigten Diskrepanzen überdauerten den Untergang des Reiches. Deutschland war instabil; seine wirtschaftliche Entwicklung brachte keine Gesellschaft englischen Typs hervor. Viele Jahre später schrieb Talcott Parsons den scharfsichtigen Essay «Social Structure and Democracy in Germany», der jedoch ebenfalls wenig Wirkung in Historikerkreisen zeitigte.[26] Die Historiker arbeiteten auf der Basis engerer, aber empirisch leichter abzusichernder Annahmen. Ein deutlich erkennbares Echo fand Veblens Analyse erst in einem bedeutsamen Werk eines anderen Gelehrten mit einem vergleichbar breiten Horizont: in Ralf Dahrendorfs 1967 veröffentlichtem Buch «Gesellschaft und Demokratie in Deutschland».

Der Erste Weltkrieg beendete bei den meisten Amerikanern die Romanze mit Deutschland – wobei John W. Burgess eine bemerkenswerte Ausnahme bildete. Ein gewisser moralistischer Zug im amerikanischen Denken oder in der amerikanischen Außenpolitik könnte mithelfen zu erklären, weshalb die Amerikaner sich in der Kriegsschuldfrage schnell und entschieden eine Meinung bildeten. Ich möchte hier drei exemplarische Fälle zitieren. Bernadotte Schmitt merkte Ende August 1914 an: «Außer unseren Mitbürgern deutscher Geburt oder Abstammung scheint die öffentliche Meinung in den Vereinigten Staaten, was den durch die deutsche Kriegserklärung an Rußland vom Zaum gebrochenen Konflikt betrifft, eindeutig gegen Deutschland eingenommen zu sein.» Der Kaiser habe den Krieg angezettelt, weil er eine günstige Gelegenheit gewittert habe, gewisse «seit langem gehegte Ziele zu erreichen» – ein Fall von «hochsommerlicher Tollheit» nach Schmitts Diagnose, verursacht durch die kaiserliche Angst vor interner Subversion, vor der stetig anwachsenden Macht der Sozialdemokratie. Im Grunde stellte Schmitt fest, Deutschland habe den Krieg und den äußeren Triumph gesucht, um von «inneren Schwierigkeiten» abzulenken – eine uralte Taktik verunsicherter Regierungen.[27]

Für Schmitt war der Kaiser der Hauptschuldige; damit nahm er das vorweg, was die öffentliche und professorale Meinung Amerikas den Menschen in den alliierten Ländern einhämmern sollte. Der Kaiser wurde nicht nur zur Symbolfigur der deutschen Verfehlung, sondern zu ihrem Urheber erklärt. Diese exzessive und, wie wir heute wissen, falsche Konzentration auf den Kaiser war wahrscheinlich mit ursächlich dafür, daß Wilson die Abdankung des Kaisers zu einer Vorbedingung für den Waffenstillstand machte.

Betrachten wir als weiteres Beispiel einen Brief, den Arthur O. Lovejoy am 9. September 1914 in London verfaßte und der ebenfalls in der «Nation» abgedruckt wurde. Lovejoy, ein anglophiler Philosoph von der Johns Hopkins University, widerlegte damit ein deutsches Pamphlet, das die Unterschrift zahlreicher führender deutscher Gelehrten trug, darunter Harnack, Lamprecht und Wilamowitz-Moellendorff, und mit «Aufruf an die Kulturwelt» überschrieben war.[28] Er wies die «Unwahrheiten» zurück, die von «mehreren der bedeutendsten Gelehrten in Deutschland» akzeptiert worden seien. Er erinnerte daran, wieviel die Amerikaner von deutschen Wissenschaftlern über historische «Objektivität» gelernt hatten. «Diese schändliche Episode in der Geschichte der Gelehrtenzunft» müsse den amerikanischen Wissenschaftlern eine Lehre sein. «Sie scheint [...] zu zeigen, daß die akademische Klasse es in dem Land, wo sie die größte Rolle gespielt hat, durch außerordentliches Versagen versäumt hat, im kritischsten Augenblick der deutschen Geschichte die ihr zukommende Pflicht zu erfüllen – die Pflicht zu einer distanzierten Kritik, [...] darauf zu bestehen, daß man Tatsachen [...] zur Kenntnis nimmt und ihnen ins Auge sieht. Es scheint, als würde sie mit allen anderen Deutschen einen ganz und gar vermeidbaren Krieg herbeischreien, dessen moralische Unhaltbarkeit in fast allen nicht-deutschen Augen nur noch von seiner fatalen Dummheit aus der Sicht rein nationaler Interessen übertroffen wird».[29] Lovejoy hätte sich wohl kaum träumen lassen, daß sich dreißig Jahre später ein noch schlimmeres Versagen ereignen würde – oder daß auch die amerikanische Professorenschaft nicht ganz gegen einen unreflektierten Chauvinismus gefeit war.

Charles Beard gab 1917 seinen Lehrauftrag an der Columbia University zurück, nachdem die Kuratoren und Präsident Butler einen Dozenten wegen einer kritischen Äußerung zum militärischen Engagement der USA entlassen hatten. Beard war durchaus für einen amerikanischen Kriegseintritt und der Überzeugung, ein deutscher Sieg werde «uns alle in die schwarze Nacht des militärischen Barbarentums stürzen»; doch der Konformismus seiner Kollegen, der wie erwartet eintrat, erschreckte ihn, und sein Rücktrittsschreiben zeugt von beneidenswerter Unangepaßtheit: «Nachdem ich das Innenleben der Columbia viele Jahre lang aus nächster Nähe studieren konnte, bin ich zu dem Schluß gelangt, daß die Universität tatsächlich unter der Herrschaft einer kleinen und aktiven Gruppe von Kuratoren steht, die in der Welt der Bildung keine Stellung innehaben, die in der Politik reaktionär und kurzsichtig und in der Religion engstirnig und mittelalterlich sind.»[30] Im großen und ganzen ist diese Art von Zivilcourage bei Akademikern selbst in guten Zeiten eine Seltenheit; in den Weltkriegsjahren war sehr wenig davon zu sehen – in der anglo-amerikanischen Welt vielleicht ein bißchen mehr als in Deutschland.

Amerikanische Gelehrte leisteten – nicht weniger als ihre europäischen Kollegen – ihren Beitrag zu den Kriegsanstrengungen ihres Landes. Viele von ihnen verbanden dies mit einem besonders ausgeprägten Anti-Germanismus – nicht zuletzt diejenigen, die in Deutschland studiert hatten. William E. Dodd, der in den 1930er Jahren für Roosevelt als Botschafter nach Berlin gehen sollte, schrieb im ersten Kriegsmonat an seine Frau: «Deutschland ist der Feind der Menschheit in diesem Krieg, und ich schäme mich fast, daß ich meinen Doktortitel von einem solchen Volk bekommen habe.»[31] 1917 publizierten Albert Bushnell Hart und Arthur O. Lovejoy ein «Handbook of the War for Readers, Speakers and Teachers»; es war dazu bestimmt, «die Verständigen zu informieren, den moralischen Blick und das moralische Gewissen des gesamten Volkes zu schärfen. [...] Es ist entscheidend, daß jedem aufrichtigen und loyalen Bürger die Schwere der gegenwärtigen Krise ins Bewußtsein gehoben, daß allen das Gefühl vermittelt wird, daß Amerika nie in einen gerechteren oder notwendigeren Krieg eingetreten ist.» Die beiden Gelehrten wiesen auf die «Tatsachen» hin, die «die Verantwortung [der gegenwärtigen Regierenden in Deutschland] für diese größte Katastrophe in der modernen Geschichte belegen». «Die Demokratie ist für zivilisierte Völker die normale politische Ordnung», schrieb Lovejoy; doch wenn eine Demokratie sich anschicke, Krieg zu führen, müsse sie ihre normalen Abläufe verändern, müsse für seine Dauer «unzählige Einschränkungen der individuellen Freiheit loyal hinnehmen, die sie in Friedenszeiten als unerträglich empfände».[32] Vielleicht hatte Lovejoy seine eigenen, drei Jahre zuvor aufgestellten Maximen vergessen – wie kurz ist doch unser Gedächtnis, namentlich unter dem Imperativ kollektiver Leidenschaften.

Der Erste Weltkrieg beendete die Isolation Amerikas und führte zur Erneuerung seiner materiellen und geistigen Bindungen an Europa. Das Nachkriegs-Zwischenspiel einer gewollten «Normalität» konnte die Erinnerung an geteilte Schicksale nicht tilgen. Man kann sogar sagen, daß der Krieg eine nachhaltige und wohltätige Wirkung auf das amerikanische Bildungswesen ausübte: 1917 bat das Kriegsministerium die Columbia University, einen Veranstaltungszyklus zum Thema «Kriegsfragen» vorzubereiten, der in allen Colleges, in denen es militärische Ausbildungseinheiten für Studenten gab, durchgeführt werden sollte. Professoren der Columbia erarbeiteten einen solchen Zyklus, und zwei Jahre später führte das Columbia

College einen Nachfolgekurs ein, der bald unter dem Obertitel ‹Einführung in die gegenwärtige Zivilisation› lief – dem lag die Annahme zugrunde, daß die amerikanische Geschichte ein Bestandteil der westlichen Zivilisation sei und der gebildete Bürger zumindest die Elemente dieser Zivilisation und die großen Momente ihres Geisteslebens kennen müsse. Der Weg, den Columbia einschlug, wurde zu einem Vorbild, dem die meisten amerikanischen Colleges und Universitäten nacheiferten.

Der Krieg hatte Amerika und Europa in mannigfacher Weise einander näher gebracht. Die Amerikaner entdeckten sowohl Unterschiede als auch Nähe; wie ein Soldat überrascht feststellte: «Es besteht ein höllisch großer Unterschied zwischen Trenton, New Jersey, und Paris, Frankreich …»[33] Der Begriff «Westen» avancierte zu einer zentralen Denkfigur im amerikanischen Bewußtsein und Bildungswesen, stärker als in dem gespaltenen und erbitterten Europa. Er stellte das Gefühl der Verbundenheit mit Europa wieder her und erleichterte den Historikern die Suche nach einem supranationalen Ansatz. Als Carlton Hayes den Titel seines immens populären Lehrbuchs änderte – von «A Political and Social History of Modern Europe» zu «A Political and Cultural History of Modern Europe» –, bezeichnete er Europa als «den Schauplatz jener kontinuierlich hohen Zivilisation, die wir die ‹westliche› nennen – und die zur typischen Zivilisation der amerikanischen Subkontinente wie auch Europas geworden ist».[34]

Der Krieg stärkte das Gefühl Amerikas für seine Beziehung zur Vergangenheit und Gegenwart Europas; die Geschichte Amerikas war nicht einfach eine Geschichte der Abnabelung und Zurückweisung. Die amerikanische Wissenschaft spiegelte dieses neue Bewußtsein. Robinsons Schüler James T. Shotwell dachte sich ein typisch amerikanisches Unterfangen aus: eine «Economic and Social History of the World War», zu schreiben von ausländischen Gelehrten und zu finanzieren von der Carnegie-Stiftung für den Frieden; erste Titelentwürfe wie «The Teutonic War» wurden fallen gelassen, ebenso das ursprüngliche Vorhaben, die Ursachen des Krieges zu erforschen. Dieses Thema war, darin kam man 1919 überein, zu strittig. Das Ziel bestand darin, «die Verwerfungen, die der moderne Krieg im Prozeß der zeitgenössischen Zivilisation anrichtet, zu beschreiben und, wo möglich, zu beurteilen».[35] Shotwell hegte die Hoffnung, das Projekt werde den Willen zu einem universellen Frieden stärken. Das für unser Anliegen einschlägigste Buch ist auch das schmalste: Ich spreche von dem durchgreifenden Werk Albrecht Mendelssohn-Bartholdys, «War and the German Society: The Testament of a Liberal», einer Studie zu den moralischen Konsequenzen des Krieges. Es war einer der letzten Bände in der Carnegie-Reihe und kam 1937 heraus – nach dem Tod des Autors im Exil, einem Exil, das ihm durch die politischen und geistigen Umwälzungen, die mit dem Weltkrieg begonnen hatten, aufgezwungen worden war. In den Redaktionsgremien saßen berühmte Historiker, Ökonomen und öffentliche Bedienstete: Henri Hauser, Henri Pirenne, John Maynard Keynes und Charles Rist ebenso wie William Henry Beveridge. 1937 wurde das Projekt fertig: 150 Bände mit insgesamt 200 Abhandlungen waren veröffentlicht, fast ausnahmslos von Ausländern verfasst. Das Unterfangen war bezeichnend für den Idealismus und den Reichtum Amerikas (die Gesamtkosten beliefen sich auf $ 879448, 26 – berechnet mit einer Akribie, an der Andrew Carnegie seine Freude gehabt hätte), aber auch symptomatisch für eine Zeit, in der unser Interesse an Europa und der Welt noch größer war als unsere Kompetenz im Umgang mit diesen Gebieten.[36]

In dem Jahrzehnt nach dem Ersten Weltkrieg setzte eine zunehmende Professionalisierung der amerikanischen Europa-Geschichtsschreibung ein; sie ging einher mit der Entwicklung eines ausgeprägteren eigenen Identitätsbewußtseins. 1922 erklärte Charles Homer Haskins in seiner jährlichen Ansprache als Präsident der AHA: «Vielleicht machen wir zeitweise den Eindruck, uns der materiellen Schuld, die Europa uns gegenüber hat, stärker zu erinnern als unserer geistigen Schuld an Europa; in unseren pharisäerhaften Augenblicken beglückwünschen wir uns vielleicht sogar dazu, daß wir anders sind als diese Sünder aus einer anderen Hemisphäre; doch solche Momente können uns nicht aus den Zusammenhängen der Weltgeschichte befreien.» Die amerikanischen Historiker dürften sich nicht damit begnügen, die Arbeiten ihrer europäischen Kollegen zu übersetzen und sie sich anzueignen. Sie sollten vielmehr eigene Leistungen erbringen, selbst Material sammeln, eigene Deutungen anbieten, eigene unverwechselbare Beiträg zur Geschichtserkenntnis leisten. Außerdem gelte es, der Öffentlichkeit einen Dienst zu erweisen: «Es ist die Aufgabe des Historikers, Europa und Amerika im Denken und Fühlen der Menschen aneinanderzubinden.»[37]

Die amerikanischen Historiker waren gegenüber ihren aufs neue verfeindeten europäischen Kollegen auf eine gewisse Weise im Vorteil: Aufgrund des Krieges hatten sie zu einem neuen Mischungsverhältnis aus Engagement und Distanziertheit gefunden. Wir blieben für uns und standen nicht auf gleicher Stufe. Wir waren Gläubiger und Schuldner zugleich. In Europa begann man, von den kulturellen Errungenschaften Amerikas Notiz zu nehmen. Von Amerika aus gesehen, wirkte Europa einheitlicher, als die europäischen Völker es selbst wahrnahmen, die einander noch kurz zuvor bekriegt hatten. In unseren Hörsälen hatte sich die «westliche Perspektive» schon durchgesetzt, in unseren Schriften stand sie im Begriff, es zu tun.

Die Arbeitsbedingungen der amerikanischen Europa-Historiker veränderten sich, genau wie Amerikas Stellung in der Welt. Der Weltkrieg, die bolschewistische Revolution, die in Versailles ausgehandelte neue Ordnung, alles das hatte den Amerikanern eine neue Sicht auf die unbequeme Bedeutung Europas eröffnet. Wir begannen, uns mit der Vorgeschichte dieser Umwälzungen zu befassen.

Chester P. Higby von der Wisconsin University war in dieser Zeit der wichtigste Pionier der Europahistorie; nach seiner Schätzung gab es 1926 in Amerika rund 250 Europahistoriker. Die Mitgliederzahl der AHA lag in jenem Jahr bei 2.868. 1929 wurde, vor allem als Organ für die Europa-Historiker, das *Journal of Modern History* gegründet, als dessen «Vater» Higby gilt.[38] In den 1920er Jahren entstand in Stanford die Hoover Library, eine Schatzkammer von Achivalien aus den europäischen Kriegs- und Nachkriegsjahren, die ihresgleichen sucht.

Die Liste der Europahistoriker wurde länger und wies zunehmend mehr illustere Namen auf. Carlton J. H. Hayes, Sidney B. Fay, Bernadotte Schmitt, William Langer, Carl Becker, Louis Gottschalk. Sie alle hatten ihre Schüler, so daß die Saat aufzugehen begann.

Viele dieser Studenten gingen nach Europa, aber nicht mehr, um den großen deutschen oder französischen Historikern zu Füßen zu sitzen – wenngleich manche das vielleicht taten. Ihr wichtigstes Anliegen war es, in den Archiven zu arbeiten, ihre Dissertationen als gleiche unter Gleichen vorzubereiten, gleichsam im selben Weinberg zu arbeiten wie die einheimischen Historiker. Ich wünschte, wir wüßten, was amerikanische Studenten in den 20er Jahren veranlaßte, sich für europäische statt amerikanische Geschichte zu entscheiden. Zweifellos spielte die Anziehungskraft herausragender Hochschullehrer eine Rolle, und während der Prohibition besaß ein Studium in Europa einen zusätzlichen Reiz. Andererseits gab es die Sprachbarriere und die abschreckende Aura einer fremden, in mancher Beziehung exotischen Welt. Die Entfernung zwischen Amerika und Europa war damals größer als heute, die Reise dauerte acht Tage und nicht acht Stunden. Auch war gründliches Arbeiten notwenidg; eine zweite Reise zwecks Archivbesuch war schwer zu arrangieren, und das Kopieren von Archivmaterialien war Handarbeit und damit teuer.

Ich weiß nicht, ob junge amerikanische Europahistoriker sich der Zwiespältigkeit ihrer Position bewußt waren. Anders als die Amerikanisten mußten sich Studenten, die die europäischen Archive besuchten, mit zwei Traditionen auseinandersetzen: mit den Erwartungen ihrer eigenen Lehrer in den USA und mit dem einheimisch-europäischen Verständnis von Wissenschaft, das seinerseits nicht monolithisch war. In mancher Hinsicht standen unsere amerikanischen Europahistoriker auf den Schultern von Riesen: Albert Mathiez und Marc Bloch, Otto Hintze und Friedrich Meinecke. Doch es war ein schwieriger Aufstieg bis dorthin.

Damals wie heute arbeiteten die Europahistoriker Seite an Seite mit einer weitaus größeren Zahl von Amerikanisten. Letztere hatten direkten Zugang zu ihren Lehrern und ihrem Material, doch bequeme Bedingungen zeitigen nicht automatisch hochwertige Arbeitsergebnisse. John Higham sprach einmal von der «liebenswerten Mittelmäßigkeit» der Amerikanisten jener Epoche, und vor etwa 25 Jahren bemerkte John Lukacs, es sei «ein eigenartiger Zustand, daß amerikanische Europahistoriker [...] beständig besser gewesen sind als die Amerikahistoriker unter ihren Landsleuten».[39] Wenn dem je so war – und das zu beurteilen, steht uns Europahistorikern schlecht an –, dann änderte sich das in den 50er Jahren, als die amerikanischen Historiker, wie Hofstadter festgestellt hat, die «Komplexität in der amerikanischen Geschichte wiederentdeckten» – wozu Hofstadter selbst beigetragen hat.[40]

Lassen Sie mich, entgegen meiner kaum zu bändigenden, instinktiven Zahlenfeindlichkeit, ein paar statistische Daten einstreuen. Wir leben nicht mehr in einem Zeitalter der Lorbeeren, sondern in einem der Stipendien, und unter allen Stiftungen, die Stipendien vergeben, existiert keine so lange und ist so gefragt wie die Guggenheim-Stiftung. Schon eine Rückschau auf die vergebenen Auszeichnungen ist aufschlußreich: In den ersten drei Jahren nach Gründung der Stiftung, 1925–28, gingen 11 Auszeichnungen an Europa-Historiker, 4 an Amerikanisten. Zwischen 1925 und 1956 erhielten Europahistoriker (Mediävisten nicht gezählt) 122, Amerikanisten 94 Stipendien – dies zu einer Zeit, als es vermutlich wesentlich mehr Amerikanisten als Europäologen gegeben hat. Zwischen 1957 und 1980 kehrte sich der Trend um, und die Zahlen für 1990 weisen einen Vorsprung von 7 Stipendien für die Amerikanisten aus. Die Stiftung führt nicht Buch darüber, wieviele Anträge in den einzelnen Disziplinen gestellt werden, doch legen schon diese wenigen Zahlen die Annahme nahe, daß die Stiftungs-Juroren in jenen ersten 30 Jahren den Europa-Historikern eine überproportionale Förderungswürdigkeit zuerkannt haben.[41]

Die USA hatten trotz ihres späten Kriegseintritts

eine beherrschende Rolle im Friedensprozeß gespielt. Der Völkerbund war der spektakulärste Beitrag der amerikanischen Seite, doch auch die am Ende schädlichste Klausel des Friedensvertrages ging vermutlich auf eine amerikanische Anregung zurück. Die Frage der Reparationen war das größte der in Versailles ungelöst gebliebenen Probleme. Im einleitenden Absatz des Abschnitts über die Reparationen (Artikel 231 des Versailler Vertrages) wurde die Verantwortung Deutschlands für den Krieg festgestellt und damit die moralische Rechtfertigung für die spätere wirtschaftliche Misere geliefert. Die Klausel, entworfen allem Anschein nach von keinem anderen als John Foster Dulles, war eigentlich gar nicht als Schuldzuerkennung gedacht, sondern als Kompromißformel, mit der die Verantwortung festgelegt werden sollte; die tatsächliche Höhe der Reparationen sollte später, zu einem günstigeren Zeitpunkt, festgelegt werden.[42]

Die Kriegsschuld-Klausel, wie empörte Deutsche sie bald nannten, intensivierte die Bemühungen der Historiker um die Ermittlung der Kriegsursachen – Bemühungen, die sowohl politisch als auch wissenschaftlich motiviert waren. Die europäischen Regierungen publizierten umfangreiche Dokumentensammlungen, und die Historiker schrieben mehr oder weniger national eingefärbte Darstellungen. In diesem Bereich traten die amerikanischen Europahistoriker erstmals mit exzellenten Arbeiten hervor. Sidney B. Fay und Bernadotte Schmitt publizierten ihre eingehenden Studien über die Ursachen des Krieges 1928 bzw. 1930. Durch ihre Bücher etablierte sich die amerikanische Historiographie als gleichwertig neben der europäischen. Fay und Schmitt vertraten divergierende Auffassungen – während Fay betonte, er habe sich sein Urteil erst nach dem Studium der Quellen gebildet, machte Schmitt keine Angaben über seinen anfänglichen Standpunkt. Die Revisionisten wandten sich dagegen, Deutschland die Alleinschuld, ja selbst die Hauptschuld zuzuweisen. Fay und Schmitt schrieben einen Stil, der sich nicht durch besondere Eleganz oder Originalität auszeichnete, aber sie bestachen durch souveräne Quellenkenntnis und wahrten die empfindliche Balance zwischen Engagement und Distanz.

Die amerikanischen Arbeiten zur europäischen Diplomatiegeschichte schlossen selbstverständlich die deutsche Politik mit ein und verdienen daher, an dieser Stelle erwähnt zu werden. Der angesehenste amerikanische Diplomatiehistoriker überhaupt, William Langer, veröffentlichte in den späten 20er Jahren sein erstes Buch, eine Analyse der franko-russischen Allianz zwischen 1890 und 1914. 1917 unterrichtete Langer an einem Internat moderne Fremdsprachen; er meldete sich auf einen Aufruf der Armee hin, die jemanden mit französischen und deutschen Sprachkenntnissen suchte. Er landete schließlich bei einer in chemischer Kriegführung geschulten Einheit und bekam von seinem Kompanieführer die Maxime auf den Weg: «Alles, was du bei der Armee brauchst, sind starke Schultern und ein schwacher Verstand.»[43] Diese Qualifikationen erfüllte Langer bestenfalls zur Hälfte, doch seine Erlebnisse in Europa ließen ihn zum Europahistoriker werden – und zu einem, dessen Ansehen und Einfluß unter den Kollegen bis heute unübertroffen sind. Seine Arbeiten über europäischen Imperialismus und europäische Politik wurden zu Klassikern, und mit der wissenschaftlichen Veröffentlichungsreihe, die seitdem seinen Namen trägt, begründete er das hohe Ansehen der amerikanischen Europahistorie mit ihrer spezifischen Stärke: der supranationalen Perspektive.

Eine größere amerikanische Wanderbewegung ins

Nachkriegsdeutschland fand nicht statt; London und Paris waren die Magneten. Das Weimarer Deutschland bekam posthum den Anstrich des Besonderen; erst im Rückblick erkennt man seine Größe. Wie Haskins 1922 feststellte, hatten bis dahin amerikanische Historiker nur wenig über deutsche Geschichte geschrieben, allenfalls über die Ära der Reformation. Ich habe meine Zweifel, ob amerikanische Historiker sich viele Gedanken darüber machten, wie ihre deutschen Kollegen auf den Sturz des kaiserlichen Regimes reagieren würden. Einige wenige verfolgten die Arbeit und die politische Meinungsbildung der deutschen Historiker, aber Kontakte und Zusammenarbeit gab es kaum.

Drei auf deutsche Geschichte spezialisierte amerikanische Historiker verdienen Erwähnung: Eugene Anderson, Walter Dorn und Raymond Sontag. Anderson, der bei Hayes studiert hatte, begann mit einem Buch über die erste Marokko-Krise, das 1930 herauskam. 1935 druckte das «Journal of Modern History» seinen beispielgebenden Literaturbericht über «neuere Arbeiten zur deutschen Einigung». Es gerät manchmal in Vergessenheit, wie wichtig die Kunst der Buchbesprechung ist. Die Wissenschaft ist auf das angewiesen, was Robert Merton einen «gesellschaftlich organisierten Skeptizismus» genannt hat.[44] Wie Anderson hervorhebt, fehlte es der deutschen Geschichtsschreibung zum 19. Jahrhundert «an einem Mathiez. Bei entschlossener Vermeidung sozialer Daten haben sich die deutschen Gelehrten auf die politische Geschichte oder auf deren idealistische Verfeinerung, die Ideen-Geschichte, beschränkt.» Höchstes Lob spendete er dem liberalen Katholiken Franz Schnabel für dessen vierbändige Geschichte Deutschlands im 19. Jahrhundert und forderte, sie müsse ins Englische übersetzt werden. Das Werk würde «dem amerikanischen Publikum ein Verständnis der jüngeren deutschen Geschichte ermöglichen, wie keine andere Arbeit es vermitteln kann».[45] Schnabel war zu dieser Zeit alles andere als eine populäre Gestalt; wie er mir 1950 anvertraute, bedurfte es «zweier Kriege, damit es für mich zu einer Professur an einer richtigen Universität reichte». Anderson veröffentlichte 1939 sein Buch «Nationalism and the Cultural Crisis in Prussia, 1806–1815«; es war die Frucht eines früheren Aufenthalts in Berlin, wo er Meinecke kennengelernt hatte, und auch ein Reflex seines Unbehagens am Nationalismus der Nazis. Walter Dorn studierte bei Otto Hintze und publizierte zwei wichtige Beiträge über die preußische Staatswerdung, die, ebenso wie sein gelungenes Buch «Competition for Empire», deutliche Spuren des Hintzeschen Einflusses tragen. Raymond Sontag veröffentlichte 1938 eine Arbeit über das englisch-deutsche Verhältnis, und Pauline Anderson schrieb ein großes Buch über die Ursachen der antienglischen Stimmung in Deutschland.

Die Andersons und Walter Dorn waren stark von dem glänzenden jungen Außenseiter unter den deutschen Historikern, Eckart Kehr, beeinflusst, der im Januar 1933 – zu einem Zeitpunkt, da seine Karriereaussichten in Deutschland gering erschienen – die Vereinigten Staaten besuchte. Noch keine dreißig, hatte der Schüler Meineckes bereits jede orthodoxe Richtung der deutschen Geschichtsschreibung in Frage gestellt und allgemein akzeptierte Kategorien abgelehnt; was er schrieb, war weder Geistesgeschichte noch Staatengeschichte; er schrieb aus einer tiefen Verpflichtung gegenüber einem fortschrittlichen, demokratischen Geist heraus. Er bezahlte die Strafe des Dissidenten, indem er Schmerzen litt und, wo es ihm möglich war, auch zufügte. In gewisser Weise war er der Mathiez, dessen Fehlen Anderson bemängelt hatte. Er sah in politischen Entscheidungen

Reflexe widerstreitender wirtschaftlicher und gesellschaftlicher Interessen. Den vielbeschworenen Primat der Außenpolitik ließ er nicht gelten; er war Deutscher genug, um aus einer These – vielleicht allzu leicht – eine Antithese abzuleiten, aber sein Werk eröffnete, wie das bei Neuerern oft so ist, neue Blicke und Perspektiven auf eine vermeintlich wohlbekannte Vergangenheit. Als Vorkämpfer einer unpopulären Suche nach Wirklichkeit, nach dem festen Grund handfester Klassen- und Gruppeninteressen – nicht nach irgend einem objektiv-neutralen Verständnis von Staatskunst und Patriotismus –, stieß Kehr in den USA schon früh auf positive Resonanz, als Charles Beard Kehrs 1931 erschienene Arbeit «Schlachtflottenbau und Parteipolitik» feierte. Auf die Schrift aufmerksam gemacht hatte ihn sein Schwiegersohn Alfred Vagts, selbst ein in Deutschland ausgebildeter Historiker und Autor von Werken über Militarismus und amerikanisch-deutsche Beziehungen. Die Affinität zwischen Beard und Kehr war unübersehbar, und Kehr muß für junge Amerikaner eine fesselnde Erscheinung gewesen sein. Er verstab im Mai 1933 in Washington. In den 1970er Jahren wurde der Einfluß Kehrs, um Gordon Craig zu zitieren, zur «stärksten Reformkraft in der deutschen Geschichtsschreibung; vor allem ihm ist es zu verdanken, daß sie von der Kurzsichtigkeit geheilt ist, die früher ihren Blick auf die Vergangenheit getrübt hat.»[46] Unterdessen sind die Kehrianer ihrerseits angegriffen worden – es ist schwer, die Rolle des Revisionisten auf Dauer zu spielen.

Kehrs Reise in die USA – unmittelbar vor der Machtübernahme der Nationalsozialisten in Deutschland – hatte etwas Paradigmatisches. Kehr war der zufällige Vorläufer der berühmten großen Auswanderungswelle, die einsetzte, als ein totalitäres deutsches

Regime einige der besten Wissenschaftler zum Verlassen des Landes, zur Aufgabe ihrer Karriere und zu einem Neuanfang in einer völlig anderen Umgebung zwang. Die Nationalsozialisten hatten ein unmittelbares Gespür für die zentrale Bedeutung der Geschichte. Sie versuchten, die Kontrolle über sie zu erlangen, besonders über die neuere Geschichte; liberal oder demokratisch orientierte Historiker – die Juden unter ihnen sowieso – wurden von den Universitäten verbannt, die sich dies widerstandslos gefallen ließen. Die Geschichte ist schon zu oft erzählt worden, als daß man sie hier wiederholen müßte: Die ausgeprägtesten wissenschaftlichen Talente Deutschlands suchten in den USA oder in anderen sicheren Ländern Zuflucht – die meisten aber in Amerika. Die begabten Leute, die in Deutschland blieben, machten ihren Frieden mit den neuen Verhältnissen, gingen schrittweise ihre kleinen Kompromisse ein oder verstummten. In den Jahren 1933–34 und danach kamen Hajo Holborn, Felix Gilbert, Theodor Mommsen, Hans Rosenberg, Franz Neumann und viele andere. Unter den Exilanten waren einige von Meineckes hoffnungsvollsten und brillantesten Schülern – Holborn und Gilbert etwa. Mit dem erstaunlichen Wissenshorizont, über den sie geboten, und mit der Last an Erfahrungen, die sie mitbrachten, müssen sie auf ihre amerikanischen Kollegen großen Eindruck gemacht haben. Der erzwungene Exodus dieser Begabungen aus Deutschland führte den Amerikanern vor Augen, auf welch tönernen Füßen eine Zivilisation stehen kann; die exilierten Wissenschaftler stellten eine große moralische und geistige Herausforderung dar; ihre Anwesenheit war eine Kampfansage an jegliche etwa noch vorhandene Neigung zur Gleichgültigkeit.

Ihre Ankunft in Amerika fiel in eine schwierige, aber zufälligerweise auch günstige Periode. Die Neue

Welt litt an derselben beispiellosen wirtschaftlichen Krise, die Deutschland so sehr gebeutelt hatte. Auch in Amerika stellte man unter dem Eindruck dieser Krise alle Grundannahmen in Frage und vertiefte sich in ideologische und geistige Kontroversen aller Art. Die Emigranten mußten auch die Erfahrung machen, daß an amerikanischen Elite-Universtitäten ein weitgehend uneingestandener Antisemitismus herrschte, so daß es für Juden schwierig, ja fast unmöglich war, eine Professur zu erhalten, besonders in geisteswissenschaftlichen Fächern.

Gleichwohl, die Folgewirkungen der Wissenschaftler-Immigration waren tiefgreifend. Die Emigranten kamen zu einem Zeitpunkt, da die amerikanische Gelehrtenschaft Stärke und Reife gewonnen hatte und daher bereit war, sich für fremde Geister zu öffnen. Die Begegnung zwischen amerikanischer und deutscher Wissenschaft wurde trotz der offenkundigen Handicaps der Ankömmlinge, ihrer ungewissen Aussichten und ihres unsicheren Englischs, zu einer triumphalen Erfolgsgeschichte, einer Geschichte des Lernens voneinander. Die Immigranten lernten, sich mehr der Empirie und weniger der Dogmatik zu verschreiben, sich stärker an den sozialen Realitäten zu orientieren, um die sie sich traditionell wenig gekümmert hatten; die meisten von ihnen hatten ein durchaus kritisches Verhältnis zu ihren überkommenen Traditionen, da diese sich als so zerbrechlich, so kraftlos gegenüber dem nazistischen Angriff erwiesen hatten. Die amerikanischen Gelehrten wiederum lernten, philosophischer, tiefer, spekulativer zu denken. Beide Gruppen lernten voneinander, beide lernten auch von den anderen sozialwissenschaftlichen Fächern und aus den unausweichlichen Erfahrungen der 30er Jahre: den ideologischen Kämpfen, den drohenden Gefahren und Versuchungen des Totalitarismus, den Vorzeichen eines erneuten europäischen Krieges. Zweifellos machten die 1930er Jahre die zentrale Bedeutung des deutschen Problems sichtbar, der unvermeidlichen Frage nach den Zusammenhängen zwischen deutscher Vergangenheit und nazistischer Gegenwart. Wie groß war für viele die Versuchung, die deutsche Vergangenheit nunmehr ganz im Licht der nationalsozialistischen Erfahrung zu sehen – und damit in gewisser Weise den Nationalsozialisten recht zu geben, die ja alles taten, um die deutsche Vergangenheit für ihre Tausendjährige Verheißung zu vereinnahmen. Wie schwer taten sich die Immigranten zu diagnostizieren, was in der Vergangenheit falsch gelaufen war, ohne gleich alles über Bord zu schmeißen; wie schwer fiel es Amerikanern und Immigranten gleichermaßen, das Versagen der Demokratie zu begreifen, den Triumph eines Regimes, das alle liberal-demokratischen Grundsätze, mit denen sie aufgewachsen waren, mit Füßen trat. Und wie schwierig und wahrscheinlich doch auch schonungslos anregend mußte es sein, wissenschaftliche Projekte unter den Vorzeichen einer sich gleichsam stündlich verschärfenden politischen Krisenlage in Angriff zu nehmen. Aber eben aus diesen Krisen ging eine jüngere Generation amerikanischer Studenten gewappnet hervor, die ihre Ausbildung in den Jahren der Depression begonnen hatten und in den Jahren, in denen die Welt der Katastrophe entgegentrieb, ihre wissenschaftliche Reife erlangten. Großartige Lehrer und schockierende Ereignisse machten diese neue Generation amerikanischer Gelehrten stark.[47]

Die Wissenschaftler, ob arriviert oder aufstrebend, waren sich in der Frage «Isolationismus oder Interventionismus» uneins. Einige der einflußreichsten unter ihnen waren gegen ein amerikanisches Eingreifen; sie sorgten sich wegen der dann unvermeidlichen Verluste von Leben und Freiheit. Pearl Harbor änderte alles – die unentrinnbare Verstrickung Amerikas in die Geschicke der Welt war von da an akzeptiert. Die Zerschlagung Europas – mit Ausnahme Englands und der Sowjetunion – hatte den USA ohnehin neue Verantwortlichkeiten auferlegt. Wie fruchtbar die erzwungene Zusammenarbeit zwischen amerikanischen und exilierten Wissenschaftlern, zwischen arrivierten Gelehrten und frisch examinierten Studenten sein konnte, dafür lieferte eine Institution der Kriegszeit beste Beispiele: die von William Langer geleitete Forschungs- und Analyse-Abteilung des Office of Strategic Services (OSS), dem Vorläufer der CIA. Sherman Kent aus Yale und Langer aus Harvard rekrutierten dafür die besten verfügbaren Leute, die meisten aus Yale und Harvard. Zu denen, die so versammelt wurden, gehörten die Professoren Holborn, Gilbert, Franz Neumann, Herbert Marcuse, Otto Kirchheimer, Crane Brinton und die Studenten Stuart Hughes, Carl Schorske, Leonard Krieger, Franklin Ford, Henry Roberts sowie John Clive, bei weitem der Benjamin der Gruppe. Diese Aufzählung ist nicht vollständig. Leonard Krieger hat die Männer der Forschungs- und Analyse-Abteilung als «die eine identifizierbare, zusammengehörige Gruppe innerhalb der Zunft der amerikanischen Europa-Historiker» bezeichnet.[48] In diesem Seminar *en permanence* gab es Meinungsverschiedenheiten, aber die Imperative des Krieges lehrten die Gruppe, die gegenseitige Abhängigkeit von historischer und politischer Forschung, die Komplementarität der sozialwissenschaftlichen Disziplinen und den dringenden Bedarf an wissenschaftlicher Erkenntnis zu verstehen. Sie alle waren philosophisch orientierte Historiker und politische Wesen. Nach 1945 kehrten sie an die Universitäten zurück, schrieben einflußreiche Bücher zu zeitgeschichtlichen Themen und bildeten eine weitere Historikergeneration aus. Aus solchen Zusammenballungen von Begabungen, die unter krisenhaften Umständen tätig wurden, sind oft bahnbrechende Arbeiten hervorgegangen, aber das OSS war in seiner Kombination von Individuen, Generationen und Erfahrungen einzigartig.

Nach 1933 stand die deutsche Geschichte zwangsläufig im Mittelpunkt. Zwölf Jahre und länger waren wir Amerikaner, wie bereits zum Ausdruck gebracht, die Hüter der deutschen Geschichtsschreibung; 1945 kehrten wir als Besatzer und Umerzieher nach Deutschland zurück. Die deutschen Historiker brauchten einige Zeit, um sich aus dem Zustand der inneren und äußeren Emigration zu befreien, um die bereitwillige Unterwerfung so vieler der Ihren unter die Herrschaft des Nationalsozialismus zu verarbeiten. Die von Fritz Fischer zu Beginn der 60er Jahre entfachte Kontroverse um die Rolle Deutschlands im Ersten Weltkrieg zeigte, daß die deutsche Geschichtswissenschaft ihre Vitalität wiedergewonnen hatte, und zeugte von der Bereitschaft, den vorherrschenden konservativen Konsens in Frage zu stellen.

Ich begann meine Lehrtätigkeit in deutscher Geschichte 1951 an der Cornell University. Wie wenige brauchbare Schriften gab es damals. Da war A. J. P. Taylors boshafte Schrift «Course of German History», das den Gegenstand mit abwegiger, zorniger Klarheit durchleuchtete. Dann gab es Arthur Rosenbergs «Entstehung und Geschichte der Weimarer Republik», entstanden noch vor der Machtergreifung der Nationalsozialisten und stark auf den verzweifelten Widerstand gegen jede Demokratisierung im Zweiten Reich abhebend. Schließlich hatten wir S. W. Halperins «Germany Tried Democracy: A Political History of the Reich from 1918 to 1933« – ein Werk, das seinem Untertitel weitgehend gerecht wurde. 1952 erschien Alan Bullocks großartige Hitler-Biographie, doch da ich mich hier auf die amerikanische Deutschland-Geschichtsschreibung konzentriere, habe ich britische Beiträge weitgehend ausgeklammert, darunter die Arbeiten einiger sehr wohl wichtiger und einflussreicher Autoren wie W. H. Dawson, John W. Wheeler-Bennett und anderer. Dennoch: Im Vergleich zu heute war das Feld damals kaum bestellt.

Seit den 50er Jahren haben sich amerikanische Historiker zunehmend mehr mit der deutschen Geschichte beschäftigt; zahlreiche Abhandlungen sind seither publiziert worden – so viele, daß mittlerweile schon ihre Klassifizierung schwierig geworden ist. 1968 erschien die erste Ausgabe von «Central European History», als Antwort «auf ein verbreitetes Bedürfnis nach einer amerikanischen Zeitschrift zur Geschichte der deutschsprachigen Länder Mitteleuropas». Die Herausgeber hofften auf «Arbeiten über große Zusammenhänge und [...] über spezielle Forschungsgegenstände» sowie auf traditionelle und experimentelle Beiträge. Diese Beiträge kamen auch und sind seither nach Qualität und Quantität immer beeindruckender geworden. Sie erstrecken sich auch auf Bereiche, die bislang vernachlässigt worden sind, wie die Epoche der frühen Neuzeit. Zwischen 1968 und 1978 sind in Amerika 231 Bücher zu Themen der deutschen Geschichte nach 1740 erschienen, womit Deutschland in der Veröffentlichungsstatistik den vierten Platz unter den Ländern Europas belegt.[49] Ich möchte, was natürlich riskant ist, einige Arbeiten herausstellen:

Die Diplomatie- und Militärgeschichtsschreibung gelangte in den frühen 50er Jahren zu neuen Ehren. 1953 veröffentlichten Gordon Craig und Felix Gilbert ihre Essaysammlung «The Diplomats». Das Buch war im Grunde eine OSS-Operation in Zivil. Es setzte aber auch neue Maßstäbe der Analyse und repräsentierte insofern einen neuen Stil in der Diplomatiegeschichtsschreibung mit einer noch breiteren Anlage als der in den früheren Arbeiten Langers. Die Karriere von Craig war in mehrfacher Hinsicht paradigmatisch für die wissenschaftliche Beschäftigung mit deutscher Geschichte in diesem Land. 1955 legte er sein Buch «The Politics of the Prussian Army» vor, ein bahnbrechendes Werk, das dazu beitrug, unsere Vorstellungen von der preußisch-deutschen Militärgeschichte zu verändern. Ganz zu Anfang des Buches sprach Craig vom «deutschen Problem» und wandte sich gegen die damals noch verbreitete Auffassung, die Deutschen seien von Natur aus autoritätshörig, militaristisch und aggressiv. Die Grundannahme, von der er in seinem Buch ausgeht, besagt, daß «diese Dinge nicht im deutschen Charakter angelegt sind, sondern vielmehr, wie Franz Neumann schrieb, ‹Produkte einer Struktur sind, die alle Versuche zur Schaffung einer lebensfähigen Demokratie vereitelte›».[50] In späterer Zeit lieferte Craig mit seiner «Deutschen Geschichte 1866–1945» eine Gesamtschau des modernen Deutschland und mit seiner Essaysammlung «Über die Deutschen» Einblicke in die kulturellen Prägungen und verborgenen Voraussetzungen eines gebildeten und komplizierten Volkes. Die Spannweite von Craigs Arbeiten vermitteln uns eine Vorstellung von der Breite, die wir anpeilen sollten.

Auch Klaus Epstein half mit, das Feld abzustecken. In seinem Buch über Matthias Erzberger nutzte er das Genre der Biographie für den Versuch einer Synthese von Politik, Religion und Kultur; sein Werk über den deutschen Konservatismus ist eine voluminöse Studie über eine wenig beachtete Facette des deutschen Lebens. Wenn ich diesem Kollegen, der in viel zu jungen

Jahren tragisch ums Leben gekommen ist, hier Tribut zolle, dann möchte ich dies jedoch aus einem anderen Grund tun: Epstein gehörte zu den wenigen in unserer Zunft, die sich der Kunst des Rezensierens mit ganzem Ernst widmen. Mit äußerst gewissenhafter Fairness dachte er häufig über den expliziten Inhalt des besprochenen Werkes hinaus. Seine Rezensionen waren intelligent, einfühlsam und phantasievoll; auch in dieser Beziehung hat er die amerikanische Wissenschaftskultur bereichert. Nach seinem Tod wurden seine Besprechungen zusammengestellt und in deutscher Sprache veröffentlicht – als Zeugnis für einen Gelehrten, der als einer der ersten in beiden Ländern Wirkung entfaltete.

1955 erschien Ludwig Dehios Aufsatzsammlung «Deutschland und die Weltpolitik im 20. Jahrhundert». Dehio schlug vor, das Postulat Rankes, der Historiker solle zeigen, «wie es wirklich gewesen» sei, dahingehend abzuwandeln, daß er aufzeigen solle, «wie es möglich war». Diese Frage verfolgte uns natürlich bei vielen unserer Arbeiten. Daß der Blick sich auf 1933 oder 1945 richtete, war eine unvermeidliche Folge dessen, was geschehen war. Auf die Frage, wie es möglich war, lassen sich viele Antworten finden; in einigen raren Fällen kam es vor, daß ein Historiker seine eigenen Auffassungen radikal revidierte. Franz Neumanns Werk «Behemoth: Struktur und Praxis des Nationalsozialismus» kam 1942 heraus. Es war eine glänzende, marxistisch orientierte Analyse von tiefgreifender Wirksamkeit. Vieles von dem, was Neumann darin an Mutmaßungen über das NS-Regime aufstellte, bestätigte sich später bei der Auswertung der historischen Quellen. Er ging davon aus, daß das Regime zunehmend stärkere terroristische Züge entwickeln würde und nur durch äußere Gewalt beseitigt werden könne. Im Jahr 1954 hielt Neumann, nur wenige Wochen vor seinem tragischen Unfalltod, einen Vortrag mit dem Titel «Angst und Politik», in dem er diverse geschichtliche Entwicklungen unter Anwendung Freudscher Kategorien beleuchete, darunter den Aufstieg des Nationalsozialismus. Kollektive Angst, hervorgerufen durch wirtschaftliche Not, habe vorhandene paranoide Affekte verstärkt und so dem Triumph des Nationalsozialismus Vorschub geleistet.

Hinter vielen unserer Arbeiten aus dieser Zeit stand implizit die Frage, ob und weshalb die geschichtliche Entwicklung in Deutschland eine andere Richtung genommen hatte als in der übrigen westlichen Welt. Antworten darauf wurden häufig in vereinfachender und polemischer Weise gegeben. Der erste Historiker, der die Debatte aus dem polemischen ins geschichtsphilosophische Fahrwasser lotste, war Hajo Holborn in seinem 1952 in der «Historischen Zeitschrift» erschienenen Beitrag «Der deutsche Idealismus in sozialgeschichtlicher Belechtung». «Der Bruch zwischen Deutschland und dem Westen», stellte er fest, «wird notwendigerweise immer ein wichtiges Thema für die Historiker bleiben.»[51] Holborn untersuchte die Unterschiede zwischen Deutschland und Westeuropa hinsichtlich der Entwicklung von Gesellschaft und Denken während der letzten 200 Jahre. Er führte damit Themen und Thesen fort, zu denen Ernst Troeltsch und Friedrich Meinecke Vorarbeiten geleistet hatten. Was dabei herauskam, war eine scheinbar unabweisbare Beweiskette dafür, daß Deutschland einen Sonderweg eingeschlagen hatte und daß einige seiner großen Geister dies ausdrücklich begrüßt hatten, wie zum Beispiel Thomas Mann in seinen während des Ersten Weltkriegs entstandenen Schriften. Andere Arbeiten gingen noch über den Ansatz Holborns hinaus: Leonard Krieger lieferte in seinem anspruchsvollen Werk «The German Idea of Freedom» eine weitere geschichtsphilosophische Variation des Themas. Bereits erwähnt habe ich Ralf Dahrendorfs einflussreiches Buch «Gesellschaft und Demokratie in Deutschland», in dem er dem Holbornschen Konstrukt ganz neue Einsichten abgewann.

Holborns umfassende und unerreichte Rekonstruktion der deutschen Vergangenheit, vorgelegt in seiner dreibändigen «Deutschen Geschichte in der Neuzeit», ist mehr als das Vermächtnis eines großen Historikers. Es ist ein Werk, das die erfolgreiche Verflechtung zweier Traditonen belegt. Der Blick von der amerikanischen Warte könne, schreibt Holborn einleitend, «vielen Ereignissen und Vorstellungen in der deutschen Geschichte [...] ihre angemessene Bedeutung» verleihen.[52] Das Werk legt aber auch Zeugnis ab von der enormen Vermehrung der monographischen Literatur zum Thema, die in fast jedem Absatz seines Textes ihren Niederschlag findet. Der Einfluß Holborns reichte über seine Bücher und seine vielen Aufsätze hinaus; was er für die Deutschland-Geschichtsschreibung in den USA getan hat, läßt sich kaum ermessen. Er scharte Schüler um sich, die ihrerseits zu bedeutenden Wissenschaftlern reiften – ich denke an Theodore Hamerow, Otto Pflanze oder Henry Cord Meyer. Nie versäumte er, jüngeren Kollegen zu helfen, durch Freundlichkeit und einfach durch sein erhabenes Beispiel. Nicht zuletzt trug Holborn mehr als jeder andere in diesem Land dazu bei, in der Nachkriegszeit die ersten Brücken zum geistigen und öffentlichen Leben in Deutschland zu bauen. In vieler Beziehung war er in den Vereinigten Staaten der Inbegriff der deutschen Geschichte.

Es gab natürlich noch weitere bedeutende Historiker, exilierte wie amerikanische. Hans Rosenberg trug entscheidend zur Weiterentwicklung der Sozial- und Wirtschaftsgeschichte Deutschlands bei und kümmerte sich insbesondere um die kaum erforschte frühneuzeitliche Epoche; auch seine Wirksamkeit erstreckte sich auf beide Seiten des Atlantiks. Sein Einfluß auf die jüngeren Historiker der Bundesrepublik Deutschland war sehr groß. Carl Schorske hat Felix Gilbert für seinen «sanft korrigierenden, von kritischer Gelehrsamkeit geprägten Geist, der ihn zum erstrangigen akademischen Lehrer so vieler Historiker meiner und der nachfolgenden Generation gemacht hat», gerühmt.[53] Auch für Gilbert gilt, daß er in den USA und in Deutschland gleichermaßen großen Einfluß entfaltet hat. In den letzten zweieinhalb Jahrzehnten, der Periode der transatlantischen Partnerschaft, ist es zu einer Reziprozität der Einflüsse gekommen: Amerikanische Gelehrte haben sehr viel von ihren deutschen Kollegen gelernt, haben die Arbeiten und Fingerzeige von Historikern wie Thomas Nipperdey, Hans-Ulrich Wehler, Jürgen Kocka, Wolfgang und Hans Mommsen, Knut Borchardt, Karl-Dietrich Bracher, Reinhart Koselleck oder Heinrich August Winkler aufgenommen, um nur einige Namen zu nennen.

Die Trennlinien verlaufen nicht mehr entlang nationaler Grenzen. Debatten und Kontroversen sind international geworden. Die Frage nach dem deutschen «Sonderweg» ist nicht vom Tisch. In einem der originellsten Werke über deutsche Geschichte, die in den letzten Jahrzehnten geschrieben worden sind, Mack Walkers «German Home Towns», meine ich ein gewisses Unbehagen in bezug auf einen Aspekt der Literatur über den vielzitierten «Sonderweg» zu erkennen:

«Ein Gemeinplatz in der deutschen Geschichtsschreibung ist die Feststellung, in Deutschland habe es «an einem starken liberalen Bürgertum gefehlt» – einer dieser negativen Vergleiche, die die Deutung deutscher Entwicklungen erschweren. Dieses Buch indes handelt nicht von dem liberalen Bürgertum, das es in Deutschland nicht gab, sondern von der städtischen Bürgerschaft, mit der es sich hervortat. [...] Die deutsche Kleinstadt in der Zeit zwischen dem 30jährigen Krieg und dem Zweiten Reich verkörpert einen bestimmten gesellschaftlichen Stil und Charakter in der reinsten Form, die ich mir vorstellen kann – und zudem in einer dem historischen Studium besonders gut zugänglichen. Wenn es einen Ort gibt, an dem man die Bedeutung dessen, was eine «soziale Gemeinschaft ist», erforschen kann, dann ist es die neuere deutsche Geschichte, die in vieler Hinsicht eine Karikatur unser aller Geschichte ist».[54]

Von einer Karikatur zu sprechen, heißt zu unterstellen, daß wir aus der deutschen Geschichte viel über die Entwicklung anderer Nationen lernen können.

In allerjüngster Zeit stand der vermeintliche deutsche Sonderweg im Brennpunkt einer weiteren Kontroverse. Wir sind reich an Talenten und an Debatten, und in Anbetracht der bislang mangels Gelegenheit noch gar nicht erwähnten Existenz einer dritten historischen Schule, nämlich derjenigen der Deutschen Demokratischen Republik, muß man unser Wissensgebiet als dynamisch bezeichnen. Wahrscheinlich wird es sich in nervösem Rhythmus weiterentwickeln.

Charles H. Haskins erklärte 1922 in seiner Antrittsrede als Präsident der AHA: «Der gegenwärtige Stand der Europa-Geschichtsschreibung in den USA gibt weder Anlaß zu Selbstzufriedenheit noch zu Entmutigung.» [55] Der Blick auf die letzten 60 Jahre erlaubt uns, eine gewisse Zufriedenheit mit der Arbeit, die unsere Vorläufer geleistet haben, zu empfinden. Vergangene Erfolge können indes Probleme eigener Art aufwerfen. Die deutsche Geschichte ist ein Geschäft geworden, sowohl hier in Amerika als auch in den beiden deutschen Staaten. Ich fühle mich daran erinnert, was William McNeill geschrieben hat: Die Professionalisierung der amerikanischen Europa-Geschichtsschreibung sei «zum Selbstzweck geworden [...], mit dem Ergebnis, daß das Studium der europäischen Geschichte in diesem Land ständig Gefahr läuft, sich von der Triebfeder der menschlichen Neugier abzukoppeln, die in jeder Gesellschaft in letzter Instanz das Grundmotiv jedweder historischen Forschung sein muß».[56] Hierin liegt eine gewisse entmutigende Wahrheit, und zwar nicht nur für einen einzelnen Zweig der Geschichtswissenschaft oder für ein bestimmtes Land.

Haskins stellte im weiteren die Frage nach unserem potentiellen Publikum und erwähnte die «angelsächsische Neigung, selbst in unseren gelehrten Werken zuviel an den gewöhnlichen Leser zu denken – mit dem Ergebnis, daß zuviele Bücher erscheinen, die weder den Gelehrten noch die Allgemeinheit zufriedenstellen».[57] Ich möchte meinen, daß wir in den vergangenen Jahren eher zuwenig an das allgemeine Publikum gedacht und damit in mancher Hinsicht zum Desinteresse der Gesellschaft an der Geschichte beigetragen haben. Noel Annans polemisches Diktum weist auf eine weitere Ursache für das Schwinden des breiten Publikums hin: «Die Sozialwissenschaftler haben ganze Ländereien menschlicher Erfahrung entpersonalisiert, so daß die Geschichte einer Ranch ähnelt, auf der Herden umhertrotten und, getrieben von ihnen unerklärlichen, unpersönlichen Kräften, kauend ihren Weg kreuz und quer über die Prärie suchen.»[58] Auch das ist ein Zerrbild, aber mit einem Funken Wahrheit darin, da Annan auf das Fehlen einer übergeordneten Sicht auf Sinnhaftigkeit oder Ordnung in der Geschichte hinweisen will.

Natürlich diktiert oder bevorzugt die Disziplin gewisse Richtungen und Stile, aber wir haben auch eine Bringschuld gegenüber der Welt: unser Verständnis für die Komplexität der Vergangenheit. Es wimmelt auf der Welt von verlockenden Vereinfachern. Nehmen wir als Beispiel nur die Geschichte des Nationalsozialismus; hier haben wir es mit einem Thema zu tun, das sicherlich nach bestmöglicher Klärung verlangt. Wie aber ist die Öffentlichkeit darüber informiert worden? 120 Millionen Amerikaner sahen die TV-Serie Holocaust, eine triviale und verfälschte Darstellung dessen, was wirklich war. Zwischen 1960 und 1975 wurden von William Shirers lesbarem, aber vom wissenschaftlichen Standpunkt aus primitiven Werk «Aufstieg und Fall des Dritten Reiches» in den USA fast drei Millionen Exemplare verkauft. Dagegen gingen von Brachers Buch «Die deutsche Diktatur», dem wahrscheinlich zuverlässigsten Standardwerk zu diesem Thema, in den USA in den 14 Jahren seit seiner Publizierung nur rund 40 000 Exemplare über den Ladentisch. Die meisten Monographien erreichen nur einen Bruchteil dieser bescheidenen Auflage.[59]

Es ist nicht unsere Aufgabe als Historiker, mit den Trivialisierern und Vereinfachern in Konkurrenz zu treten. Große Zahlen sind kein Selbstzweck. Es gibt Themen und Situationen, bei denen es gute Gründe gibt, sich nur an die Fachkollegen zu wenden. Und außerdem: Wer es schafft, zu einem Historiker für die Historiker zu werden, hat etwas Großartiges erreicht, etwas, das nur wenige von uns schaffen. Wir dürfen jedoch den Umstand, daß wir in einer Gesellschaft leben, die ihr Interesse an der Geschichte zunehmend verliert, keinesfalls zu einer weiteren Rechtfertigung für einen Rückzug in den Professionalismus benutzen. Es wäre falsch, wenn wir uns in einen entlegenen Winkel zurückzögen oder dieser Entwicklung durch Gleichgültigkeit Vorschub leisteten. Wir können uns bei der Wahl unserer Themen und unseres Schreibstils um mehr intellektuelle Attraktivität bemühen. Wir sollten nicht vergessen, daß die Vergangenheit ein großes «gesellschaftliches Drama» ist, wie Fernand Braudel im Zusammenhang mit seinen Darlegungen über die Wein- und Bodenpreise sagte. Er zitierte dabei Edmond Faral, der 1942 geschrieben hatte: «Es ist die Angst vor der Geschichte, der groß angelegten Geschichte, die der Geschichte den Garaus gemacht hat.»[60] In unserem eigenen Fach gibt es Beispiele für souveräne, wunderbar gestaltete wissenschaftliche Arbeiten, die bei einer breiteren Leserschaft Anklang gefunden haben. Ich denke etwa an Gordon Craigs «Über die Deutschen», Thomas Nipperdeys «Deutsche Geschichte» oder Theodor Schieders «Friedrich der Große».

Die Entwicklung der Deutschland-Geschichtsschreibung in den Vereinigten Staaten hat ihre dramatischen Seiten gehabt. Die deutsche Geschichte selbst hat einen erschreckend dramatischen Verlauf genommen, ist reich an Zwiespältigkeiten, Kontinuitäten und Brüchen, an Kreativität und Nihilismus, an Dichtung und Wahrheit. Das 1983 erschienene Buch von Richard von Weizsäcker trägt – nicht ohne eine gewisse Herausforderung – den Titel «Die deutsche Geschichte geht weiter».[61] Ebenso wie die Geschichte sich in die Zukunft hinein fortsetzen wird, wird auch uns eine neue Vergangenheit winken.

Chaim Weizmann und der liberale Nationalismus*

Chaim Weizmann begegnete ich zum erstenmal im Juni 1942, als ich sechzehn Jahre alt war und meinen Vater zu einem Patientenbesuch bei Frau Weizmann in die Berge nördlich von New York fuhr. Am nächsten Tag – es war einer der schwärzesten Tage des Krieges – nahm Dr. Weizmann mich auf einen Spaziergang mit. Tobruk war gerade gefallen, die Deutschen standen vor den Toren Alexandrias und hatten schon den größten Teil des Kaukasus besetzt. Dr. Weizmann sprach von der unmittelbaren Gefahr für Palästina, aber, fügte er hinzu, wenn diese Gefahr vorüberginge, was er annehme, dann würde mit dem Morgen eines alliierten Sieges ein Heimatland für die Juden Wirklichkeit – und er sprach davon, wie man das Land besiedeln und eine Wüste umwandeln würde, und er zeigte auf die Blumen am Weg und dachte dabei an das Negeb und wie es zum Blühen gebracht werden würde. Ich habe diesen Augenblick nie vergessen, denn es war meine erste Begegnung mit wahrer Größe. Ich fühlte, daß ich einen großen Mann vor mir hatte mit einem großen Ziel, das über alles bisher Dagewesene hinausging.

Es kommt mir nicht zu, Details oder neue Analysen dem hinzuzufügen, was schon über Weizmann ge-

* Vortrag (The Annual Chaim Weizmann Lecture in the Humanities) am 20. März 1994 im Weizmann Institute in Rehevoth. Ich danke Alan Brinkley, Arthur Goran, Mark Landsman und Jay Winter für die hilfreiche Unterstützung.

schrieben wurde – von niemandem bewegender als von Isaiah Berlin –, und ich vermute, viele von Ihnen kennen sein Leben besser als ich. Zu Isaiah Berlin sagte er einmal: «Wunder geschehen tatsächlich, aber man muß schwer für sie arbeiten.»[1] Das ist eine treffende, wenn auch wohl unbeabsichtigte Zusammenfassung seines eigenen Lebens.

Vieles an seinen Leistungen bleibt unerklärlich, ja mysteriös, doch als Historiker dieser Zeit möchte ich auf einige Elemente im Geist der Epoche verweisen, die seine Arbeit erleichterten, einige Charakteristika, die Weizmann verkörperte und die ein besonderes Echo in dem Teil der Welt hervorriefen, den wir früher mit stillschweigendem Stolz den «Westen» nannten. Warum waren in den Jahren vor und nach der Balfour-Deklaration so viele Menschen empfänglich für seine Vision einer jüdischen Heimat, eines Landes, das es seit 2000 Jahren nicht mehr gab, wo die besten Eigenschaften eines Volkes gefördert werden könnten, wo Männer und Frauen ödes Land fruchtbar machen würden, endlich befreit von altem Haß und alter Bedrängnis, die so tiefe Wunden und Verunsicherungen hinterlassen hatten? Zu der Zeit, als Weizmann geboren wurde, sagte ein anscheinend triumphierender und assimilierter Disraeli zum jungen Montefiore: «Sie und ich gehören einer Rasse an, die alles kann, nur nicht scheitern.» Wie manche vor ihm glaubte Weizmann, daß die Juden in der Diaspora von Geburt an tiefster Verletzlichkeit ausgesetzt seien und daß sie nur durch die Übersiedlung in ein eigenes Land, das zugleich das eigentliche Wesen ihrer geistigen Erfahrung aufgriffe, jene Eigenschaften entwickeln könnten, die in feindlichen Regionen verkümmert, deformiert oder von feindseligen Gastnationen usurpiert waren.

Weizmann war im gastfreundlichen Elend des osteuropäischen Judentums zu Hause. Er kannte die innere Wärme der kalten Diaspora und wuchs in einem Volk auf, das keine Zweifel an seiner Identität hatte; sie entsprang der Gemeinsamkeit von Glauben und Sprache, alten, unbestrittenen Traditionen, und war durch Feindschaft und Verfolgung für immer gefestigt. Er war noch nicht zehn Jahre alt, als die Ermordung von Zar Alexander II. schwere und amtlich sanktionierte Ausschreitungen gegen die Juden auslöste und so die Hoffnung auf ein sich nach westlichem Vorbild reformierendes Rußland zunichte machte. Der Zionismus hatte in Rußland und Osteuropa bereits Wurzeln geschlagen, doch in den achtziger Jahren des 19. Jahrhunderts kam ein neuer praktischer Imperativ hinzu, der sich im Massenexodus von Juden nach England und in die Vereinigten Staaten manifestierte. Doch sogar an diesen angelsächsischen Zufluchtsorten waren Spannungen zwischen den armen Neueingewanderten und den etablierten, wiewohl ständig schwer kämpfenden Assimilierten an der Tagesordnung.

Schon als junger Mann lebte Weizmann in beiden Welten – in der vertrauten Welt von Pinsk und in der westlichen Welt, in Deutschland, der Schweiz und England. Die tiefste Wahrheit über Weizmanns Leben war die unzerreißbare Bindung an sein Volk in der osteuropäischen Diaspora, wie groß auch immer die Entfernung dahin sein mochte. Kulturell und intellektuell bewegte er sich weitab von seinem Volk, er brachte es in der westlichen und nichtjüdischen Welt weiter, als die meisten seiner Landsleute es sich vorstellen konnten, aber sein Herz blieb bei ihnen, und sein Leben war ihnen gewidmet. Als ganz junger Mann las er die Klassiker des Westens sowie die großen Werke der russischen Literatur und lernte die wichtigsten Sprachen, die sein Entree in den Westen ermöglichen würden. Er hätte leicht ein wohlhabender und angesehener Wissenschaftler im Westen werden können, denn seine Begabung zog ihn zu den Naturwissenschaften, dem einzigen Gebiet in jener fortschrittsträchtigen Ära des ausgehenden 19. Jahrhunderts, auf dem Juden konkurrieren und erfolgreich sein durften, und die Vorzüge des Reichtums waren ihm nicht fremd. Aber weder die Versuchung eines Lebens im Labor, dem er sich verschrieben hatte, noch die vielen Sorgen, die sein Volk ihm bereitete, hielten ihn davon ab, sich für die Sache des Zionismus zu engagieren. In dem berühmt gewordenen Brief an seinen Lehrer kündigt der elfjährige Weizmann bereits den Zionismus an: «Denn warum sollten wir von den Königen Europas Mitgefühl erwarten, daß sie Mitleid mit uns haben und uns eine Ruhestätte geben? Vergebens! Alle haben entschieden: *Die Juden müssen sterben,* aber England wird sich trotzdem unser erbarmen. Also, nach Zion! – Juden, nach Zion! Laßt uns gehen.» [2]

Weizmann verwendete ein Leben darauf, den Kindheitstraum zu definieren und ihn, soweit ein einzelner das vermochte, zu verwirklichen. Theodor Herzl hatte geschrieben: «Der Traum unterscheidet sich von der Tat nicht so sehr, wie viele glauben. Alles menschliche Handeln beginnt als Traum und wird später wieder zum Traum.» [3] Weizmanns Traum reflektierte den Gedanken seines Mentors, des russisch-jüdischen Schriftstellers Ahad Ha'am (Asher Ginsberg), eines der ersten Verfechter der jüdischen nationalen Erneuerung. Ahad Ha'am hatte die Vision einer inneren Wiedergeburt, einer geistigen Verwandlung des Judentums. Weizmann träumte von Befreiung und Emanzipation, von gleichen Rechten, wie andere Gruppen und Nationen sie für sich beanspruchten: ein Heimatland, in Zion, wo Männer und Frauen ein neues Leben unter Gleichen beginnen könnten, ein Leben, bodenständig, frei sowohl von der Bedrohung und Beschränkung verarmten Ghettodaseins als auch von der anpaßlerischen Unterwürfigkeit, die Weizmann ebenso wie Herzl als «Versklavung in der Freiheit» betrachtete. Weizmann sah Karl Marx als Verräter an seinem Volk an, aber in einer Beziehung stimmte er mit ihm überein: Beide haßten Kriecherei und versuchten die Menschen davon zu befreien. Bei seiner späteren Arbeit brauchte Weizmann die Hilfe assimilationsbereiter Juden im Westen, sogar der vielen Juden, die sich vor diesem Propheten fürchteten und sich seinetwegen schämten, weil er beharrlich von einer und für eine jüdische Nation sprach, wo so viele von ihnen doch ostentativ den Nationalismus der Länder angenommen hatten, in denen sie lebten und zu Wohlstand gekommen waren.

Eins der ersten Projekte Weizmanns war die Schaffung einer Jüdischen Universität, die in Palästina eingerichtet werden sollte, sogar vor weiterer Ansiedlung dort. Im selben Geist wurde er 1904 Mitherausgeber der von Martin Buber und Berthold Feiwel edierten Zeitschrift «Der Jude. Revue der Jüdischen Moderne». Er hoffte, die zerstreute Welt selbstbewußten Judentums und modernes Denken zu verbinden, er wollte «das Ghetto nach Europa und Europa zum Ghetto»[4] bringen. Freie, weltliche, praktische und klassische Bildung war eine Voraussetzung für Freiheit. Die Kombination Ghetto und Europa verkörperte er selbst, Hingabe an das Gute des ersteren und an die Verheißung des letzteren. Weizmann war kein politischer Theoretiker oder Philosoph; seine Prämissen waren einfach, als «selbstverständliche Wahrheiten» erworben, meine ich: Männer und Frauen sollten in gesetzlich definierter Freiheit leben, sie sollten autonome Bürger werden, und ihre Begabungen sollten nicht mehr behindert, sondern zur Entfaltung gebracht werden. Liberaler aus Temperament und mehr noch aus Erfahrung, zeigte er sein Leben lang den Respekt für zivilisiertes Leben, für Wahrheit und Offenheit, für Toleranz und Gewaltlosigkeit, der den liberalen Geist kennzeichnet. Er vertrat einen intuitiven Liberalismus, von dem Judith Shklar sagt, er habe «nur das eine, alles bestimmende Ziel: die politischen Bedingungen zu schaffen, die für die Ausübung politischer Freiheit notwendig sind», und der auf den Schutz aller, und besonders der Schwächsten, vor dem Hauptübel bedacht ist, nämlich vor «Grausamkeit und der Angst, die sie hervorruft, und schon der Angst vor dieser Angst.»[5] Für Weizmann war das kein Spruch aus dem Lehrbuch – es war die direkte Lehre aus dem Leben im Ghetto und aus der jüdischen Geschichte. 1901 half er bei der Gründung der «Demokratischen Gruppe» innerhalb der Zionistischen Bewegung. Der Name stand für ihren Geist. Seine sofortige Ablehnung des «Bundes» und seine heftige und prompte Verurteilung des Bolschewismus entsprangen dem Gefühl, daß diese Systeme neuen Zwang hervorbringen würden, neue Versuchungen für Juden, nach Assimilationsmöglichkeiten zu suchen. Sein Glauben an liberale und gewaltlose Prinzipien unterschied ihn auch von intoleranten und undemokratischen Gruppen innerhalb des Zionismus.

Um ein jüdisches Heimatland zu schaffen, das Freiheit und Toleranz verkörperte, ließ er sich nicht immer von liberalen Tugenden leiten. Allgemein gesprochen: Er benutzte andere; man hat ihn charmant, verführerisch, geheimnistuerisch und verschwörerisch genannt, alles Teil seiner Arbeit für das Wunder. Hingabe an die Sache verschmolz mit persönlichem Ehrgeiz, Sache und Person verschmolzen und dienten einander, doch das ist sicher ein übliches Merkmal großer Führerpersönlichkeiten und der mysteriöse Bestandteil eines revolutionären Lebens.

Der Elfjährige glaubte, die Könige Europas würden kein Mitleid mit den Juden zeigen – eher Feindseligkeit. Doch erst der Erwachsene mußte den Widerspruch erleben, daß Juden im Westen vor 1914 Reichtum und einige Formen der Macht erlangten und gerade dieser Aufstieg die Verbreitung eines neuen, oft rassisch bedingten Antisemitismus beschleunigte. Für Theodor Herzls Kreuzzug war die Dreyfus-Affäre der ursprüngliche Stimulus gewesen; Weizmanns Zionismus entsprang der festen Überzeugung von der Notwendigkeit einer jüdischen Renaissance. Er glaubte auch – jedenfalls sagte er das zu Richard Crossman –, daß jeder Nichtjude den Bazillus des Antisemitismus in sich trüge, und ich meine, er vermutete einen historischen Antagonismus zwischen Juden und Nichtjuden – zu dem auch die Juden ihr Teil beitrügen. Vielleicht würde dieser Antagonismus abgeschwächt oder verschwinden, wenn die Juden wahrhaft frei und in einer eigenen Heimat lebten. Geschickt und daher erfolgreich setzte Weizmann moralbewußte Christen unter Druck, indem er an die von ihren Völkern in der Geschichte gezeigte Feindseligkeit gegen die Juden und an ihr Unrecht erinnerte.

Der Elfjährige hatte über England geschrieben; der in der zionistischen Bewegung tief verwurzelte Dreißigjährige ließ sich dort nieder – als Chemiker in Manchester und als Zionist allerorts. Damals besaß er als Zionist keine feste Stellung, kein Büro und keine formale Anhängerschaft, und doch hatte er, wie er 1904 an seine Verlobte schrieb, «die Rolle ... eines selbsternannten Diplomaten der russischen Zionisten bei der britischen Regierung angenommen». Ein Jahr zuvor, nach seinem ersten Englandbesuch, schrieb er: «Aus London brachte ich den Eindruck mit, daß wir dort eine Menge ausrichten können. Wir können einflußreiche Kreise für uns gewinnen; unsere Sehnsucht nach Palästina müssen wir eher mit Taten als mit seichten Phrasen manifestieren. Unsere politischen Aktivitäten – ich nenne es mal einfach Propaganda – gehören in die Hände von erstklassigen Leuten, die Europas Sympathien gewinnen ...»[6]

«Europas Sympathien gewinnen» – das war der Weg zum Erfolg, und keiner begriff das besser als Weizmann. Wie konnte man Sympathie in Europa und in den Vereinigten Staaten gewinnen? Wie kam es, daß man in England und besonders in den USA Weizmann und seine Sache als geistesverwandt und förderungswürdig ansah? Ich glaube, daß dort während des Jahrzehnts vor dem Ersten Weltkrieg ein neuer, praktischer Reformliberalismus die öffentliche Meinung bestimmte – ein Liberalismus, der in unterschiedlichem Grade erkannte, daß Veränderung nottat, oft über den interventionistischen Staat, der, um mit Walter Lippmann zu reden, das ziellose Dahintreiben beenden und die Zügel in die Hand nehmen sollte. Dieser Liberalismus hatte einen starken emanzipatorischen Impuls, der für die Frauenrechte günstig war und unterdrückte Minderheiten und Nationalitäten unterstützte.

In unserer Zeit haben wir aggressiven Nationalismus und wahnwitzige Gewalt erlebt, die sich den Anschein des Edlen gaben, und deshalb vergessen wir leicht, daß es auch gesunde Nationalgefühle gibt. Die liberalen Nationalisten jedoch wollten ihre Völker von fremder oder imperialer Herrschaft befreien, damit diese in einem Staat leben könnten, wo die bürgerlichen Freiheiten in verfassungsrechtlich definierten Institutionen verankert wären und sie ihre Sprache und ihr Ethos entwickeln dürften. Ein Tomáš Masaryk, der Vater der Tschechoslowakischen Republik, hielt die Tschechen anderen Völkern weder für überlegen, noch hegte er aggressive Absichten. Er glaubte an die Rechte der Minderheiten. Anfang des Jahrhunderts hatten solche Ideale starken Einfluß; sie inspirierten bedeutende Befreier von europäischen Kolonien und in jüngster Zeit auch die Führer der Solidarność und Václav Havel.

Gerade in Amerika waren derartige Bestrebungen besonders ausgeprägt, zumal bei jenen, die, wie Louis Brandeis und Felix Frankfurter, als Brücke zwischen Weizmann und Woodrow Wilson fungierten. Beide glaubten, daß die Vereinigten Staaten die einzigartige Mission hätten, anderen Nationen als Beispiel zu dienen und mitzuhelfen, der Welt Freiheit zu bringen. Noch war das ein naiver Glaube. Brandeis und Frankfurter gehörten zum *progressive movement*, das entschlossen war, «die ... sozialen Krankheiten der Industriegesellschaft zu heilen». Wie der amerikanische Historiker Richard Hofstadter schrieb, «vertraten sie – und zwar als erste in unserer Geschichte mit wirklichem praktischem Erfolg – die Auffassung, daß die Regierung nicht bloß als kalte und negative Kontrollinstitution zu betrachten sei, sondern daß sie eine große Verantwortung für das Wohl ihrer Bürger habe, auch für die Armen und Schwachen. Deshalb ist die «Progressive Bewegung« ein wichtiger Abschnitt in der Geschichte des amerikanischen Gewissens.»[7] Jenes Gewissen begünstigte auch die nationale Selbstbestimmung der Völker und zeigte sich den zionistischen Hoffnungen gegenüber aufgeschlossen.

Für die meisten Liberalen war damals die Wissenschaft ein unbestrittenes Gut, der vollkommene Ausdruck menschlicher Vernunft und menschlichen Genies, ein offensichtliches Instrument des Fortschritts. Der Wissenschaftler stand in höchstem Ansehen; er war der selbstlose Diener der Entdeckung oder, wie Einstein über Max Planck sagte: «Der Gefühlszustand, der zu solchen Leistungen befähigt, ist dem eines Religiösen oder Liebenden ähnlich; das tägliche Streben entspringt keinem Vorsatz oder Programm, sondern einem unmittelbaren Bedürfnis.»[8] Vielleicht wußten nur die Wissenschaftler selbst, wie sehr auch gewöhnlicher Ehrgeiz und sogar Habsucht ihre Arbeit inspirierten. In Manchester und danach entsprangen Weizmanns Erfolge in praktischer Chemie, beim Gärungsverfahren zur Herstellung von Azeton oder später bei der Produktion von synthetischem Kautschuk, einem leidenschaftlichen Engagement, und sie gewährten ihm auch eine gewisse finanzielle Unabhängigkeit. Außerdem halfen sie seine Autorität begründen, erleichterten ihm den Zugang zu nichtjüdischen Kreisen und schufen ihm einen unveräußerlichen Wirkungsbereich, ein sicheres Refugium, falls die Ereignisse oder das eigene Volk ihn zurückwiesen. Die Arbeit festigte auch seine Freundschaften: 1931 in einem kritischen Moment seines Lebens, war es sein Freund und Kollege Richard Willstätter, der ihm den Weg zurück ins Labor ebnete.

In den zehn Jahren in Manchester erlebte Weizmann Erfolge und Mißerfolge sowohl in der Chemie als auch im Zionismus; die Gelassenheit, die sein späteres Leben kennzeichnete, war ein Triumph des Temperaments über Schwierigkeiten und Enttäuschungen. Nach wie vor schloß Weizmann, ein Ausländer, der das Englische noch nicht vollkommen beherrschte, wichtige Freundschaften und wurde mit bemerkenswerter Gastlichkeit aufgenommen. Alles in allem bestätigten diese Jahre seine Erwartungen in bezug auf das englische Leben und verfestigten seine Anglomanie, die gleiche Anglomanie, die Isaiah Berlin auch bei Felix Frankfurter feststellte: «Die rührende und amüsante Anglomanie – die kindliche Vorliebe für England, englische Institutionen und Engländer –, für alles, was gesund, gediegen, nicht schäbig, sondern zivilisiert, moderat, friedfertig und anständig, das Gegenteil von brutal war – für die liberalen und konstitutionellen Traditionen, die vor 1914 besonders denjenigen am Herzen lagen, die aus Ost- oder Mitteleuropa stammten, und zumal den unterdrückten Minderheiten, die deren Fehlen schmerzlich empfanden und auf England und manchmal Amerika schauten – die Bastionen der ersehnten Tugenden –, denn all das garantierte Menschenwürde und Freiheit.»[9] Für Weizmann war sie eine tröstliche und wesentliche Voraussetzung, und als die Bindung an England riß, zerbrach daran auch fast sein Mut.

Doch vorerst fand er Nahrung für seine Anglomanie: Manchester war eine liberale Stadt, und Weizmann schloß bald Freundschaft mit C. P. Scott, dem bedeutendsten britischen Journalisten des Jahrhunderts und Chefredakteur des «Manchester Guardian», «einem großen Liberalen, für den Nationalismus Tradition und Leidenschaft waren».[10] Scott stellte Weizmann 1906 nicht nur Balfour, sondern auch anderen führenden Politikern vor. Wie viele seiner Parteifreunde war Balfour Konservativer durch Parteizugehörigkeit, aber Liberaler durch Tradition. Balfour gefiel der Chemiker sofort, weil er «ein unermüdliches Interesse an wissenschaftlicher Entwicklung zeigte». Wie er selbst schrieb: «Meine Bemühungen galten dem Fundament lebendiger Überzeugungen; insbesondere dem hohen Wert der Naturwissenschaft, deren jüngste Erkenntnisse die Menschheit entscheidend vorangebracht haben.«[11] Sogar damals schon hätte Weizmann seine Vision eines jüdischen Heimatlandes einen gleichsam wissenschaftlichen Anstrich geben können: In der Tat stellte er sich das künftige Palästina als Laboratorium vor, sowohl im wörtlichen Sinne, daß die Siedler das Land mit wissenschaftlichen Methoden urbar machten, als auch im übertragenen Sinn – Palästina als

Humanlabor, wo die Menschen sich unter geordneten Bedingungen entwickeln könnten. Im Gegensatz zu anderen wollte Weizmann den «neuen Menschen» nicht per Dekret schaffen, sondern durch Bedingungen, die eine Entfaltung aus eigener Kraft gestatteten. Mit seinem spontanen Vertrauen auf Wissenschaft, Fortschritt und menschliches Potential stand Weizmann den vorherrschenden liberalen Glaubenssätzen in Großbritannien nahe, wo Rassismus, Charakterlosigkeit oder gewöhnliche politische Verbohrtheit immer noch bloß Randerscheinungen waren.

Man hat gesagt, daß Weizmann damals bei englischen Nichtjuden größeren Anklang fand als bei Juden, und David Ben-Gurion nannte ihn «den größten jüdischen Emissär in der nichtjüdischen Welt». Bei den Juden, besonders bei reichen assimilierten, stieß er gewöhnlich auf Furcht und Ablehnung – Furcht, einfach ausgedrückt, davor, daß den Juden, sobald man sie zur Nation erklärte, «doppelte Loyalität» auferlegt würde. Bei den Nichtjuden aber fand er Gehör, besonders bei protestantischen Engländern, die sich vielleicht mehr als andere auch in weltlicher Zeit die Verbundenheit zur biblischen Tradition bewahrt hatten. In seinem Essay über Weizmann schreibt Norman Angell: «Die Kultur der Briten, besonders in ethischer Hinsicht, ist jetzt, in viel stärkerem Maße als ihnen bewußt, auch jüdisch. Die einzige religiöse Literatur, die die einfachen Menschen in England tief berührt hat, die einzige Literatur, zu der sie in Augenblicken tiefsten Kummers und höchster Freude und in der Stunde ihres Todes greifen, ist die jüdische Literatur.» [12]

Weizmann konnte auch an die romantische Imagination der Engländer appellieren, an ihre Faszination durch den Orient, ihr Gefühl, daß eine Rückkehr nach Jerusalem eine edle Unternehmung sein könnte.

Überdies hatten sie bei etlichen Gelegenheiten ihr leidenschaftliches Mitgefühl für die Geknechteten, Verfolgten oder Unterdrückten anderer Nationen bewiesen. Schließlich hatten auch Engländer ihr Leben für die Unabhängigkeit Griechenlands gegeben, und viele feierten Garibaldi; in «Greuel in Bulgarien» hatte Gladstone die türkische Gewaltherrschaft gegeißelt, obwohl die britischen Interessen die Unterstützung der Türkei gegen Rußland verlangten. Wenn es aber um Freiheit oder gar Unabhängigkeit im eigenen Empire ging, waren sie zurückhaltender, und die Forderungen ihrer nächsten Nachbarn, der Iren, standen oft auf der politischen Tagesordnung, ja spalteten die britische Politik. Von Lloyd George heißt es, daß ihm als Waliser die Unterstützung für den Zionismus leichtgefallen sei; und er selbst sagte vor einem jüdischen Publikum über seine Herkunft: «Es ist eine alte Rasse, nicht so alt wie Ihre, und obwohl ich sehr stolz auf sie bin, möchte ich sie nicht mit der Ihrigen vergleichen ... aber soweit ich weiß, sind gerade die kleinen Rassen zu Großem bestimmt ...» [13]

Vor dem Krieg akzeptierten die meisten englischen liberalen Nationalisten die Vorstellung, daß zumindest das Britische Empire ein zivilisierendes Unternehmen sei. Der Burenkrieg indessen spaltete die Intellektuellen. Die Amerikaner waren gegen jeden Imperialismus, wenn auch geteilter Meinung über ihren eigenen, der 1898 mit dem Krieg gegen Spanien in voller Wucht über die Welt hereinbrach. Daß die stillschweigende oder unbestrittene Akzeptanz des Imperialismus auf der Prämisse rassischer Ungleichheit beruhte, ist offenkundig, und in vielen Teilen Europas und Amerikas nahm der Rassismus zu.

Weizmann wußte natürlich, daß auch niedere Instinkte oder Kräfte den Zionismus unterstützten. Seit den neunziger Jahren waren mehr Ostjuden nach

England eingewandert als in irgendein anderes europäisches Land. Deshalb sahen viele Engländer in einer jüdischen Heimstatt eine günstige Alternative zur fortdauernden Aufnahme unzähliger weiterer Juden. Aggressive Antisemiten begrüßten die These von einer jüdischen Nation – sie bestätigte ihre Auffassung von deren abstoßendem Anderssein. Und schließlich wußte Weizmann, daß die Nichtjuden in ihrer Angst vor dem wachsenden jüdischen Einfluß auf dem Weltmarkt und in der Weltpresse oft dachten, eine prozionistische Politik könne ihnen die jüdische Unterstützung insgesamt sichern.

Weizmann war sich auch darüber im klaren, daß das Britische Empire nicht in einem Anfall von Geistesabwesenheit geschaffen wurde, sondern im rücksichtslosen Verfolg eines wie auch immer bemäntelten Eigeninteresses. Wie die Bürger einiger Großmächte heute, so glaubten die Briten damals, daß ihre Interessen einem großen universellen Ideal entsprächen. Das wurde von Weizmann unterstützt: Ein jüdisches Heimatland in Palästina unter britischem Protektorat würde britischen Interessen dienen und einen Akt universeller Wiedergutmachung darstellen. Palästina wäre eine Bastion für das Empire und ein Schutz für den Suezkanal. Dieses Argument wurde natürlich im Weltkrieg um so wirksamer, was Weizmann sofort begriff. Im Oktober 1914 schrieb er: «Es liegt im Interesse der jetzt für die kleinen Nationalitäten kämpfenden Völker, auch der jüdischen Nation das Existenzrecht zu sichern. Die Zeit ist gekommen, wo die Völker von Großbritannien, Frankreich und Amerika uns verstehen ... Die moralische Kraft unserer Forderungen wird sich als unwiderstehlich erweisen; die politischen Bedingungen werden der Verwirklichung unseres Ideals günstig sein» [14]

Als der Erste Weltkrieg ausbrach, war Weizmann

ein Staatsmann, die Verkörperung dessen, was Václav Havel Jahrzehnte später «die Macht der Machtlosen» genannt hat. Er war Realist, ein Pragmatiker, der seine Sache vertrat und daran glaubte, daß ein gemeinsames Schicksal ein wohlwollendes Großbritannien mit dem Zionismus verband. Er besaß eine enorme, ja beängstigende moralische Autorität – und wußte sie zu gebrauchen. Leon Stein zufolge war «Weizmann nicht nur ein geschickter und findiger Anwalt – flexibel, sicher, mit enormer Sensibilität für Atmosphäre und einem Gespür für den richtigen Zeitpunkt; er verfügte über die Gabe, die Phantasie zu wecken und etwas von seinem mystischen Glauben an das Schicksal seines Volkes und die Wichtigkeit seines Überlebens auf andere zu übertragen.»[15] Wie Richard Crossman sich erinnerte, «beherrschte keiner besser die Kunst, das Gewissen und den Ehrgeiz britischer Politiker (einschließlich wohl auch des Verfassers) für die Interessen des jüdischen Staates zu benutzen.»[16]

Weizmann hatte mit führenden britischen Persönlichkeiten Freundschaft geschlossen und sie für den Zionismus gewonnen, aber auch die geschickteste Überredung hätte nicht so verfangen wie die Beschwörung britischen Eigeninteresses. Daher wurde der Weltkrieg mit seinen Auswüchsen von raffgierigem Nationalismus auch zu einer großen historischen Chance für Weizmann und den Zionismus. 1917 befand sich die gerade erst gebildete Regierung Lloyd George in einer verzweifelten Lage. Die Deutschen hatten ihr letztes Mittel, den uneingeschränkten U-Boot-Krieg, eingesetzt, und die britischen Verluste auf See gefährdeten die Versorgung. Es war nicht sicher, daß Großbritannien durchzuhalten vermochte, bis die Macht Amerikas in die Waagschale geworfen werden konnte.

Unterdessen tobte eine andere Schlacht: das gegenseitige Anheizen nationaler Unzufriedenheit hinter den Fronten. Deutschland schürte Unruhe nicht nur in Irland, sondern in allen einschlägigen Gebieten des Britischen und des Russischen Reiches. Nicht ganz so zynisch versuchten die Alliierten die nationalen Minderheiten, insbesondere die in Österreich-Ungarn, zu sammeln; das Aufwiegeln der Araber gegen ihre türkischen Herrscher war ein weiteres wichtiges, exotisches Unternehmen. Einige britische Liberale – besonders R. W. Seton-Watson – hatten sich seit langem mit den Forderungen der Tschechen, Polen und Jugoslawen befaßt und sie befürwortet. Daß Großbritannien sich jetzt, während des Krieges, für sie engagierte, war durch Prinzipien verklärtes Zweckdenken; die Amerikaner machten mit aus missionarischem Eifer und einem Anflug von innenpolitischem Opportunismus. Sogar als die Alliierten Pläne zur Vergrößerung ihres Territoriums entwarfen, versprachen sie Völkern außerhalb ihres Machtbereichs die Befreiung. In mancherlei Hinsicht sollte die Zusicherung nationaler Selbstbestimmung, so edel sie, abstrakt gesehen, auch sein mochte, zum vergifteten Höhepunkt liberaler Hoffnungen werden.

Noch zu Friedenszeiten hatte Weizmann führende britische Politiker dazu gedrängt, den moralischen Imperativ eines Heimatlandes für die Juden anzuerkennen. Ich denke an Balfour, Lloyd George, Churchill, Sykes, Cecil und den großen Südafrikaner Jan Smuts. Der Krieg verlieh seiner Forderung Nachdruck, so wie seine große wissenschaftlich-praktische Begabung im Dienst britischer Munitionsproduktion seine Loyalität bestätigte. Jetzt vermochte er diese Politiker davon zu überzeugen, daß die Unterstützung des Zionismus zu Großbritanniens unmittelbarem und langfristigem Vorteil sei: Zu einer Zeit, wo die Deutschen sich ernsthaft bemühten, den Zionismus für sich zu vereinnahmen und in den gerade eroberten Teilen Osteuropas die projüdische Karte zu spielen, würde dies den Alliierten in Europa und den Vereinigten Staaten beträchtliche jüdische Sympathien einbringen. Vor allem glaubten die Briten, daß die Unterstützung des Zionismus die amerikanischen Juden von ihrer deutschfreundlichen (da weitgehend russenfeindlichen) Haltung abbringen würde.

Der Zionismus brauchte Hilfe – in Europa und besonders in Amerika. Erwähnt sei hier nur Tomáš Masaryk, der bewundernswürdigste und prinzipienfesteste der nationalen Befreier. Geboren in der Slowakei, aufgewachsen in einem katholischen, antisemitischen Milieu, wurde er zum Vorkämpfer der tschechischen Nation und zu einem humanistischen Philosophen. Von 1899 bis 1900 war er eine einsame Stimme bei der Verteidigung Leopold Hilsners, eines böhmischen Juden, der des Ritualmords an einem Mädchen angeklagt war und zunächst zum Tode verurteilt wurde. Masaryk galt damals in diesem österreichisch-tschechischen Gegenstück zur Dreyfus-Affäre als ein zweiter Zola. Zudem war er ein früher Förderer des Zionismus, wie Weizmann von Ahad Ha'ams inspiriert. 1900 und danach äußerte er Bewunderung für Ahad Ha'ams Zionismus, für seine Bemühungen um eine geistige Erneuerung und eine innere Wiedergeburt des Judentums. Er betrachtete diese Bewegung als verwandt mit seinen Hoffnungen auf eine tschechische nationale Renaissance. Masaryks Ansichten über die Juden waren kompliziert, aber nach der Hilsner-Affäre wurde er, besonders in Amerika, von den Juden gefeiert.[17] In den Jahren seines wachsenden Ansehens unterstützte Masaryk Weizmanns diplomatische Schritte, am nachhaltigsten auf der Pariser Friedenskonferenz. Beide Männer bewunderten – und hatten auch – Charakter und empfanden «eine große Affinität» zueinander. Als Weizmann Präsident von Israel wurde, erinnerte er sich an Masaryks Rolle als Präsident und Vater eines neuen Staats und wünschte sich, so glaube ich, Masaryks Autorität wenigstens annähernd zu erreichen. Es sollte nicht sein – aber die Sympathie und Unterstützung von Europas meistbewundertem nationalen Befreier machte Weizmann in seiner außergewöhnlichen Lage Mut und bestätigte ihn.[18]

Zu Beginn des Krieges versuchte Weizmann, eine zionistische Führung in Amerika zu etablieren. Louis Brandeis, der große amerikanische Progressive, war zum Zionismus übergetreten – nach seinen Erfahrungen als Vermittler in einem Textilarbeiterstreik, in dem Ostjuden gegen Ostjuden standen. Aus seiner Sicht waren beide Seiten zäh, mutig und beeindruckend, und er meinte, solche Eigenschaften müßten freigesetzt werden. 1914 wurde er Leiter des Provisorischen Exekutivkomitees für Allgemeine Zionistische Angelegenheiten. Brandeis sah in der Idee eines jüdischen Heimatlandes die Möglichkeit, den Progressiven-Kreuzzug für soziale Gerechtigkeit auszuweiten. «Unsere Hauptaufgabe muß es sein, in Palästina prächtige Männer und Frauen heranzubilden, und es ist wünschenswert, dort so weit wie möglich die charakterlichen und geistigen Verzerrungen zu korrigieren, die ein durch jahrhundertelange Trennung vom Lande erzwungener, übermäßiger Kommerzialismus bewirkt hat.»[19] So unterstützten die amerikanischen Liberalen und Progressiven den Zionismus – zum Entsetzen der meisten reichen und assimilierten Juden. In Amerika und anderswo fand der Zionismus einflußreiche Freunde leichter unter Nichtjuden als unter Juden. Die amerikanischen Juden waren entsetzt über das Hochschwappen des Antisemitismus während des Krieges, doch es verstärkte nur Brandeis'

Entschlossenheit, die zionistische Sache zu unterstützen. Er und sein jüngerer, aber enorm einfallsreicher Kollege Felix Frankfurter taten ihr Bestes, um Präsident Wilson für die geplante britische Erklärung zugunsten einer jüdischen Heimstatt in Palästina zu gewinnen.

Die Balfour-Deklaration vom November 1917 bedeutete den Triumph von Weizmanns frühen Hoffnungen. Jetzt gab es ein britisches Engagement, eine Charta für den Judenstaat. Er wußte sehr wohl, wie sehr britischer Eigennutz die Deklaration inspiriert hatte, und er ging davon aus, daß zwischen einem mächtigen Großbritannien und einer wachsenden jüdischen Präsenz in Palästina Interessengleichheit bestand und weiter bestehen würde, eine Interessengleichheit, die letztlich die jüdische Staatlichkeit auf den Weg brächte. Was er nicht vorhersah, war der Niedergang britischer Macht und britischen Selbstvertrauens – aber andererseits sehen auch wir erst im nachhinein, daß der Weltkrieg das Empire, das doch gerade seine größte Prüfung überstanden hatte, enorm schwächte. Ein Land im Niedergang, geplagt von Zweifeln über die Mission des Empires und von Schuldgefühlen wegen des Versailler Vertrages, sollte sich als unsichere Schutzmacht des Zionismus erweisen.

Mit der Balfour-Deklaration wurde der Zionismus – einst der Traum von der Erlösung, eine Phantasie der Hoffnung – in die Weltpolitik verstrickt. Diese unvermeidliche Verwicklung wurde symbolisch evident, als in den Tagen der Deklaration die bolschewistische Revolution ausbrach. Weizmann erkannte die vielfältigen Gefahren sofort. Er sah, wie lange unterdrückte revolutionäre Juden zu den ersten Führern der Bolschewiki aufstiegen, und fürchtete, daß allein das Vorhandensein des Bolschewismus noch größeren Antisemitismus hervorrufen würde. Selbst ein von Antisemitismus so freier Mann wie Winston Churchill erklärte bald darauf, der Bolschewismus sei nichts als der Pöbel der osteuropäischen Ghettos. Ich bezweifle, daß irgend jemand voraussah, auf welche Weise der Bolschewismus zu dieser verhängnisvollen doppelten Quelle des Antisemitismus werden würde – nämlich indem er ihn im Ausland provozierte und ihn im eigenen Land nach und nach grausam praktizierte.

Als der Zionismus durch die Balfour-Deklaration in die Weltpolitik eintrat, mußte sich Weizmann unausweichlich, aber auch seinem Ehrgeiz folgend, die Rolle eines internationalen Staatsmannes anmaßen, so wie er auch seine Rolle in England aufgebaut hatte. Dabei dachte er an Camillo Cavour, den Patrioten von Piemont, der durch kluge Diplomatie die Einigung Italiens erreichte, ein Ziel, das der große Mobilisator der Massen, der feurige Garibaldi, verfehlte. Auch glaubte er, daß der Geist Lincolns von dauerhafterer Bedeutung sei als Napoleons Eroberungen. Die Balfour-Deklaration, das wußte er, war nur der Beginn, die Eröffnung; es war weit mehr zu leisten, bevor Absicht Wirklichkeit wurde, bevor man die praktische Arbeit in Palästina – für Weizmann die dringendste Daueraufgabe – aufnehmen konnte. Wie immer in seinem Leben waren die Hindernisse groß und die Feinde Legion. Der unmittelbare Widersacher war Frankreich, das Großbritannien eine so wichtige Präsenz im Nahen Osten nicht zugestehen wollte. Der andere Gegner war der arabische Nationalismus, den die Engländer in ihrem Bestreben, das Ottomanische Reich zu besiegen, ebenfalls sorgsam geschürt hatten. Schon 1917 hatte einer von Weizmanns engsten Mitarbeitern, Harry Sacher, geschrieben: «... Selbst wenn all unsere politischen Manöver nach Wunsch verlaufen, werden die Araber unser größtes Problem bleiben. Ich möchte nicht, daß wir in Palästina die Araber so behandeln wie die Polen die Juden, noch dazu mit der schlechteren Entschuldigung der zahlenmäßigen Minderheit. Diese Art Chauvinismus könnte die ganze Jeschiwe vergiften ... wir brauchen ein großes konstruktives Programm, das wir den Flinten und Maschinengewehren unserer Hurrapatrioten entgegensetzen.»[20] Diese immense Aufgabe hoffte Weizmann anfangs durch persönliche Diplomatie lösen zu können, aber seine Bemühungen, etwa über Emir Feisal, an die Araber heranzukommen, scheiterten, und danach hielt er die Araber für fanatisch und unzuverlässig. Aber den Grund und Boden besaßen sie, und bald schon gelang es ihnen, sich die Unterstützung britischer Beamter in Palästina zu sichern.

Weizmann hatte stets an den Sieg der Alliierten geglaubt und selbst dazu beigetragen. Einen Augenblick lang hatte es den Anschein, als ob dieser Sieg auch einen großen Schritt zu einer neuen liberalen Weltordnung bedeute. In der Alltagspraxis war der Krieg die Aufhebung des Liberalismus gewesen, aber intellektuell hatten die Liberalen in England und Amerika eine revolutionäre Idee ins Auge gefaßt: Neue und alte Nationen sollten künftig in einem neuen System leben, das durch einen Völkerbund allen kollektive Sicherheit böte. So würden die Bedingungen ausgeschlossen, die zu dem monströsen Konflikt geführt hatten. Dies war Robert Cecils Idee, und er sagte später, Völkerbund und Zionismus seien gleich bedeutende Ergebnisse der von ihm aufgewendeten Zeit und Mühe. Der Völkerbund, für den Woodrow Wilson das große jüdische und presbyterianische Wort «Bund» (covenant) fand, wurde auch wirklich auf der Pariser Konferenz gegründet; er sollte Minderheiten schützen, Konflikte lösen, Aggressoren abschrecken oder besiegen. Wir alle kennen sein Schicksal – eine edle liberale Hoffnung, doch sofort von anderen Teilen des Versailler Vertrags negiert, über den die Deutschen vor Wut schäumten, weil sie ihn als ungerechtfertigte Demütigung empfanden. John Maynard Keynes führte der liberalen Welt die verheerenden ökonomischen Folgen des Friedens vor Augen; Weizmanns Freund Jan Smuts, ein überzeugter Anhänger des Bundes, sah die politischen Folgen und beklagte sie.[21] Die neue Weltordnung war vornehmer Schein, aber eben nur Schein, und geschaffen und geschwächt wurde sie von den Vereinigten Staaten. Letztlich war der Liberalismus selbst ein Opfer des Krieges.

Auf der Pariser Friedenskonferenz, wo die zionistischen Führer zum ersten Mal als Vertreter einer noch nicht existierenden Nation diplomatisch auftraten, war die amerikanische Unterstützung entscheidend, und Frankfurter zog alle Register, um Präsident Wilson und andere Konferenzteilnehmer von den zionistischen Zielen zu überzeugen. Manche Amerikaner vermuten in einem britischen Protektorat in Palästina die weitere Ausbreitung des Imperialismus; es weckte daher gewisse Skepsis. Schließlich gab Wilson den Zionisten nach, gab aber zu bedenken, daß auch die arabischen Rechte geschützt werden müßten. Nach der Konferenz kam es zwischen Weizmann und Brandeis zum Zerwürfnis, und Brandeis trat aus allen zionistischen Organisationen aus. Doch die so deutlich mit liberal-progressiver Politik gleichgesetzte Koalition Brandeis-Frankfurter war von unschätzbarem Wert gewesen, nicht zuletzt deshalb, weil die Briten ein feines, fast überempfindliches Gespür für die Macht des amerikanischen Judentums hatten.

1921 wurde Weizmann Präsident der Zionistischen Weltorganisation; doch obwohl seine Führung damit formal anerkannt war, blieb noch viel zu tun. Die europäischen Mächte hatten dem britischen Palästina-

Mandat noch nicht zugestimmt. Das Mandatssystem war ja eigentlich die Fortsetzung des Imperialismus mit schlechtem Gewissen. Die Zustimmung erfolgte schließlich 1920 auf der Konferenz der Alliierten in San Remo – wo Weizmann alles daransetzte, um ein widerstrebendes Frankreich und ein besorgtes Italien zu überzeugen. Doch es war noch mehr zu tun: Der Völkerbundsrat mußte das Mandat billigen, und Weizmann leistete Schwerstarbeit, um die ablehnende Haltung nichteuropäischer Mächte zu überwinden. Im Juli 1922 votierte der Rat schließlich für das Mandat, das damit de jure wie de facto existierte.

Und wieder, wie schon bei der Balfour-Deklaration, lieferte die Geschichte ihren eigenen symbolischen Kontext. Damals sind die verschiedenen Koinzidenzen vielleicht nicht bemerkt worden, aber 1922 war ein Jahr der unheilvollen Siege für die Feinde des Liberalismus. Nur einen Monat vor der Abstimmung wurde Walther Rathenau ermordet, Deutschlands jüdischer Außenminister, auf den es die nationalistischen Schläger, die sich für Idealisten hielten und auch von vielen deutschen Rechten dafür gehalten wurden, besonders abgesehen hatten. Das war ein erneuter Beweis für die Schwäche der jungen Weimarer Demokratie und für die gefährliche Verbindung von deutschem Nationalismus und Antisemitismus. Im Oktober desselben Jahres inszenierte Mussolini seinen Marsch auf Rom, und die große Nemesis liberalen Denkens, der Faschismus, kam in Italien an die Macht. Das war der Triumph von wahnwitzigem Irrationalismus und aggressivem Nationalismus, verschmolzen zu einer pseudoreligiösen Bewegung, die so viele Anhänger fand. Die Ermordung Rathenaus und der Aufstieg Mussolinis kündigten das absolute Böse an, den Nationalsozialismus, die andere große Versuchung des Jahrhunderts. Schließlich wurde – ein fast bilderbuchhaftes Zusammentreffen – im Oktober 1922 Lloyd George zum Rücktritt gezwungen, womit nicht nur Weizmanns Stütze, sondern auch Englands letzter liberaler Premierminister verlorenging. Mit anderen Worten, die Verwirklichung der Balfour-Deklaration erfolgte nicht im Zenit, sondern im Abendrot der großen liberalen Ära. Das jüdische Heimatland, in so vieler Hinsicht die Verkörperung liberaler Hoffnungen, mußte in einer intoleranten Ära ums Überleben kämpfen. Die britischen Konservativen hatten wenig Skrupel, ebenjene Demokratien zu opfern, bei deren Entstehung Großbritannien geholfen hatte.

Der Liberalismus wurde zugunsten der simpleren und anscheinend relevanteren Ideologien des Faschismus, Sozialismus oder Kommunismus weitgehend aufgegeben. Er hatte Großes geleistet, am dramatischsten bei der Gründung der Vereinigten Staaten. Überdies war die Folter abgeschafft worden, nur um von Mussolinis Schlägern wiedereingeführt zu werden. Der Liberalismus verkörperte eine Reihe schlichter menschlicher Werte und hatte durchaus einen Hang zum Elitären, der auch besagte, daß nur reife und historisch gewachsene Völker auf die volle Autonomie vorbereitet seien, daher die Herablassung gegenüber den meisten Nichtweißen. Auch Weizmann hatte eine elitäre Haltung und vermochte sich in einer elitären Welt mühelos zu bewegen.

Er hatte stets darauf bestanden, daß Palästina nach und nach, Schritt für Schritt und Morgen um Morgen aufzubauen sei; er hoffte auf organisches Wachstum unter einem, wie er annahm, wohlwollenden oder zumindest neutralen britischen Protektorat. Die Gründung der Hebräischen Universität auf dem Mount Scopus verkörperte seinen Geist und bezeugte seinen Erfolg, sie war das Fundament, auf dem eine große moderne Bildungsstruktur errichtet werden konnte.

Sogar in den allerersten Jahren des Mandats mußte Weizmann gegen die örtlichen britischen Behörden kämpfen, die immer häufiger arabische Interessen begünstigten: Denn die Briten konnten Mitgefühl mit den Arabern geltend machen, als den Benachteiligten, als einem Volk, dem man seinen Besitz nahm; vielleicht spielte dabei auch die Meinung mit, Juden seien aufsässig und habgierig, während Araber exotisch und lenkbar wie Kinder seien. Die arabischen Feindseligkeiten nahmen zu, bis sie im schrecklichen Gewaltausbruch von 1929 gipfelten, in den Morden von Hebron und Safed, auf die, wie Weizmann notierte, die Briten mit «einer Mischung von Gleichgültigkeit, Unfähigkeit und Feindseligkeit» reagierten und bei denen sie anscheinend mehr Verständnis für die Gewalttäter als für deren Opfer aufbrachten.[22] Indem die Briten einer Konfrontation mit den Arabern auswichen und ihren Forderungen mit Wohlwollen begegneten, verließen sie die Position der Balfour-Deklaration. Das war der erste Schritt auf dem Weg zum Appeasement. Der tief enttäuschte Weizmann wurde zum Sündenbock.

Weizmann geriet auch in jüdisches Kreuzfeuer – Kämpfe zwischen ungeduldigen Radikalen und pazifistischen Juden. Man nehme nur das Beispiel des damals prominentesten Juden, Albert Einstein, den Weizmann 1921 für die zionistische Bewegung gewann, der mit ihm in die Vereinigten Staaten reiste und der die Hebräische Universität zeitweilig unterstützte. 1929, nach den arabischen Überfällen auf jüdische Siedlungen und zugleich ihretwegen warnte Einstein Weizmann vor einem «Nationalismus à la prussienne», womit er meinte, daß man auf Stärke setzen werde: «Wenn wir nicht den Weg zu ehrlicher Kooperation und ehrlichen Verhandlungen mit den Arabern finden, haben wir nichts aus unseren 2000 Jahren des Leidens gelernt und verdienen das Schicksal, das uns zuteil werden wird. Vor allem sollten wir darauf achten, daß wir uns nicht allzusehr auf die Engländer verlassen. Denn wenn wir nicht zu wirklicher Zusammenarbeit mit den führenden Arabern kommen, werden die Engländer uns fallen lassen, wenn nicht offiziell, dann de facto. Und sie werden unser Debakel mit den herkömmlichen frommen Augenaufschlägen und Unschuldsbeteuerungen beklagen, ohne einen Finger für uns zu rühren.» [23]

Einsteins prophetischer Spott war nichtsdestoweniger Spott. Der Mann, der im gleichen Jahr, und zwar mit echtem Erstaunen, von sich gesagt hatte, daß er «der Heilige der Juden» geworden sei, konnte auch empfindliche Wunden beibringen. Weizmann erläuterte daraufhin seine Anschauungen, die irgendwo zwischen zionistischem Extremismus und Einsteinscher Friedfertigkeit lagen, und vergeblich bat er Einstein, seine ungerechten Attacken auf die Zionisten einzustellen. Einige Jahre später schrieb Weizmann – der über ein gesundes Maß an Bosheit verfügte – einem Freund, Einstein «scheint die Psyche einer Primadonna anzunehmen, die anfängt, ihre Stimme zu verlieren!» [24] Dennoch untergruben all diese Attacken Weizmanns Gesundheit und trugen zu seinem erzwungenen Rücktritt vom zionistischen Präsidentenamt 1931 bei.

Durch Hitlers Machtantritt wurde Weizmanns lebenslange Besorgnis in bezug auf den deutschen Antisemitismus auf tragische Weise gerechtfertigt. Als neunzehnjähriger Lehrer an einer jüdischen Schule hatte er auf die Versicherungen seines deutschen Direktors, die Deutschen würden ihren Antisemitismus ablegen, sobald sie erkannt hätten, wie sehr die Juden zum deutschen Leben beitrügen, geantwortet: «Herr Doktor, wenn jemand etwas im Auge hat, will er nicht wissen, ob es ein Stück Dreck oder ein Stück Gold ist. Er will es nur raus haben.»[25] Wie kritisch auch immer er die Juden in Deutschland gesehen haben mag, jetzt setzte er sich federführend dafür ein, die Emigration von Juden aus Deutschland zu erleichtern. Er erkannte die schreckliche Lage der europäischen Juden und erklärte 1936 vor der Peel-Kommission, daß für die sechs Millionen Juden im östlichen Mitteleuropa «... die Welt geteilt ist in Orte, wo sie nicht leben können, und Orte, wo sie nicht hin können».[26] Unterdessen wählten die geschwächten Engländer, mit einem wiedererwachenden, gewaltbereiten Deutschland konfrontiert, den Weg der Beschwichtigung und hofften verständlicherweise auch, sich ihre Position im Nahen Osten zu erhalten. Die Jahre der arabischen Angriffe und das britische Weißbuch von 1939, das weitere jüdische Ansiedlungen in Palästina nahezu unmöglich machte, zeigten, daß seine Hoffnungen auf britische Unterstützung und Anständigkeit ihn getrogen hatten.

Im Zweiten Weltkrieg bot der bereits kranke Weizmann den Alliierten nochmals seine Dienste als Wissenschaftler an. In den düstersten Kriegstagen sah er in Churchills Führung und Großbritanniens tapferem Widerstand eine Bestätigung seiner einstigen Hoffnungen – nur um sie nach Kriegsende durch eine Labourregierung wiederum vereitelt zu sehen. Die Notwendigkeit eines Heimatlands für die Juden war nun erschreckend klar, und Weizmann drängte mit der Hilfe liberaler New-Deal-Politiker, einmal mehr vom unermüdlichen Felix Frankfurter angeführt, Präsident Truman, den Staat Israel unverzüglich anzuerkennen. Im Mai 1948 wurde Weizmanns Vision Wirklichkeit, wenn auch erst nach der größten Tragödie seines Volkes, und immer noch mußte sie verteidigt werden.

Weizmann war kein Pazifist – dazu war er viel zu

sehr Realist. Wie er selbst schrieb: «Die Unabhängigkeit wird keinem Volk geschenkt; es muß sie sich verdienen; und wenn sie verdient ist, muß sie verteidigt werden.» [27] Andererseits war er gegen Gewalt und beklagte den jüdischen Terrorismus, der, wie er meinte, die jüdischen Hoffnungen negierte: «Ich war», schrieb er, «nie der Meinung, daß der Messias bei Sprengstoffgeknall käme.» [28] Er hatte auf die moralische Wiedergeburt seines Volkes im eigenen Land gehofft. Diesem Glauben blieb er treu, doch er war ein Mann ohne Illusionen; rückblickend können wir sagen, was Chaim Weizmann vollbracht hat, konnte nur er vollbringen.

Heutzutage leugnen mein Fach und unsere Kultur gern die Rolle der Persönlichkeit in der Geschichte. Das ist eine merkwürdige Schlußfolgerung am Ende eines Jahrhunderts, das etliche entsetzliche und ein paar gute Beispiele für die Gestaltung der Weltgeschichte durch Einzelpersonen erlebte. Tocqueville hat uns gelehrt, daß man in demokratischen Gesellschaften häufig nicht gewillt ist, große Persönlichkeiten anzuerkennen, und Thomas Carlyle klagte, daß man zu seiner Zeit große Männer damit «begründete», indem man sagte: «Er war ein Geschöpf seiner Zeit ... die Zeit hat ihn hervorgebracht, die Zeit tat alles, er hat nichts getan – was wir kleinen Kritiker nicht auch hätten tun können! Das erscheint mir als reinstes melancholisches Denken.» [29] Natürlich gibt es ein Zusammenspiel, eine tiefe, unbeschreibbare Verbindung zwischen großen Persönlichkeiten und der Kultur, in der sie leben. Ich würde sagen, Weizmann war ein Mann seiner Zeit, der, in seinen Wurzeln und seiner Vision, dennoch außerhalb der Zeit stand. Seine einzige Macht war die der moralischen Überzeugung: Er wußte Konsens zu erzielen, ja zu erzwingen, und als er in den Tragödien seines späteren Lebens die zunehmende Dissonanz zwischen sich und seiner Zeit spürte, begann er sich in sich selbst und sein Refugium in Rehevoth zurückzuziehen. Aber sein Leben ist wiederum ein Beweis, daß Persönlichkeiten sehr wohl wichtig sind, daß Größe sehr wohl existiert und daß Größe zu leugnen die Erfahrung negiert und unser kollektives Leben schmälert.

In unserem Jahrhundert wurden zahlreiche neue Staaten gegründet und alte von Grund auf verändert. Einige hatten das anspruchsvolle Schicksal, von großen Gründerpersönlichkeiten zum Nationalstaat oder zur Unabhängigkeit geführt zu werden. Ich denke an Masaryk und Paderewski, Gandhi und Weizmann. Sie waren Philosophen und Wissenschaftler, Musiker und Dichter, Politiker aus Notwendigkeit und aus Berufung. Sie alle setzten Geist gegen Macht und Autorität, doch keiner mußte größere Hindernisse überwinden als Chaim Weizmann. Keiner war, glaube ich, beeindruckender, freier, der Entfaltung seines Volkes mehr ergeben. In Dr. Weizmanns Empfangszimmer fand ich zu meiner Freude die Büste George Washingtons. Große Väter, wie er einer war, sind ein Geschenk, aber sie hinterlassen ein anspruchsvolles Erbe. Sie können sich als lästig und zu späteren Zeiten und unter veränderten Bedingungen als anscheinend irrelevant erweisen. Und doch: Das Identitätsgefühl einer Nation wird durch einen Gründervater unermeßlich bereichert. Chaim Weizmann jedoch gehörte einer noch größeren Welt an: Er befand sich im Einklang mit dem Besten in unserem Jahrhundert, und dieser Einklang hat es mühevoller Arbeit ermöglicht, ein Wunder zu vollbringen.

Paul Ehrlich
Der Forscher in seiner Zeit*

«Der Naturforscher muß General und Spion in einer Person sein.»

Richard Willstätter, 1913[1]

Ich bin Historiker, recht ungebildet in den Naturwissenschaften. Und doch versuche ich, einige Aspekte der Naturwissenschaft in den Jahrzehnten vor und nach dem Ersten Weltkrieg zu verstehen. Ich bin durch Zufall auf dieses Gebiet gestoßen: nämlich aus Anlaß meiner Beschäftigung mit Fritz Haber und Albert Einstein, mit ihrem Freundeskreis, mit der politisch-wissenschaftlichen Kultur, die sie umgab. Diese Menschen fesselten mich – und zwar gerade mit ihrer Liebe zu einer damals noch unschuldigen Wissenschaft; man spürt die Leidenschaft, die zu großen Leistungen führte. Was aber waren die Voraussetzungen für Einsatz und Erfolg? Was war das wissenschaftliche

* Im Mai 1990 wurde mir der Festvortrag bei der Eröffnung des neuen Paul-Ehrlich-Instituts in Langen anvertraut. Er war als historisch-biographische Einführung gedacht und sollte ein rein wissenschaftliches Symposium einleiten.

In der Zwischenzeit hat mein Freund Günther Schwerin, Paul Ehrlichs Enkelsohn, der Rockefeller University in New York das vollständige Paul-Ehrlich-Archiv übergeben. Die Verlokkung es zu benutzen, war unwiderstehlich, und so habe ich den bisher unveröffentlichten Vortrag aufgrund neuer Quellen überarbeitet. Ich danke dem Rockefeller-Archiv-Center für besonders freundliche Hilfe.

Ethos jener Zeit? Was waren die Bedingungen für jene Kreativität, die die Spitzenleistungen deutscher Wissenschaft ermöglichte?

Das Leben eines Einzelnen, das Leben z. B. Paul Ehrlichs, könnte uns die Quellen des wissenschaftlichen Fortschritts verständlicher machen. Er war zugleich Genie und repräsentative Figur. Absolut konzentriert auf seine Arbeit, eigentlich nur für die Forschung da, beinahe schon abgeschnitten von der Welt, war er in seinem Leben doch auch von seiner Umwelt, von seinen Freunden, mitbestimmt. Sein Lebenslauf zeugt von äußeren Hindernissen und Begünstigungen seiner Kreativität. Vielleicht besteht eine gewisse Lücke in der Schilderung dieser Wechselbeziehungen: In der naturwissenschaftlichen Literatur wird oft das Menschlich-Historische vernachlässigt, in der historischen Literatur wurde bis vor kurzem die gesellschaftlich-politische Bedeutung der Naturwissenschaftler nur ungenügend berücksichtigt.

Ich habe bereits gestanden, daß das rein Menschliche mich fesselt; ich spreche von einem Geständnis, weil eine solche Faszination in meiner Zunft im besten Fall als altmodisch empfunden wird. Helmholtz sprach einmal von der «inneren psychologischen Geschichte» der Wissenschaften, und selbst Einstein betonte die «Wechselwirkung von wissenschaftlicher Leistung und Charaktergröße». Man kann von der «inneren» Geschichte fasziniert sein, sollte aber nicht die engen Beziehungen der Wissenschaftler zu den geistigen, politischen und wirtschaftlichen Welt einer früheren Zeit vernachlässigen.

Was mich fesselt, ist die menschliche Kraft, die disziplinierte Intuition, die Ausdauer, die das Leben des Wissenschaftlers mitbestimmen – und die Gefahren und Enttäuschungen, die sie erleben. Es gab Forscher-Genies. Das Wort «Genie» hat im Deutschen einen besonderen Klang und ist sogar mit dem Dämonischen belastet. Das Genie – ob Künstler oder Wissenschaftler – ist einer besonderen Verwundbarkeit, einer steten Gefährdung, einer gelegentlichen Verunsicherung ausgesetzt. Gerade zu Ehrlichs Zeit hat Thomas Mann begonnen, die Verwundbarkeit des Künstlers zu analysieren – und tat es sein Leben lang. Künstler und großer Forscher haben eine gewisse Verwandtschaft. Über Ehrlich ist geschrieben worden: «Er hat zwar nie Kunstwerke im engeren Sinne geschaffen, aber er hatte dem Künstlertum eng verwandte Eigenschaften.» Es gibt auch viele Unterschiede, so z. B. daß der Künstler meist ein Alleinstehender ist, in einer Art Dauergefahr, während der Wissenschaftler oft ein institutionelles Heim hat und damit verbunden menschliche Kollegialität, auch Freundschaft, erfährt, die allerdings auch durch gelegentliche kollegiale Gemeinheit gedämpft werden kann. Ehrlich hat Gutes wie Böses erfahren – wobei das letztere wohl bis jetzt eher vergessen wurde.

In Schriften von und über Ehrlich – ähnlich verhält es sich z. B. bei Virchow, Pasteur und Koch – tauchen immer dieselben Vokabeln auf: Genie, Führer, Feldherr, so wurden sie beschrieben, so wurde ihnen auch von der Öffentlichkeit gehuldigt. Und es war ein historischer Moment, in dem der oft heldenhafte Einzelforscher unter Einsatz seines Lebens eine neue Welt geschaffen hat. Ehrlichs Generation stand an der Schwelle des «Großbetriebs der Wissenschaft», wie es Adolf Harnack 1905 beschrieb. Und wie kaum ein anderer bewies Paul Ehrlich, wieviel der Einzelne bewirken konnte: Er war es, der es den Ärzten in den Krankenhäusern ermöglichte, unzählige Menschenleben zu retten. Felix Gilbert hatte recht, als er schrieb: «Naturwissenschaftler wurden die Helden des geistigen Lebens der modernen Zeit.»

Rückblickend könnte man vielleicht von einer zweiten Geniezeit sprechen. Die erste, die ursprüngliche Geniezeit ist in unser aller Erinnerung: Es war jene Zeit, die mit Sturm und Drang begann, die Zeit, da die großen Dichter und Philosophen eine neue Literatur, eine neue Kunst, ein neues Menschenbild prägten, da eine neue Sprache oder ein neues Sprachgefühl erfunden, da die Hoffnung einer neuen Bildung erweckt wurde. Es war aber auch die Zeit der großen politisch-moralischen Reformer in Preußen und Süddeutschland, eine Zeit, in der allein die Namen Mozart und Beethoven das Wort «Genie» beschworen, die Möglichkeit der Selbstentfaltung, der Persönlichkeit schlechthin, von Dichtern verherrlicht, von Napoleon verkörpert war. Es war die Zeit, in der man versuchte, die Menschen nach Begabung und Leistung zu messen und nicht ihr Leben durch Geburt oder Stand bestimmen zu lassen. Es war eine Zeit, in der man sich nicht scheute, von Genie zu sprechen – und in welcher gerade auch in Deutschland die dunklen und mysteriösen Kräfte eines Genies erkannt wurden.

Dies waren die Jahrzehnte zwischen 1770 und 1830, und ich möchte meinen, daß Paul Ehrlich, 1854 geboren, in eine zweite, bis jetzt vielleicht noch nicht richtig erkannte Geniezeit hineingeboren wurde und einer ihrer Repräsentanten war. Es war die Zeit der großen Erkenntnisse und Erfindungen, die Zeit, da Medizin wissenschaftlich-experimentell orientiert ihre ersten großen Fortschritte machte. Die gewaltigen Fortschritte in der chemischen Industrie und die Erfindung von synthetischen Farbstoffen waren Vorbedingung für die Forschungserfolge in Biologie und Virologie. Der Glaube an die Vollkommenheit der empirischen oder positivistischen Wissenschaft war weit verbreitet und grenzenlos. Es war der Glaube, daß der Mensch die Natur verstehen und beherrschen könnte.

Ein markantes Beispiel: Rudolf Virchow, Arzt, Forscher und Kämpfer für den Liberalismus gegen Bismarck, sagte 1865 auf der 40. Versammlung der Deutschen Naturforscher und Ärzte: «Es ist die Wissenschaft für uns Religion geworden». Oder 1873: «Einen Glauben haben auch wir: den Glauben an den Fortschritt in der Erkenntnis der Wahrheit». Emil Du Bois-Reymond sprach von der «Naturwissenschaft als von der Weltbesiegerin unserer Tage». Dieser Glaube beherrschte die Welt von Wissenschaft und Industrie bis zum Ersten Weltkrieg. Im Januar 1911 erklärte Emil Fischer in der Gründungsversammlung der Kaiser-Wilhelm-Gesellschaft – in Ehrlichs Gegenwart und auf sein Werk anspielend –, daß die Zukunft nicht in der Eroberung von Kolonialreichen läge, sondern «daß die Chemie und mit ihr allgemein gesprochen die gesamte Naturwissenschaft das wahre Land der unbegrenzten Möglichkeiten ist». Es war ein Glaube, der sich auf Beweise stützen konnte; es war die Zeit der Triumphe der praktischen Erkenntnis, ganz unmittelbar im Kampf gegen Infektion, gegen Seuchen, gegen das Elend des Kindersterbens.

Das waren öffentliche Bekenntnisse. In den vielen unveröffentlichten Briefen von Wissenschaftlern, die ich gelesen habe, Briefen von Einstein, Haber und Willstätter, spürt man die Bescheidenheit, die Unzufriedenheit mit eigener Arbeit – gerade weil man vom Wissenschaftsglauben erfaßt war, weil man das Land der «unbegrenzten Möglichkeiten» vor Augen hatte. Menschliche Schwächen wie Ehrgeiz und Eifersucht, wie Verlangen nach Anerkennung gab es auch. Aber je erhabener die Ansprüche der Wissenschaft, desto verständlicher wirkt die Bescheidenheit des Einzelnen. Charakteristisch für Willstätter war seine Bitte an Ehrlich im Jahre 1903, «die wissenschaftliche Einschätzung, welche Sie so gütig mir zuerkennen, sehr,

sehr herabmindern zu wollen. Die Empfindung ist für mich drückend, von einem Forscher, den ich so hoch verehre, überschätzt zu werden. Ich fühle mich so als Anfänger ...».[2]

Der Aufstieg der Naturwissenschaften hatte auch seine Kritiker und Gegner, Männer, die im Wissenschaftsglauben tiefe Gefahren witterten; ich denke hier an Nietzsche und in verwandter, verwandelter Weise an Max Weber. Auch gab es Gruppen, die ihr eigenes Interesse gefährdet sahen, die glaubten, daß ihr moralisches Monopol, sei es in der Bildungswelt oder auf religiösem Gebiet, von der positivistischen Wissenschaft bedroht würde. Daß auf religiös-kirchlicher Seite die Anmaßung der Wissenschaft auf Gegnerschaft stieß, ist bekannt und verständlich. Wie bei vielen geistigen Auseinandersetzungen gab es auch hier Ängste und Mißverständnisse. Viele der großen Wissenschaftler spürten in sich selbst ein Gefühl für das Mysteriöse und hofften, der Menschheit zu dienen und zu helfen, ohne den Glauben an das bleibende Unerklärliche zu zerstören.

Es war diese Welt des Fortschritts, in die Paul Ehrlich hineingeboren wurde und die er in einzigartiger Weise bereichert hat. Er wurde 1854 in Strehlen, in der Nähe von Breslau, jetzt in Polen, in eine wohlhabende schlesisch-jüdische Familie geboren. Sein wissenschaftliches Interesse wurde von seinem Vetter, dem Chemiker Carl Weigert, geweckt. Er promovierte als Arzt, aber schon bei der medizinischen Ausbildung war er von der physiologischen Forschung gefesselt und erkannte die ungeheuren Möglichkeiten, die die von der Industrie hergestellten Farbstoffe für physiologische Untersuchungen darstellten. «Es war», wie Otto Warburg es beschrieb, «die Morgendämmerung jener großen Zeit, in der Medizin und Chemie, zum Heil der Menschheit, ihr Bündnis schlossen.»

Ehrlichs wissenschaftlicher Lebensweg war nicht leicht. Er war ein Einzelgänger: zwar Arzt, aber nicht bereit, in die klinische Praxis zu gehen; zwar Forscher, aber ohne den Ehrgeiz, Lehrverpflichtungen zu übernehmen. Er hatte eine «Liebe» – wie Willstätter sagte – zu den neuen Farbstoffen und besonders zu Methylenblau. Er hatte ein intuitives Verständnis für die Verbindung von Chemie, Biologie und Medizin. Es gab bereits berühmte Erfolge, wie z.B. Louis Pasteurs Heilung der Tollwut. Ehrlich begann, sich mit natürlicher Immunität und deren chemischer Steigerung zu beschäftigen. Schließlich wurde er zum Erfinder der Chemotherapie; er selbst hat das Wort geprägt. Aber weder Ehrlich mit seinem Unabhängigkeitsverlangen noch seine Arbeitspläne paßten in die damalige Struktur der Wissenschaft. Nur die Förderung durch drei außergewöhnliche Männer gab Ehrlich die Chance zur vollen Entfaltung seiner genialen Gaben.

Im Jahre 1878 holte der berühmte Internist Theodor Frerichs, zeitweise Bismarcks Arzt, den jungen Ehrlich an die Charité. Frerichs selbst glaubte, daß die exakten Methoden von Physik und Chemie auch im medizinischen Bereich existentiell waren, und unter Frerichs verständnisvoller Obhut konnte Ehrlich sich ganz seinen Forschungen widmen, Frerichs erkannte das junge Genie, auf das die Worte Theodor Fontanes, in der damaligen Zeit gedichtet, paßten:

Gaben, wer hatte sie nicht? Talente, Spielzeug für Kinder.
Erst der Ernst macht den Mann, erst der Fleiß das Genie.

Ernst und Fleiß, eiserne Konzentration und hinreißendes Vergessen aller Nebensächlichkeiten kennzeichneten bereits den jungen Paul Ehrlich. Im Jahre 1882 hielt Robert Koch seinen berühmten Vortrag über Tuberkolose: «Jeder», schrieb Ehrlich später, «der diesem Vortrag beigewohnt hat, war ergriffen, und ich muß sagen, daß mir jener Abend stets als mein größtes wissenschaftliches Erlebnis in Erinnerung geblieben ist.»

Für Ehrlich wurden Frerichs und Koch zu Vorbildern – und gleichzeitig zu wichtigen Förderern. Als Koch – nur 11 Jahre älter als Ehrlich – im Jahre 1910 starb, schrieb Ehrlich einen langen Nachruf, der auch für Ehrlichs eigenes Leben aufschlußreich ist. Das unbewußt Autbiographische sollte bei Nachrufen nicht überhört werden. Es war von den «epochenmachenden Arbeiten des jungen Wollsteiner Arztes, Robert Koch», die Rede, die die «Spezifizität der Bakterienarten und ihrer alleinigen Verantwortlichkeit für die Entstehung der Infektionskrankheiten» bewiesen. Ehrlich erwähnte die äußeren Umstände, die Koch geholfen hatten: Unbekannt und abseits von den Stätten wissenschafticher Forschung [...] hatte er sich in Probleme vertieft, um deren Erschließung die Ersten der Wissenschaft vergeblich kämpften, und konnte sie durch scharfsinnige, unermüdliche Arbeit in einem Grade der Vollendung beantworten, welcher die Bewunderung und rückhaltlose Anerkennung der Zeitgenossen erwecken mußte. Und vielleicht war es gut so, daß dem Genie und der Energie, die sich hier in einer Persönlichkeit zu so ungewöhnlich starkem Ausdruck vereinigten, freier Lauf gelassen wurde, den bahnbrechenden Ideen unbeeinflußt und ungehindert nachzugehen.» Traf nicht gerade das auch auf Ehrlich zu?

Und noch mehr: «Daß einem solchen Manne, dem Heros der Wissenschaft, dem kühnen und siegreichen Führer im Kampfe gegen die gefährlichsten Volksseuchen, dem allgefeierten Kulturträger die größten äußeren Ehrungen zu Teil wurden, erscheint selbstverständlich [...]. Bewunderungswürdig bleibt für uns alle, die wir ihn erlebt haben, sein meisterhaftes Forschergenie, sein überlegener Verstand, seine unerschöpfliche Leistungsfähigkeit, seine gigantische Energie und nicht zuletzt sein heroischer Mut, der ihn den größten Gefahren trotzen ließ und der ihn befähigte, das zu werden, was er uns allen und der Nachwelt war: ein Beschützer der Volkswohlfahrt, ein siegreicher Feldherr und Führer im Kampfe gegen ihre schlimmsten Feinde.» So gedenkt man eines Vorbildes – ohne zu wissen, wie weit man dieses Vorbild selbst erreicht hat. Ehrlichs Nachwelt weiß es.

Heute mag man den etwas militaristischen Klang bedauern, aber auch Ehrlich konnte sich nicht vom wilhelminischen Ton freimachen. Außerdem war es das Zeitalter des allmächtigen «Chefs», des Siegers in der Wissenschaft, der Untergebenen in Labor und Klinik. Und Ehrlichs eigenes Leben war durch Kampf bestimmt – umso verständlicher die militärischen Metaphern.

Im März 1885 starb Frerichs eines plötzlichen Todes; sein Nachfolger hatte nicht das notwendige Verständnis für Ehrlich und stellte ihn in den klinischen Dienst – auf Kosten seiner wissenschaftlichen Arbeit. So begann eine unbefriedigende Zeit an der Charité für Ehrlich und seine Frau, Hedwig Pinkus, die er kurz zuvor geheiratet hatte. Ihre Liebe, ihr Verständnis und Vermögen erleichterten sein Leben von da an.*

* Ehrlichs Brautbriefe an seine neunzehnjährige Verlobte sind voller Liebe und Offenheit, im Stil ganz er selbst, in der Form beherrscht von der damaligen Vorstellung des besonderen Anstandes und des Edelmuts der Frau. Er bedankt sich, daß sie seine «Begeisterung für das Gute und Schöne» wieder erweckt habe, aber: «Schade daß die abhaltungen u. die prosa des lebens sich so in den vordergrund drängen daß ich kaum Zeit habe Dir [...] das

Im Jahr 1890 konnte Robert Koch mitteilen, daß er ein Heilmittel gegen Tuberkulose gefunden habe, Tuberkulin genannt. Dieser in der ganzen Welt gefeierte Erfolg führte 1892 zur Gründung eines staatlichen Instituts für Infektionskrankheiten, das schon damals ganz bewußt als Notwendigkeit im internationalen Wettbewerb bezeichnet wurde. (Die Tatsache, daß im gleichen Jahr Bismarcks Bankier Gerson von Bleichröder – und zwar anonym – eine Million Mark für ein Krankenhaus zur Verfügung gestellt hatte, das nach Kochs Methode behandeln sollte, fand in der Literatur, selbst in der ausführlichsten Biographie Kochs, keine Beachtung). Im selben Jahr rief Koch den von ihm sehr geschätzten Ehrlich als «wissenschaftlichen Mitarbeiter» ans Institut. Das Institut selbst sollte sich mit sämtlichen Infektionskrankheiten beschäftigen – besonders, nachdem sich das Tuberkulin als nicht erfolgreich erwiesen hatte.

Im Kochschen Institut begann die Zusammenarbeit von Emil von Behring und Ehrlich, zwei sehr verschiedenen Wissenschaftlern, der eine eher autoritär und kampfsüchtig, der andere verwundbar-trotzig, zurückhaltend und eher weltfremd. Es war ein gemeinsamer Kampf gegen Diphterie, an der allein in Deutschland jährlich 45000 Kinder erkrankten und bei der die Hälfte der Kinder eines qualvollen Todes starben. Behring entdeckte ein Anti-Toxin, aber erst Ehrlich fand heraus, wie man das Serum durch langsam steigende Injektionen bei Pferden erzeugen und wie man die erforderliche Dosis für Menschen standardisieren konnte. Durch Vermittlung von August

was ich empfinde, mit wenig worten anzudeuten». (Ehrlich an Pinkus, 28.7. u. 27.2.1883; Paul Ehrlich-Archiv). Ehrlich behielt die Eigenart seiner Schreibweise bei – fast alles wurde klein geschrieben, und auch mit Satzzeichen wurde sehr gespart.

Laubenheimer wurden die Farbwerke Hoechst mit der Herstellung des Präparats beauftragt – «auf jedem Fläschchen Diphterieserum der Hoechster Farbwerke ist zu lesen: Hergestellt nach Behring-Ehrlich».[3]

Behring und Ehrlich hatten 1892 einen Vertrag geschlossen, der die Verteilung der Gewinne festlegen sollte. Ihre gemeinsame Arbeit befreite die Menschheit von einem entsetzlichen Elend der damaligen Zeit. Aber die erfolgreiche Zusammenarbeit von Behring und Ehrlich wurde durch einen immer wieder aufkommenden Streit gestört.

Ehrlich brauchte Hilfe und fand sie bei Friedrich Althoff, dem heute noch umstrittenen Ministerialdirektor im preußischen Kultusministerium, dem leitenden Geist in der preußischen Wissenschaftspolitik von 1882 bis 1907. Althoff hatte den Ehrgeiz, die preußischen Universitäten und Forschungseinrichtungen zu den besten in der Welt zu machen, auch gegen den Willen sturer Professoren, auch gegen deren Pochen auf Autonomie, auch gegen Vorurteile konfessionellen Ursprungs. Althoff wußte, daß im Kampf gegen Infektionskrankheiten Ehrlich einer der genialsten – schließlich auch der erfolgreichsten – Wissenschaftler war. Sehr bald entwickelte sich eine wirkliche Freundschaft zwischen Althoff und Ehrlich – aus der auch Althoff Anregung und Förderung gewann.

Althoff erkannte, daß Ehrlichs untergeordnete Stellung im Kochschen Institut unbefriedigend war. Dementsprechend errichtete er 1896 das staatliche Institut für Serumforschung und Serumprüfung in Steglitz und ernannte Ehrlich als Direktor. Aber auch dies war nur eine provisorische Lösung; es gelang Althoff, den Frankfurter Bürgermeister Franz Adickes zu überzeugen, daß es für seine Stadt ruhmreich wäre, für Ehrlich das Königliche Institut für experimentelle Therapie zu gründen – mit Mitteln der Stadt und des preußischen Staates. Ehrlich zog nach Frankfurt, wo das Institut 1899 eingeweiht wurde. 1906 wurde eine von Althoff und Ehrlich lang gehegte Hoffnung Wirklichkeit: Die Witwe des jüdischen Bankiers Georg Speyer übergab Ehrlich ein weiteres Haus für seine chemotherapeutische Forschung und unterstützte die Arbeit mit großzügigen Spenden aus der Speyerschen Stiftung. Und trotz der Tatsache, daß Ehrlich mit bescheidenen, ja primitiven Ausrüstungen arbeitete, wuchs das Institut. Man nahm neue Aufgaben in Angriff und holte neue Mitarbeiter; Geldmittel waren freilich meist knapp. Althoff war sich stets der großen ausländischen Konkurrenz bewußt, und in einem privaten Brief an Ehrlich beklagte der Ministerialdirektor, der im Auftreiben privater Gelder recht geschickt war: «Es ist sehr bedauerlich, daß wir in Deutschland nicht auch reiche Leute haben, die unsere Institute in ähnlicher Weise bedenken, wie dies dem Institut Pasteur zutheil geworden ist. [...] Warum können denn nicht die Frankfurter Croesusse wie z.B. B. Metzler [...] etc. nicht Millionen für Ihr Institut spenden!»[4]

In Frankfurt hat Ehrlich seine großartigen theoretischen wie praktischen Entdeckungen vollbracht. Hier hat er seine berühmte Immunitätsforschung betrieben, hier hat er bewiesen, daß die Antikörperbildung so stimuliert werden kann, daß die zur Abwehr von Infektionen dienenden Substanzen in einer für die praktische Behandlung genügenden Stärke produziert werden konnten. «Mit genialer Intuition» – so später Ehrlichs englischer Freund und Nobelpreisträger Sir Henry Dale – entwickelte er seine «Seitenkettentheorie», auf der noch die heutige Chemotherapie beruht. Er suchte «nach Substanzen, die auf Grund ihrer chemischen Struktur und ihrer bindungsfähigen Eigenschaften sich direkt an die infizierenden Organismen verankern und diese dadurch töten oder schwächen, aber die Gewebe des infizierten Patienten unbeschädigt lassen».

Im Ehrlich-Archiv sind hoch aufschlußreiche, private Briefe zu finden, die die engen freundschaftlichen Beziehungen zwischen Althoff und Ehrlich bezeugen und die gleichzeitig über Ehrlichs leidige Kämpfe berichten. Althoff war Freund, Gönner und Vermittler; der Hauptstörenfried war Behring, dessen Arbeit Althoff auch förderte. Schon 1900 mußte Althoff Ehrlich versichern: «Von Feldzügen bei uns gegen Sie wird niemals die Rede sein. [...] Der beständige kleine Krieg [mit Behring] darf im Interesse Ihrer beiderseitigen Arbeiten nicht permanent werden».[5] Es ging um Geld und auch um Behrings ungenügende Anerkennung von Ehrlichs Verdiensten. Sechs Jahre später klagte Ehrlich, daß Behring ihn schon vor längerer Zeit in Sachen Diphterie-Serum benachteiligt habe und jetzt noch Forderungen an Ehrlichs Institut stelle: «Noch immer steigt ein Gefühl tiefer Bitterkeit in mir auf, wenn ich an diese Zeit denke, nicht wegen des materiellen Verlustes, den ich verwunden habe, sondern wegen der großen Rücksichtslosigkeit, mit der v. Behring die Partie begonnen und durchgeführt hat. Erst durch mich ist er in den Sattel gelangt und seine erste Handlung war ein Fußtritt für den Helfer, dessen Beistand ihm zwar unangenehm, aber notwendig war.» Jetzt aber erneut Schaden zu erleiden für sein Institut, das war für Ehrlich unakzeptabel: «Ich kann wohl, ohne unbescheiden zu sein, sagen, daß das Institut in der Entwicklung der modernen Immunitätslehre nicht nur als prüfungstechnisches Institut sich überall volle Anerkennung errungen und vorbildlich gewirkt hat, sondern daß auch die Arbeiten von mir und meinen Mitarbeitern in hohem Grade dazu beigetragen haben, den Gang des modernen wissenschaftlichen Lebens zu fördern.»[6] Althoff, stolz auf Ehrlichs Institut, agierte als sein Beschützer.

Ehrlich wollte seine wichtigste Arbeit Althoff widmen, der die Ehre mit verständlicher Genugtuung annahm: «Ihre Absicht, die Publikation Ihrer bahnbrechenden Untersuchungen über die Seiten-Ketten-Theorie mir zu widmen, hat mich sehr gerührt. Ich fühle mich zwar einer so hohen Auszeichnung durchaus nicht würdig, da ich aber schon so viele und zum Theil wirklich unverdiente Angriffe zu erfahren hatte, so nehme ich die ebenso unverdiente Ehre, die mir von einem so vortrefflichen Freunde geboten wird, mit herzlichem Dank an».[7] Als Althoff 1907 aus Gesundheitsgründen sein Amt niederlegen mußte, schrieb Ehrlich ihm einen offiziellen Brief, der Althoff so erfreute, daß er ihn (in seiner Orthographie) kopierte und an Freunde verteilte: «Sie haben den Fortschritt der Wissenschaft auf allen Gebieten mehr gefördert als irgend ein anderer und glaube ich, daß es Ihnen vor allen zu danken ist, wenn wir zur Zeit noch die führende Stellung einnehmen. Möge die Zukunft verhindern, daß sie uns entgleite. Ich persönlich danke Ihnen ja meine ganze Carriere und die Möglichkeit, meine Ideen nutzbringend auszugestalten. Als Assistent herumgeschubst, in die engsten Verhältnisse eingezwängt – von der Universität absolut ignoriert – kam ich mir ziemlich unnütz vor. Ich habe nie einen Ruf an die kleinste Stellung erhalten und galt als ein Mensch ohne Fach – d.h. als vollkommen unverwerthbar. Wenn Sie da nicht mit starker Hand und genialer Initiative für mich eingetreten wären, wenn Sie mir nicht mit rastlosem Eifer und gütiger Freundschaft die Arbeitsmöglichkeiten zurecht gemacht hätten, wäre ich vollkommen brachgelegt worden». Eine für Ehrlich typische, großzügige Danksagung – wenn auch etwas ungerecht gegenüber Frerichs und anderen früheren Förderern.

Althoff starb 1908 – kurz bevor sein Schützling die größte Auszeichnung bekam: den Nobelpreis (geteilt mit Elias Metschnikoff) für seine Immunitätsforschung. Vorher und nachher kamen andere Auszeichnungen: Ehrendoktor in Oxford und von anderen Universitäten, Orden und Ehren, Honorarprofessur und die kaiserliche Ernennung zum wirklichen Geheimen Rat mit dem Prädikat Exzellenz, eine seltene hohe Ehre. Ehrlich wurde einer der Gründungssenatoren der Kaiser-Wilhelm-Gesellschaft. Nach der Erfindung des Salvarsans wurde Ehrlich für einen zweiten Nobelpreis nominiert, aber sein früher Tod verhinderte diese besonders seltene Auszeichnung.

Mit Anerkennung und Erfolg kamen auch immer wieder Streit und Anfeindungen. So mußte Ehrlich sich gegen Angriffe des Schweden Svante Arrhenius wehren, dem 1905 ein Nobelinstitut für physikalische Chemie errichtet wurde. Im Zusammenhang mit dieser Fehde bemerkte Ehrlich in einem Brief an seinen alten Freund und Kollegen Albert Neisser: «Aber die physikalischen Chemiker bilden eine der bestorganisierten Cliquen, die überhaupt in der Welt existieren und gehen wie ein Mann vor, um sich gegenseitig zu poussieren.» [8]

Ehrlichs Arbeitsfeld war international, sein Ruhm in der wissenschaftlichen Welt weitverbreitet. Er hielt im Jahr 1904 Vorträge in Amerika wie auch später in England und ganz Europa; mit seinen oft improvisierten Vorträgen, wie er selbst sie beschrieb, gewann er enge Freunde in Amerika wie in England. Amerikanische Freunde veranlaßten John D. Rockefeller, dem Ehrlichschen Institut $ 10000 als Unterstützung zukommen zu lassen. Er hatte Kontakte mit Kollegen auf jedem Kontinent: Er bat um Schlangengift aus

Afrika, beschäftigte sich mit Tropenkrankheiten, wie der afrikanischen Schlafkrankheit, pflegte enge Beziehungen mit japanischen und selbstverständlich auch mit europäischen Forschern. Der große, für einige Zeit letzte internationale Medizinerkongreß in London 1913 feierte Ehrlich als den angesehensten Forscher der Welt. Im medizinischen Bereich zeichnete sich bereits so etwas wie eine «Globalisierung» ab, beherrscht allerdings vom Westen.

Im Jahre 1911 hielt Ehrlich ein Referat über Salvarsan beim Naturforscherkongreß in Karlsruhe – auf jener Tagung, bei der Haber und Einstein sich zum ersten Mal trafen. Ein Jahr später hielt Ehrlich den Hauptvortrag «Moderne Heilbestrebungen» in Habers Kaiser-Wilhelm-Institut. Ehrlich, Haber und Einstein: zwei Generationen deutsch-jüdischer Wissenschaftler, die ihr Land geistig wie materiell bereicherten und sein weltweites Prestige erhöhten. Eine Dreiergruppe verschiedener Menschen, sie alle hervorragende Zeugen einer zweiten Geniezeit.

Ehrlichs Institut befaßte sich mit einer Vielzahl von Krankheiten und war unter den ersten, die sich der Krebsforschung widmeten. Ehrlichs größter Erfolg war das Salvarsan – das Präparat war bekannt als «606«, der Name «Salvarsan» brachte die Heilung durch Arsen zum Ausdruck. Ehrlich hatte es zusammen mit seinem japanischen Assistenten Sahachiro Hata als Chemotherapie gegen den Syphiliserreger entwickelt. Es ermöglichte die bis dahin erfolgreichste Heilung der Syphilis, die gerade in jenen Jahren immer neue Opfer forderte und in ihrem dritten Stadium den Menschen elend umkommen ließ. In den großen Dramen der damaligen Zeit – z.B. bei Ibsen – wurde die Tragik der Syphilis geschildert, wenn auch der gute Ton verlangte, daß man die Krankheit mit Schweigen umhüllte. Noch einige Jahrzehnte zuvor hat ein berühmter englischer Arzt, Samuel Solly, die Syphilis gelobt, als Gottes Strafe für Sünder, als Mahnung zum Anstand. (Ähnlich wie heute der Kampf gegen AIDS mit stark beschränkten Mitteln geführt wird.) Paul Ehrlich hat die Menschen weitgehend von dieser Seuche befreit – was von den Scheinheiligen der damaligen Zeit nicht ohne Kritik aufgenommen wurde.

Ehrlich selbst hatte andere Sorgen. Bei dem Internistenkongreß 1910 in Wiesbaden verteilte er 65000 Einheiten von Salvarsan an Kollegen. Mit kaum vorstellbarer Akribie verfolgte er die Resultate der Anwendung dieses Präparats. Ein «Salvarsankrieg» entbrannte: Es gab unzählige Anklagen gegen Ehrlich wegen angeblicher Nebenwirkungen oder wegen Versagens der Behandlung. «Das Unangenehmste», schrieb Ehrlich 1910, «aber ist, daß die wissenschaftliche Überzeugung, daß man mit einem großen, unter Umständen selbst nicht ungefährlichen Schlage die Krankheit brechen soll und nicht die Patienten durch eine milde aber unwirksame Kur ihrem Schicksal zutreiben lassen soll, mit meiner persönlichen Eigenart, die durchaus nichts kühnes an sich hat, in einem strikten Gegensatz steht.»

Mißerfolge Ehrlichs wurden von seinen Gegnern mit großer Schadenfreude gemeldet, und Frau Ehrlich notierte in ihrem Tagebuch: «Paul sehr verstimmt [...] er sagt, ein Brasilianer habe ihm erzählt, daß Prof. Finger [?] [in] Wien zwei Taubheitsfälle in Folge von 606 auf seiner Klinik habe und er halte das Mittel für giftig und werden Front dagegen machen».[9] Auch wurde ein Prozeß wegen der Salvarsanbehandlung geführt, und Ehrlich mußte vor Gericht erscheinen.

Ehrlich war selber besorgt, was Wirksamkeit oder mögliche falsche Anwendung von Salvarsan anlangte. Er selbst betonte, daß «der Schritt vom Laboratorium zum Krankenbett [...] ein außerordentlich schwieriger und gefährlicher [ist]«. Mit Recht witterte er Feinde, und Anfang 1911 schrieb er an Simon Flexner in Amerika: «Für mich war das vergangne Jahr ein recht hartes und ich spüre es wirklich an meinen Nerven wie kaput ich bin. Ich muß auch sagen, ich hätte alt werden und sterben können, ohne von der Gemeinheit der Menschen, wie ich sie jetzt kennen lernen mußte, überhaupt eine Ahnung zu haben.» Ständige Aufregung kam hinzu zu der beispiellosen Arbeitslast. Schließlich erwies sich Salvarsan als Erfolg: Ehrlich befreite Unzählige vor ihrer oft tödlichen Krankheit – und er selbst erlitt schwersten Schaden an der eigenen Gesundheit.

Sein 50. Geburtstag im Jahr 1914 wurde mit einer großen Anerkennung seines Schaffens gefeiert. Eine umfassende Festschrift brachte «eine Darstellung seines wissenschaftlichen Wirkens». Trotz seines Mottos «viel arbeiten, wenig publizieren» hatte er 1914 bereits 212 Arbeiten veröffentlicht, die erste mit 23 Jahren. Die Bewunderung seiner Kollegen galt nicht nur den Erfolgen, sondern auch der meisterhaften Methode der Arbeit. Und die wiederum spiegelte seinen sicheren Sinn für die Aufgaben und Möglichkeiten der Wissenschaft wider: «Wir sind nicht Meister, sondern Schüler der Natur». Innerhalb des Instituts galt der Grundsatz: «Einheitliche Richtung der Forschung bei möglichst selbständigen Leistungen des Einzelnen». Ehrlich selbst bemerkte, er sei besonders stolz auf seine «Kunst des Abmarschs», d.h. er verlor keine Zeit mit dem, was ihm keine Freude machte, sondern überließ anderen die Ernte von vielen seiner genialen Einfälle. Viele haben von seinen Ideen profitiert, und die meisten haben auch gerade seine ethische Haltung, seine große Vorsicht bei der Einführung neuer Arzneien als vorbildlich gelobt.

Von den vielen Würdigungen Ehrlichs möchte ich aus Richard Willstätters Überblick zitieren, dessen Formulierung den Gedanken von einer zweiten Geniezeit verdeutlicht: «Vor unseren Augen erheben sich die Bilder großer Denker und Künstler früherer Zeiten [...], wenn wir die Universalität der Arbeit Paul Ehrlichs bewundern, und wenn wir in seinem Wirken als Chemiker die Vielseitigkeit, bei aller Vielseitigkeit aber die Vertiefung in die Aufgaben der organischen Chemie kennen lernen. [...] Als Chemiker ist Paul Ehrlich keines anderen Meisters Schüler; er wird von keiner Strömung seiner Zeit getragen oder auch nur beeinflußt; durch die Intuition und Kraft seiner Person werden uns weite neue Gebiete erschlossen». Die moderne Chemotherapie hatte wahrlich einen großen Erfinder.

Noch ein Wort zur Persönlichkeit: Bekannt für seine Arbeitswut, für seine sprühenden, spontanen Monologe über wissenschaftliche Fragen, war er doch auch ein liebevoller Ehemann und glücklicher Vater von zwei Töchtern – deren Vermählung er noch erlebte. Hier war ihm großes Glück beschert, anders als Haber und Einstein. In der Wissenschaft (nicht in der Literatur) war er ungeheuer belesen und entwickelte das «diagonale Lesen», wie er es nannte. Mit der größten Geschwindigkeit konnte er jede Seite von links oben bis rechts unten überfliegen, um nur bei dem für ihn Wichtigen Halt zu machen. Er war stets gehetzt. Seine Frau bemerkte: «Paul kann immer nur in letzter Minute arbeiten».[10] Zur Entspannung las er Kriminalromane (wie auch Haber); Conan Doyles Bild hing in seinem Arbeitszimmer. Vielleicht bestand eine Art Wahlverwandtschaft mit Sherlock Holmes: Ehrlichs Motto «Wir müssen zielen lernen» paßte auch auf Holmes' trainierten Spürsinn. Beide waren Entdecker von oft tödlichen Geheimnissen.

Auf die eigene Gesundheit nahm Ehrlich nie Rücksicht. Schonung gab es nicht – und in unseren Augen auch keine Vernunft: Die stärksten Zigarren den ganzen Tag über und Mineralwasser waren seine unentbehrliche Diät. Ferien und regelmäßiges Essen empfand er wohl eher als lästige Unterbrechungen, die er seiner Familie zu Liebe hinnahm.

Im Winter 1914/15 kam es zur physischen Erschöpfung. Im August 1915 starb er, als durch den Weltkrieg die Wissenschaft ihre Unschuld verlor und Ehrlichs eigene Welt zerstört wurde.

Emil von Behring sprach am offenen Grab und beschrieb Ehrlich als «Magister mundi» in der medizinischen Wissenschaft und als «Anima candida» in seiner Persönlichkeit: «In unserem harten Zeitalter eines rücksichtslosen Kampfes ums Dasein bliebst Du stetig von solcher Lauterkeit und Reinheit der Gesinnung und von solcher Zartheit der Empfindung, daß, wer Dich kannte, heftige Gewissensbisse empfinden mußte, wenn er jemals es über sich gewann, Dich rauh anzufassen [...]». Verspätete Gewissensbisse, eine Beichte am Grab? Und doch: der Freund-Feind hat ihn erkannt.

Abschließend noch ein flüchtiger Blick auf Ehrlich im politisch-historischen Kontext seiner Zeit. Für Politik scheint bei Ehrlich kaum Zeit geblieben zu sein, und doch wissen wir um zwei – in gewissem Sinne – entgegengesetzte Beteiligungen an historischen Ereignissen. Chaim Weizmann besuchte Ehrlich 1913 in seinem Labor und gewann ihn als wichtigen Mithelfer für die Gründung einer Jüdischen Universität in Jerusalem. Für Weizmann war Ehrlichs Unterstützung von größter Bedeutung. Nach einem Besuch in Paris im Februar 1914 schilderte Ehrlich seinen Eindruck von einem möglichen französischen Einsatz für die geplante Universität, die ja von Edmond de Rothschild finanziert werden sollte. Sein Bericht über ein Gespräch mit dem Pariser Arzt und Wissenschaftler Georges Widal erlaubt auch einen Blick auf seine eigene Einstellung: «Widal steht den nationalen Fragen mit ziemlicher Indifferenz gegenüber. [...] Zum Teil kommt ja bei Widal auch in Betracht, daß er, trotzdem er Jude ist, davon nichts an seinem eigenen Leibe gemerkt hat, indem er – er ist ja auch allerdings etwas ganz hervorragendes – von Anfang an eine glänzende Karriere gemacht hat.[11] Weizmann hoffte, daß Ehrlich einen Plan für ein Forschungsinstitut in Jerusalem ausarbeiten würde, der dann Baron Rothschild unterbreitet werden sollte. Der Ausbruch des Krieges bedeutete ein Ende des Plans. Klar ist, daß Ehrlich – im Gegensatz zu den meisten deutschen Juden – sich für eine «jüdisch-nationale» Sache einsetzen wollte.

Aber – im Gleichklang mit den meisten deutschen Juden – konnte er auch die «deutsch-nationale» Seite im Weltkrieg unterstützen. Auch Ehrlich unterschrieb das berüchtigte «Manifest der 93« im Oktober 1914 – sicher sehr zum Kummer seiner vielen Freunde und Bewunderer im feindlichen Ausland. Leider gibt das Ehrlich-Archiv keine Hinweise, wer ihn zur Mitwirkung bewegt hat; Haber und Willstätter waren jedenfalls beteiligt.[12]*

Paul Ehrlich war und blieb Jude; gleichzeitig fühlte er sich und zwar mit absoluter Selbstverständlichkeit als Deutscher – und als Deutscher wurde er im Ausland gefeiert. In Deutschland erlitt er die Zurücksetzung,

* Details über das Manifest finden sich im Aufsatz «Freunde im Widerspruch. Haber und Einstein» im vorleigenden Band. Es entbehrt nicht einer gewissen Ironie, daß einer der bekanntesten deutschen Pazifisten, Friedrich Wilhelm Foerster, in seinem Dank an Martha Marquardt für ihre Erinnerungen an Ehrlich, schrieb: «Ja, das ist der Deutsche wie ihn Gott gewollt hat.» (Brief Foerster an Marquardt, Paris, 17.9.1929, Ehrlich-Archiv).

erlitt er die Entäuschungen, die das Los aller Juden waren. Ich glaube, keiner von den großen jüdischen Forschern konnte dem beinah selbstverständlichen Vorurteil entfliehen; weder Taufe noch überragende Leistungen konnten an der Grundanschauung der Gesellschaft rütteln. Bei allem Erfolg gab es auch bei Ehrlich Momente der Zurücksetzung und der Anfeindung; auch war er bekümmert über die viel schlimmeren Hindernisse, die Glaubensgenossen ohne Genie in den Weg gestellt wurden. Bei ihm selbst – auch das war smptomatisch für die Zeit – wurden Kränkungen gemildert durch den persönlichen Einsatz von Kollegen und Vorgesetzten, die Ehrlich schätzten und ihm praktisch wie menschlich Unterstützung boten. Ich denke hier an Frerichs, Koch, Althoff, die Liste ließe sich fortsetzen. Auf gehobener Ebene war Deutschland von harmonischer Kreativität gezeichnet. Das Vorurteil – ich benutze absichtlich nicht das Wort Antisemitismus, weil es einen rassistischen und populistischen Beigeschmack hat – war beinahe universell. Dieses Ressentiment gegen Juden hatte für Deutsche eine gewisse Verführungskraft – und brachte ihnen möglicherweise auch Vorteile; es erlaubte ihnen, in einem Erhabenheits-Gefühl zu schwelgen; gewisse Eigenschaften wurden als typisch jüdisch bezeichnet, so der rücksichtslose Ehrgeiz, das zähe Sich-Durchsetzen, das Streben nach Macht und Geld. Diese Eigenschaften anderen zuzuschreiben stärkte das Gefühl der eigenen sittlichen Überlegenheit, das Vorurteil vermittelte das Gefühl eigener Erhabenheit. Aber es sollte gleichzeitig auch eine doppelte Angst verbergen: die Angst, sich mit den verurteilten Eigenschaften anzustecken oder sie gar schon zu besitzen, und die Angst, daß die Juden gerade durch diese Eigenschaften den christlichen Kollegen ihre Stellung, ihr geistiges Patrimonium streitig machen könnten.

Deutsche Juden erlebten Feindschaft und Freundschaft. Die Hindernisse, die das Vorurteil in den Weg stellte, hatten oft die entgegengesetzte Wirkung: Der Antisemitismus ganz allgemein war ein Stachel für Juden, sich zur Über-Leistung zu zwingen, sich zu behaupten in einem oft unbewußten Wettkampf. Antipathien gegenüber Juden als ungewollter Ansporn in einer Gesellschaft, in der die Assimilation weit fortgeschritten war – auch das kann man im Leben Ehrlichs und seiner Kollegen erkennen. So hat die Gesellschaft des Kaiserreichs mehrfachen Vorteil aus ihren ererbten Vorurteilen gezogen: eine gewisse psychische Genugtuung und die eigentlich nicht gewollte gesteigerte Leistungsfähigkeit und Opferbereitschaft jüdischer Forscher. Die Leistungen von Ehrlich und Haber haben dem kaiserlichen Deutschland, haben der deutschen Industrie unermeßliche Vorteile gebracht und erheblich zu Deutschlands Weltrang beigetragen. Für die Medizin und die Naturwissenschaft ist das auch aus soziologischer Sicht untersucht worden, wie z. B. von Shulamit Volkov: Der junge begabte Forscher wurde zu Anfang zurückgesetzt, kam daher auf weniger belastete Stellen, wurde übergangen und länger zum Privatdozententum verurteilt; er konnte gerade deshalb seine eigene Arbeit pflegen, sich zum Spezialisten ausbilden. Abschließend ist zu bemerken, daß es Paul Ehrlich erspart geblieben ist, den Untergang dieser einzigartigen christlich-jüdischen Zusammenarbeit zu erleben oder auch die Niedertracht der späteren Jahre zu erleiden.*

* Seiner Familie blieb diese Erfahrung nicht erspart. Seine Tochter Stephanie, verheiratet mit dem Großindustriellen Ernst Schwerin, führte einen glänzenden Salon in Breslau, in dem auch Gerhart Hauptmann nur zu gerne verkehrte – bis 1933. Ernst Schwerin wurde 1938 enteignet, ein Wort, das für deutsche Juden damals einen fatalen Doppelsinn hatte. Kurz danach emi-

Das neue Paul-Ehrlich-Institut beweist den Wandel der Zeit: Ehrlich hatte noch gesagt, er könne auch in einer Scheune arbeiten. Dieses Institut ist nun wirklich keine Scheune. Der Wandel bringt Gefahren mit sich. Der Wert, aber auch die großen Kosten der Naturwissenschaften sind heute allgemein anerkannt, wenn auch diese Wissenschaften ihre Unschuld verloren haben und die mit ihnen verbundene Technik in all ihrer Zweideutigkeit für das Leben vielen Menschen Sorge macht. Der Träger des weißen Kittels ist nicht mehr ganz so Gott, wie er es einst, noch in meiner Kindheit, war; auch er ist zu einem gewissen Grade entzaubert. Heute gilt das große Verlangen nach Verantwortung – die gerade auch diesem Institut anvertraut ist. Die heutige Wissenschaft ist mehr zu «big science» geworden und wird weniger von einzelnen Genies oder führenden Gestalten wie Koch, Ehrlich oder vielleicht zuletzt Robert Oppenheimer beherrscht.

Dieses Institut trägt einen großen ehrenwerten Namen. Das Gedächtnis an Paul Ehrlich ist Erinnerung an eine große Zeit – und Mahnung zugleich. Die deutsche Katatstrophe traf auch die deutsche Wissenschaft, wurde zum Teil durch die deutsche Wissen-

grierte die Familie Schwerin in die USA. Paul Ehrlichs Witwe emigrierte erst nach der «Reichskristallnacht».

Die Familie meiner Mutter war verwandt mit der Familie von Hedwig Ehrlich. Wichtiger war eine intime Freundschaft zwischen Stephanie Schwerin und meinen Eltern. Ich erinnere mich noch, im amerikanischen Exil Frau Ehrlich mit «Exzellenz» angeredet zu haben. Ich hielt die Begräbnisrede von Stephanie Schwerin in New York im Jahr 1966 und erwähnte, daß bei aller Güte Steffa Schwerin eine stille, aber gewichtige Autorität besaß, sie war eine Repräsentantin des deutschen Bürgertums. Ich selbst war Schüler in demselben Breslauer Gymnasium wie Paul Ehrlich – zu einer Zeit, da sein Name längst nicht mehr genannt werden durfte.

schaft ermöglicht. Wissenschaftler begingen die entsetzlichsten Greuel – oder schwiegen bei Verstößen gegen jeden menschlichen Anstand. Der Name Paul Ehrlich ist Erinnerung und Verpflichtung zugleich, auch und gerade moralisch-bürgerliche Verpflichtung. Der deutschen Wissenschaft, wie dem Lande überhaupt, ist etwas Großartiges und in der Geschichte und im Menschenleben Seltenes angeboten: ein zweite Chance, eine Chance des neuen Anfangs in einem neuen Europa. Für die Wahrnehmung dieser Chance, für den Erfolg dieses großen Instituts, für das moralisch-politische Engagement, das heute gefordert wird, wünsche ich Ihnen Erfolg; oder, um mit Paul Ehrlich zu schließen: Ich wünsche Ihnen die 4 Gs – «Geld, Geduld, Geschick und Glück».

Walther Rathenau
Der Weg in die Politik

Im Dezember 1918 ließ Walther Rathenau in einem offenen Brief an Colonel House eine Mahnung an die drei führenden Politiker der Welt – Wilson, Lloyd George und Clemenceau – ergehen, Deutschland nicht zu zerstören: «Noch vor vier Jahren waren wir scheinbar Ihresgleichen. Scheinbar, denn uns fehlte, was den Staaten die Festigkeit des Daseins gibt: die innere Freiheit.» [1] Diese Festigkeit und diese innere Freiheit suchte Rathenau auch in seinem eigenen Leben, fand sie jedoch nie ganz: In seiner zerbrechlichen Größe spiegelten sich die Konflikte seines Landes während der turbulenten Jahre von wilhelminischem Glanz, von Krieg und Niederlage des Kaiserreichs.

Walther Rathenau war anders als alle anderen. Er, der mit einer Überfülle von Talenten gesegnet und von widersprüchlichen ehrgeizigen Motiven getrieben war, wurde eine Gestalt des öffentlichen Lebens, ein Mann, der etwas geleistet hatte und berühmt war, und blieb doch gleichzeitig eine Privatperson von erschreckender Kompliziertheit. Stets war er sich seiner inneren Konflikte bewußt, analysierte sie, grübelte darüber und bezog aus ihnen Inspirationen. Gewöhnlich war er zurückhaltend, ja sogar verschlossen, doch konnte er seine Freunde – manchmal seine Leser – durch die Selbstdramatisierung seines gespaltenen Ich verblüffen. Anläßlich seines fünfzigsten Geburtstages im Jahre 1917 bekannte er in Gegenwart von Freunden, die er als die wahren Repräsentanten des höheren, geistigen Deutschlands ansprach: «Ein Kampf ist durch mein Wesen immer gegangen.» Dann verwies er auf Platons «Phaidros» und die Metapher der Seele, «wo jenes wundervolle Gleichnis steht vom Wagenlenker und den beiden Rossen. Jedesmal, wenn ich dieses Gleichnis und die herrliche Beschreibung gelesen habe, dann hat es mir ein sonderbares Gefühl und wie eine plötzliche Erleuchtung gegeben. Sie wissen, daß von den menschlichen Leidenschaften und Trieben gesprochen wird, von denen ich im Augenblick nicht rede; der Vergleich aber schildert einen griechischen Wagen mit zwei von jenen edlen, starkhalsigen, griechischen Vollblütern. Man sieht, wie das eine Pferd sich bäumt, den Zügel packt, schäumt und schwitzt, sich zusammenreißt, biegt, auf die Hinterbeine setzt und stutzt und dann wieder hinwegfliegt; der Wagenlenker muß sich zur Seite beugen, um der Kurve nachzugeben, und dann geht das Spiel auf der anderen Seite mit dem anderen Gaule los. Dieses prachtvolle Bild ist ja wohl für ein so kleines Leben ein zu hohes, aber ich habe es mir immer wieder aneignen müssen, um etwas von dem zu verstehen, was mir zugedacht war.» [2]

Dieser in mancher Hinsicht anmaßende Text ließ mich stutzen. Die Unergründlichkeit und Komplexität dieses Ich sollte nur erfaßt werden können durch den Hinweis auf eine berühmte Platon-Stelle? Wahrscheinlich übertraf Rathenau wirklich die normale menschliche Unergründlichkeit, falls es denn eine solche Normalität geben sollte – und seine erstaunliche Karriere trotz oder wegen dieses unergründlichen Selbst müßte uns etwas sagen können über die Kultur, in der er lebte, in der er sich hervortun wollte und von der er meinte, daß sie einer vollständigen Erneuerung bedürfte.

Bei anderen Gelegenheiten sagte Rathenau von seinem inneren Konflikt, er spiele sich ab zwischen seinem «Drang zum Wirklichen» und seinem «Hang zum Geistigen».[3] Es bestand ein dauernder Konflikt mit seinem Vater, der den «Drang zum Wirklichen» verkörperte. Nachdem Emil Rathenau verschiedene Betriebe mit mäßigem Erfolg geleitet hatte, gründete er die Allgemeine Elektrizitäts-Gesellschaft (AEG), die das von Rathenau für Europa erworbene Edisonsche Patent verwertete. Das war ein brillanter Schachzug und außerdem eine Anerkennung der amerikanischen Präsenz auf einem unaufhörlich expandierenden Weltmarkt. Mit zielstrebiger Energie und unternehmerischem Geschick machte Rathenau aus der AEG einen der herausragenden internationalen Konzerne seiner Zeit. Sein Sohn wollte mehr: Er wollte seinem Vater in der Welt der Praxis nacheifern, wollte ihn dadurch übertreffen, daß er öffentliche Anerkennung und Bedeutung, ja sogar Macht gewann; wollte ihn hinter sich lassen, indem er die Welt der Praxis mit Geist und Intellekt erfaßte, um sie aus diesem Verständnis heraus umzugestalten.

Der Vater-Sohn-Konflikt ist ein altes Thema, sozusagen ein deutsches Lieblingsthema in Literatur und Leben. Walther war schon sechzehn, als sein Vater 1883 die AEG gründete, er war in einer Atmosphäre gelegentlicher Unsicherheit großgeworden: «In Not bin ich nicht aufgewachsen, aber in Sorgen.»[4] Nach seinem Universitätsstudium übernahm Walther die Leitung mehrerer elektrochemischer Betriebe in abgelegenen Städten der Schweiz und Deutschlands. Für ihn war es eine zehnjährige doppelte Lehrzeit, gleichermaßen praktisch und emotional, die ihm technischen Sachverstand und persönliche Unabhängigkeit geben sollte. Nach zehn einsamen Jahren in der Ferne kehrte er nach Berlin zurück und machte schließlich seinen Weg in der internationalen Geschäftswelt.

Beide Rathenaus waren prototypische «Industriekapitäne». Sie verkörperten auch die engen Beziehungen zwischen Bankiers und Industrie und die Präsenz und den Erfolg von Juden in Deutschland. Walther sagte einmal, die europäische Geschäftswelt werde von dreihundert Männern bestimmt, die alle untereinander bekannt seien. Ich bin nicht sicher, ob ihre Zahl heute größer ist. Zu dieser Welt gehörte Walther, abwechselnd als Großindustrieller und Finanzier sowie als Mitglied von beinahe einhundert Aufsichtsräten. In der wunderbar disziplinierten Gesellschaft des Wilhelminischen Deutschland stellte er wie sein Vater eine anerkannte und wichtige Persönlichkeit dar; der Sohn verkörperte jedoch nicht nur die deutsche Überlegenheit auf dem Gebiet der Wirtschaft, sondern auch die deutsche Unsicherheit hinsichtlich des ideellen Gehalts der materiellen Leistung. Er war wahrscheinlich der einzige deutsche Industriekapitän, der sich als Kapitalist auszeichnete und der zugleich den Kapitalismus verurteilte; sonst waren Leistung und Verunglimpfung gewöhnlich getrennt. Er war Arbeitgeber für eine große Zahl von Menschen – und forderte die Abschaffung des Proletariats und die Emanzipation der Arbeiter. Im besten Fall beurteilte er seinen Erfolg in der materiellen Welt ambivalent; er mußte sich auf diesem Gebiet bewähren, um sich vor seinem Vater zu rechtfertigen, um früh die Unabhängigkeit von ihm zu gewinnen und um einen Teil seines Ehrgeizes zu befriedigen. Aber das genügte ihm nie: Er wollte die materielle Welt und ihren geistigen Mangel verstehen und erklären. In fast all seinen Schriften ging es um den «Geist der Wirtschaft», um den Titel eines der Bücher von Edzard Reuter leihweise zu verwenden.

Rathenaus tiefster Zwiespalt entsprang jedoch seinem Judentum, das sein Leben prägte und das Anlaß für seine Ermordung wurde. Angesichts seines privaten Spottes über jüdische Sprechweise und Lebensgewohnheiten und seiner öffentlichen Kritik an jüdischem Verhalten hat man ihn oft als ein Hauptbeispiel für den Selbsthaß der deutschen Juden zitiert, auf ihn als eine Art unattraktiven Prototyp des servilen deutschen Juden verwiesen. Aber er empfand auch das stolze Gefühl der Zugehörigkeit zu dem, was er als die jüdische Rasse ansah und für «das Salz der Erde» hielt. Wie andere deutsche Juden liebte er sein Land und wollte ihm dienen. Er kannte den Schmerz, über den er 1911 schrieb: «In den Jugendjahren eines jeden deutschen Juden gibt es einen schmerzlichen Augenblick, an den er sich zeitlebens erinnert: Wenn ihm zum ersten Mal voll bewußt wird, daß er als Bürger zweiter Klasse in die Welt getreten ist, und daß keine Tüchtigkeit und kein Verdienst ihn aus dieser Lage befreien kann.»[5] Er fühlte sich zutiefst – wahrscheinlich sogar erotisch – angezogen von dem virilen, mutigen nordischen Mann oder was er dafür hielt; der preußische Offizier war sein Ideal, und daß es ihm nicht gelang – was nicht weiter überraschend ist –, Offizier im Eliteregiment der Gardekürassiere zu werden, in dem er seine Dienstzeit als Einjährig-Freiwilliger abgeleistet hatte, unterstrich in seinen Augen nur, was er oft beklagte, daß nämlich die Juden in Deutschland Bürger zweiter Klasse waren.

Rathenau hatte ungeheure Ambitionen, die er auf *seine* Weise umzusetzen suchte. Geld spielte keine große Rolle; es war notwendig, stand aber nicht im Mittelpunkt. Rathenau wollte mehr sein als ein großer Finanzier oder Industrieller, mehr als ein einflußreicher Mann mit guten Verbindungen, aber auch mehr als einfach nur ein Schriftsteller oder ein Minister. In bestimmten Momenten sehnte er sich danach, wie ich glaube, eine Art deutscher Benjamin Disraeli zu werden, der spätere Lord Beaconsfield, eine fürstliche, exotische Erscheinung. In späteren Jahren wurde ihm selbst bewußt, daß es sich um eine Traumvorstellung handelte. Ich denke, sein Leben lang hoffte er eine Vision der Zukunft zu gewinnen, denn er wußte, daß eine alte Welt unterging und wollte mitwirken an der Schaffung einer Gesellschaft, die die ungezügelten Kräfte der Moderne bändigen und humanisieren würde.

Sein Judentum war wohl beides: Ansporn und Hemmnis. Im öffentlichen Leben hätte er noch mehr erreichen können, wenn er, was viele seiner Glaubensbrüder in Kauf nahmen, zum Christentum übergetreten wäre. Aber obwohl er sich zum Christentum und zur nordischen Welt mehr hingezogen fühlte als mancher Jude, der konvertierte, empfand er einen solchen Schritt als Erniedrigung. James Joll hat in seinem meisterhaften Porträt von dem «trockenen Mystizismus der eklektischen Religiosität» Rathenaus gesprochen.[6] Er war nicht bereit, den Triumph gegen seinen Stolz einzutauschen, und sein Stolz, der Nietzschesche Imperativ, verlangte von ihm, daß er sein Judentum, wenn auch nur formal, beibehielt und sich einen Platz eroberte, der für ihn nicht vorgesehen war. Er lehnte die Konversion ab, weil sie, wie er sich immer wieder sagte, eine Form des Opportunismus war, ein Zeichen des Einverständnisses mit staatlicher Ungerechtigkeit. Aus bitterster Erfahrung wußte er, daß Staat und Gesellschaft die Seele eines Menschen erdrosseln konnten, und er träumte von einer künftigen Verfassung, die der menschlichen Seele die Selbsterfahrung und Selbstverwirklichung ermöglichen würde. Aus seinem eigenen Leiden heraus schuf er eine gesellschaftliche Vision, die in mancher Hinsicht prophetisch war.

Rathenau besaß vielfältige Gaben und Interessen, und er versuchte, sie alle zu pflegen und keine für irgendein einzelnes Ziel zu opfern. Er verfügte über außerordentliche Geisteskräfte und eine große praktische Neigung; er verstand die Geschäftswelt, das Geflecht der Interessen, die Beziehungen zwischen Wissenschaft, Technik und nationaler Macht. Er zeichnete sich in dieser Welt aus und hatte den Ruf eines Magiers auf dem Gebiet der Wirtschaft. Er war ein unersättlicher Leser der Weltliteratur und nicht gerade zurückhaltend mit seiner Bildung. Schon in seinen Zwanzigern entdeckte er sein schriftstellerisches Talent; in seiner charakteristischen Zwiespältigkeit benutzte er bei vielen seiner frühen Versuche Pseudonyme. Auch seine künstlerischen Talente pflegte er sorgsam: Seine Zeichnungen und Gemälde bewiesen Können und Originalität, und bis zum Ende seines Lebens spielte er Klavier. Und doch schätzte er wahrscheinlich das am geringsten, was er am besten konnte. Er war ein Mann der Wirtschaft und sehnte sich nach einem anderen, einem höheren Leben.

Rathenau fühlte sich unwiderstehlich zur Welt der Macht hingezogen – wie so viele deutsche Unternehmer zu einer Zeit, in der sich der Kaiser für ihre Aufmerksamkeiten empfänglich zeigte. Auch ein pseudofeudales Regime konnte nicht ignorieren, daß sich Deutschlands Macht aus seiner ungeheuren wirtschaftlichen Stärke herleitete, eine Tatsache, über die Rathenau oft schrieb. Rathenau traf mit den Reichskanzlern Bülow und Bethmann-Hollweg zusammen – bei der ersten Gelegenheit näherte er sich Bülow in einer peinlich unwürdigen Art; er begleitete den Staatssekretär des Reichskolonialamtes (einen konvertierten Juden) auf einem offiziellen Besuch in Südwestafrika; Wilhelm II. traf er ein- oder zweimal im Jahr. Er befand sich am Rande der Macht – und wollte mehr; als Zeitgenosse jedoch, der die deutsche Gesellschaft und die Macht in ihrem kaiserlichen Gewande beobachtete, wurde er auch zum Kritiker dieser gut funktionierenden Maschine, die, so schien es ihm, weder Seele noch Ziel besaß. Er schrieb ein feinfühliges Porträt des Kaisers, veröffentlichte es aber erst nach dem Kriege: «Eine zerrissene Natur, die den Riß nicht spürt; er geht dem Verhängnis entgegen»[7], sagte er über ihn. Fühlte sich Rathenau vielleicht insgeheim von ihm angezogen? Beide, der Kaiser und Rathenau, waren von enormer Unsicherheit, aber dennoch völlig verschiedener Natur. Nur Rathenau besaß die schmerzhafte Gabe der Selbsterkenntnis.

Rathenau glich seine prekäre Nähe zu den höchsten Rängen der Beamtenschaft dadurch aus, daß er die Freundschaft mit denen pflegte, die wir heute als Vertreter der Gegenkultur bezeichnen würden: mit den künstlerischen Repräsentanten der Moderne. Vor einigen Jahren zeigte das Guggenheim Museum in New York eine Ausstellung «Expressionism: a German intuition». Deutsche Dichter und Maler, so die der 1898 gegründeten Berliner Sezession, hatten ein Vorgefühl des Neuen; viele von ihnen begriffen, daß das, was sich überall durchgesetzt hatte, innerlich tot war. Rathenau lebte in vielen Welten, was ungewöhnlich war für einen Mann der Wirtschaft, aber im Berlin seiner Zeit durchaus ohne inneren Widerspruch möglich war. Er stand in enger Verbindung zu dem Dichter Richard Dehmel und dem jungen Gerhart Hauptmann, dessen Stücke als unerhörte Anklagen der sozialen Wirklichkeit galten. Er befreundete sich mit dem Expressionisten Fritz von Unruh, dessen Vorkriegsstücke, inszeniert von Max Reinhardt, in konservativen Kreisen große Bestürzung hervorriefen – und der sich während des Krieges zum Pazifismus bekehrte. Er war mit avantgardistischen Malern befreundet, unter ihnen an erster Stelle Edvard Munch, der Vater und Sohn Rathenau porträtierte. Rathenau kaufte ein Bild von Max Pechstein. Sein Zeitgenosse Peter Behrens, der an die Wechselbeziehung von Kunst und Technik glaubte, entwarf eine Fabrik für die AEG. Rathenau war für den großen Berliner Verleger S. Fischer ein «Fabeltier».[8] Während des Krieges tat er sich mit seinem Freund Max Reinhardt, mit Gerhart Hauptmann und dem verrufenen Frank Wedekind zu der Gruppe «Das junge Deutschland» zusammen. Sie wollten junge Dramatiker unterstützen. Die Jugend, die *Idee* von Jugend und Erneuerung, hörte nie auf, ihn anzuziehen. Am längsten währte die besonders herzliche Freundschaft mit Maximilian Harden, dem jüdischen Herausgeber der Zeitschrift «Die Zukunft», einem ungestüm intelligenten, mutigen, aber labilen Mann, der wegen seiner Angriffe auf den Kaiser und seine skandalträchtige Entourage mehrfach im Gefängnis saß. Jahre später, nach dem Ersten Weltkrieg, überwarfen sich Harden und Rathenau heftig, und Harden verfaßte gegen seinen Freund sogar noch nach dessen Ermordung bösartige und geschmacklose Polemiken.

Rathenau brauchte Freunde, fand sie und ließ sie machmal auch wieder fallen; in scheinbar sein Inneres preisgebenden Briefen wandte er sich an Freunde, gewöhnlich Frauen, denen er niemals näher kam als in diesen Briefen. Warum er immer wieder darüber klagte, daß er «der einsamste Mensch» sei, kann man nur erraten angesichts seines dringenden Bedürfnisses nach Unabhängigkeit, die er zu verlieren fürchtete, wenn er sich erotischen Beziehungen auslieferte.[9] Nach dem Tod seines Vaters 1917 besuchte er seine Mutter an jedem Tag, den er in Berlin verbrachte. Trotz all seiner persönlichen Qualen war er für andere ein faszinierender Mensch: Sein Freund und späterer Biograph, Harry Graf Kessler, verglich den jungen Rathenau mit Julien Sorel, dem jugendlichen Helden aus «Rot und Schwarz».[10] Er war eine fesselnde Persönlichkeit, von schwer definierbarer Brillanz; schon lange vor dem Ersten Weltkrieg war er als Gast in den ersten Salons willkommen und für seine künstlerischen Freunde ein bereitwilliger, wenn auch eher sparsamer Gastgeber. Er strahlte Reichtum aus, weitreichende Kenntnisse, Weltgewandtheit, vielleicht auch eine gewisse raffinierte Sinnlichkeit.

Rathenau hegte eine außerordentliche Bewunderung für alles Preußische; der preußische Offizier war für ihn ebenso eine Verkörperung dieses Ethos wie die klassizistische Architektur von Gilly und Schinkel. Er hätte eigentlich in der Reformära leben sollen. Aber die fortdauernde Herrschaft der verfallenden feudalen Kaste Preußens über ein modernes, industrialisiertes Deutschland bereitete ihm zunehmende Sorgen. Andere hatten ähnliche Befürchtungen, Max Weber zum Beispiel oder Thorstein Veblen; Rathenaus Urteile wurden indessen durch seine emotionale Bindung an eine Kaste, der er nicht angehörte und die sich in der Phase ihres Niedergangs mehr und mehr zu einer politischen Gefahr entwickelte, kompliziert.

Kennzeichnend für Rathenau war, daß er in Antinomien dachte und sich oft in Aphorismen ausdrückte. Einer seiner Essays, die am meisten von ihrem Verfasser offenbaren, heißt «Von Schwachheit, Furcht und Zweck»; darin stellt er zwei Menschentypen einander gegenüber, diejenigen, deren Wesen auf Zutrauen und Mut beruht, und diejenigen, deren Urimpuls die Furcht ist. Der zuerst beschriebene Typus ähnelt David Riesmans innengeleitetem Menschen, der andere Rathenaus Karikatur von sich selbst. Solch eine bedauernswerte – oft aber erfolgreiche – Person nennt er «Zweckmensch». Der *Zweckmensch* sei oft das Instrument eines großen Fortschritts, aber er sei nie zufrieden: «Er begehrt, fordert und bettelt Anerkennung ... Er ist schadenfroh und mitleidig zugleich.»[11] In diesem Essay – wie auch anderen der Vorkriegszeit – zeichnete er seine erdachten Gegenspieler in rassistischer Manier, indem er behauptete, der blonde nordische Mensch, der Prototyp der arischen Rasse, sei der *Mutmensch*, den der nichtarische *Zweckmensch* oft herausfordere und übertreffe. Vor dem Kriege nahm Rathenau einige der gröberen Stereotype der Antisemiten auf; er hatte das herrschende rassistische Denken seiner Zeit aufgesogen und sich Gobineaus und Houston Stewart Chamberlains Ideen zu eigen gemacht.

1913 veröffentlichte Rathenau eine größere Arbeit «Zur Mechanik des Geistes oder vom Reich der Seele». Dieses höchst schwierige Buch war charakteristisch für manche seiner frühen Schriften; Carl Fürstenberg machte einmal die Bemerkung, Walthers Bücher seien leichter geschrieben als gelesen. (In den späteren Jahren, nach dem Tode seines Vaters, wurde sein Stil einfacher und weniger überladen.) Im Mittelpunkt des Buches steht Rathenaus Furcht vor den abstumpfenden Auswirkungen der Mechanisierung, vor einer seelenlosen modernen Existenz. In mancher Hinsicht erinnern seine Gedanken an Max Webers Behauptung, die moderne Welt sei eine Welt der Entzauberung, der umfassenden, sich immer weiter verbreitenden Rationalisierung und Bürokratisierung. Und wie Weber hegte Rathenau grundsätzliche Bedenken gegenüber der Politik des Kaiserreichs. Für beide Männer waren Marx und Nietzsche Titanen, mit denen man rechnen mußte; ich vermute, daß Weber versuchte, Nietzsche abzuwehren, indem er sich an die nüchterne Überzeugung klammerte, logisches Denken und empirische Analyse müßten über die intuitive Leidenschaft siegen; Rathenau lieferte sich meiner Ansicht nach dem unentrinnbaren Nietzsche aus – sowohl in seiner Antithese vom Menschen des Mutes und vom Menschen der Furcht als auch in seiner verzweifelten Angst vor Schwäche. Rathenau lebte in der Vorstellung, er könne Marx widerlegen, ihn vielleicht sogar ersetzen; insgeheim blieb Nietzsche in Rathenaus Denken gegenwärtig, ein gefährlicher, verführerischer Tyrann – und Rathenau in dem unbewußten Schülerverhältnis, vor dem Nietzsche immer gewarnt hatte.*

Rathenau hatte allen Grund, für den Primat der Wirtschaft Verständnis aufzubringen. Diese Vorrangstellung wurde für ihn im Laufe seines Lebens immer wichtiger, und mit Krieg und Niederlage bekam sie einen geradezu überwältigenden Charakter. Daher erklärte Rathenau 1921 unter Anspielung auf Napoleons mahnende Worte an die Deutschen von der Politik als Schicksal, die Wirtschaft sei unser Schicksal – ein Ausspruch, der seither oft wiederholt worden ist.[12] Und doch wünschte er eine Revolution im Bewußtsein, die das *Reich der Seele* herbeiführen würde, eine Kultur, in der jeder Mensch im Einklang mit sei-

* Nietzsches Allgegenwart im Denken deutscher Schriftsteller und Leser ist schwer faßbar, wird aber noch immer unterschätzt. Mein Eindruck, daß sich Max Weber in einigen seiner Werke, wie beispielsweise in dem großartigen Vortrag «Wissenschaft als Beruf», mit Gedanken und Impulsen Nietzsches auseinandersetzte, wird durch eine Bemerkung Webers aus dem Jahre 1920, kurz vor seinem Tod, bestätigt: «Die Redlichkeit eines heutigen Gelehrten, und vor allem eines heutigen Philosophen, kann man daran messen, wie er sich zu Nietzsche und Marx stellt. Wer nicht zugibt, daß er gewichtige Teile seiner eigenen Arbeit nicht leisten könnte, ohne die Arbeit, die diese beiden getan haben, beschwindelt sich selbst und andere. Die Welt, in der wir selber geistig existieren, ist weitgehend eine von Marx und Nietzsche geprägte Welt.» Zitiert nach Wilhelm Hennis, Max Webers Fragestellung. Studien zur Biographie des Werks. Tübingen 1987, S. 167.

ner eigenen Seele stehen und unbeschränkt leben würde. Schon 1897 schrieb er an Maximilian Harden: «Jetzt beherrscht das Capital die Gesellschaft, einst wird die Gesellschaft das Capital – nicht besitzen – sondern beherrschen.»[13] Er hielt sowohl die soziale als auch die politische Struktur des kaiserlichen Deutschlands für gefährlich unzureichend – ein weiterer Grund dafür, daß das Land ihn brauchen würde. 1907 hatte er einen Essay über den politischen Zustand des Landes veröffentlicht: «Man wird die Frage vernehmen müssen, welche Kulturgründe es rechtfertigen, daß Deutschland absolutistischer als fast alle zivilisierten Länder und klerikaler als die meisten katholischen Staaten regiert wird? ... Es kann bei uns nicht auf lange Zeit ein Separatklima erhalten bleiben.»[14]*

In den Vorkriegsjahren warnte Rathenau trotz seiner Überzeugung, daß Deutschland eine Weltmacht sei, vor den kriegerischen Aspekten der deutschen Außenpolitik. Er sah die Gefahr der englisch-deutschen Flottenrivalität, er begriff den Schrecken eines künftigen Krieges, und 1913 schlug er einen gemeinsamen Wirtschaftsmarkt für ganz Europa vor – teilweise auch, um die Herausforderung durch die Vereinigten Staaten abzuwehren. In den Vorkriegsjahren betonte er: «Der Kriegsgott unserer Tage heißt wirtschaftliche

* Angesichts der immer noch aktuellen Debatte über Deutschlands vermeintlichen «Sonderweg» ist es bemerkenswert, daß weder die Befürworter noch die Gegner dieser These die Ansichten führender Repräsentanten aus der Wilhelminischen Zeit genügend beachten: Rathenau ist nur ein Beispiel für diejenigen, die die politische Unmündigkeit des deutschen Bürgertums und das daraus resultierende Fehlen einer effektiven und verantwortlichen Führung bedauerten. Auch Ernst Reuter war natürlich ein Kritiker der strukturell bedingten Inkompetenz der deutschen Führung.

Macht.»[15] Er war abwechselnd Kritiker und Kommentator, wobei er in seinen Ansichten schwankte und manchmal in der Manier des Realpolitikers, gelegentlich aber in der des praxisfernen Idealisten schrieb. Lilly Deutsch gestand er einmal, er sei romantisch, «feine Juden seien oft Romantiker».[16]

Es gab Gelegenheiten vor 1914, da Rathenau dicht vor einem Ministeramt zu stehen schien. Die Politik hatte für ihn eine besondere Anziehungskraft: Er wollte im innersten Kreis sein, wo die großen historischen Entscheidungen getroffen wurden, wo Geist und Wirklichkeit angeblich zusammenkamen. Die unglaubliche Mittelmäßigkeit der deutschen Führung stieß ihn genau wie Max Weber ab, trotz seiner gelegentlichen Gesten von Unterwürfigkeit und Opportunismus vor den Männern der Macht. Er wußte, daß er mit seiner Intelligenz, seiner Erfahrung, seiner fließenden Beherrschung von drei Sprachen die Fähigkeiten anderer Bewerber weit übertraf. Er wußte aber auch, daß seinem Ehrgeiz – in einer Gesellschaft, die den Ehrgeiz förderte – die Tatsache im Wege stand, daß er Jude war, ein Bürger zweiter Klasse, der von hohen Ämtern ausgeschlossen war. Eitelkeit, verletzter Stolz und das patriotische Verlangen nach einer politischen Tätigkeit trieben ihn an.*

Der Weltkrieg bot Rathenau die Chance, einige seiner ehrgeizigen Ziele zu verwirklichen – um einen hohen persönlichen Preis. Er hatte begriffen, wie ein mo-

* Rathenaus Zeitgenossen erkannten seinen Ehrgeiz. Dazu Einstein: «Wenn man Rathenau den Posten des Papstes angeboten hätte, hätte er die Wahl angenommen. Technisch hätte er es wahrscheinlich gar nicht schlecht gemacht.» Ein Kommentar, der ebensoviel über Einsteins boshaften Witz wie über Rathenaus Ehrgeiz sagt. Zitiert nach Walther Rathenau-Gesamtausgabe, Bd. 2, hg. von Dieter Hellige und Ernst Schulin. München 1977, S. 874.

derner Krieg beschaffen sein würde, und bis zum letzten Moment warnte er Deutschland davor, sich von dem schwächeren Österreich in einen Weltkrieg ziehen zu lassen. Nachdem der Würfel gefallen war, bemühte Rathenau sich um ein Amt – aber seine Ansichten blieben bezeichnenderweise ambivalent und schwankend. Er empfand nie die «heilige» Freude, die im August 1914 so viele deutsche Herzen erhob; ja, er war ein Patriot, aber einer, der fühlte, daß der Krieg sinnlos war und daß es ein ganz anderer Krieg war als 1813, 1866 oder 1870. Sein Hauptgedanke war, daß eine Katastrophe Europa überwältigt hatte, deren Ende niemand voraussehen konnte. Aber sofort erkannte er auch das Risiko der deutschen Lage und warnte schon in den ersten Augusttagen die Militärs davor, daß die Alliierten die deutsche Wirtschaft lahmlegen könnten. Die Generale indessen waren gebannt durch die Erinnerung an vergangene Siege und vergaßen darüber die Rolle der Wirtschaft in einem Krieg. Sie mußten noch lernen, das alte Sprichwort zeitgemäß zu deuten, daß eine Armee auf ihrem Bauch marschiere.

Immerhin wurde Rathenaus Warnung beherzigt. Innerhalb weniger Tage verfügte der Kriegsminister die Schaffung einer Kriegsrohstoffabteilung, an deren Spitze Rathenau und ein leitender Angestellter der AEG, Wichard von Moellendorf, stehen sollten. (Moellendorf, dessen Werk und Karriere noch gründlich untersucht werden müssen, war auch ein enger Freund von Fritz Haber, der wie Rathenau die Militärs von der Notwendigkeit wirtschaftlicher Planung zu überzeugen suchte und davon, daß zum Beispiel für Deutschlands Überleben die Produktion von Nitraten eine wesentliche Voraussetzung sei; Haber stellte sein renommiertes chemisches Institut dem Militär zur Verfügung.)[17]

Rathenaus Abteilung gelang die Kontrolle der Lieferung und Verteilung wichtiger Rohstoffe; auch schuf er sogenannte Kriegsgesellschaften, öffentlich und privat finanzierte Wirtschaftsverbände, die den Auftrag zur Herstellung bestimmter Produkte erhielten. Für Rathenau hieß es in dieser Zeit, vage Gedanken aus den Vorkriegsjahren auf die harte Kriegsrealität zu übertragen. Der Krieg erwies sich als Modernisierungsantrieb. Rathenaus Programm stieß auf nachhaltige Opposition: Die Militärs blieben skeptisch, und die Kollegen aus Wirtschaft und Industrie reagierten verärgert auf die Einschränkung ihrer Autonomie; sie empfanden Rathenaus Maßnahmen als Bedrohung der freien Marktwirtschaft, in der sie erfolgreich gewesen waren. Von den einen wurde Rathenau als träumerischer Jude und anmaßender Intellektueller verspottet, von den anderen als Wirtschaftszar verleumdet, der womöglich seine eigene AEG begünstige. Die Wirtschaftsführer hatten in einem sicher recht: mit der Vermutung, daß die Neuerungen für Rathenau keine bloß kriegsbedingten Erfordernisse waren; er sah sie tatsächlich als einen ersten Schritt in Richtung auf eine andere, rationalere Wirtschaftsordnung, die von seinem Freund Moellendorf Gemeinwirtschaft oder preußischer Sozialismus genannt wurde. Kessler meinte, Rathenaus Werk von 1914 «hat ebensoviel zur Sicherung der deutschen Grenzen, zur Vereitelung des Planes eines Zusammentreffens von Kosaken und Senegal-Negern unter dem Brandenburger Tor beigetragen wie die Schlacht bei Tannenberg und die Schützengräben in Frankreich».[18] Eine nicht gerade glückliche Äußerung.

Im April 1915 legte Rathenau überraschend sein Amt nieder, möglicherweise aus Enttäuschung darüber, daß er nicht den ersehnten Ministerposten erhalten hatte. Nach seinem Rücktritt rühmten die militärischen Führer seine Arbeit – und verleumdeten ihn gelegentlich hinter seinem Rücken. Wenige Monate später starb sein Vater, und Walther übernahm die Leitung der AEG, die große Gewinne aus ständig wachsenden Aufträgen der Armee zog.

Keine einzige Tätigkeit indessen stellte Rathenau zufrieden, und er zeichnete sich weiterhin durch Widersprüche aus. Zeitweise überkamen ihn düstere Ahnungen über den Ausgang des Krieges, und er beklagte sich bitter über die Einsamkeit nach seinem Rücktritt: «Wir werden getrieben in einer Herde, ins Ungewisse, ohne Begreifen.»[19] 1914 hatte er einen frühzeitigen Frieden befürwortet, verbunden mit dem Vorschlag der Errichtung einer europäischen Zollunion, die Frankreich einschloß; auf diese Weise würde man einen Feind zu einem Partner machen. Etwas später unterstützte er öffentlich den Einsatz belgischer Zwangsarbeiter in der deutschen Industrie – eine eindeutige Verletzung des Völkerrechts. Er hatte weiterhin enge Beziehungen zur politischen und militärischen Führung. Oft riet er zur Mäßigung – und zur Aufrichtigkeit. Er warnte Ludendorff, den er bewunderte,* vor der Annahme, der uneingeschränkte U-Bootkrieg würde zu einem deutschen Sieg führen, und im Juli 1917 sagte er zu ihm, daß die Öffentlichkeit in Deutschland systematisch irregeführt worden sei; er hielt «die englische Art, dem Volke jederzeit die Schwere der Situation vor Augen zu führen» für besser; die deutsche Führung habe «die Stimmung ver-

* Ebenso wie Gustav Stresemann; es ist merkwürdig, daß die beiden herausragenden Außenminister der Weimarer Zeit, beide Vertreter einer Politik der Versöhnung, Bewunderer Ludendorffs waren, dessen Innen- und Außenpolitik im Kriege absolut kompromißlos war. Vielleicht lag der Grund darin, daß beide Bewunderer der Macht waren, und Ludendorff strahlte als einer der wenigen Deutschen an der Spitze Macht und Autorität aus.

weichlicht durch dreijährige Irreführungen, mindestens dreißig Illusionen [sind] im Laufe dieser Zeit entstanden»[20]. Natürlich war Rathenau nicht der einzige, der die Lügen aufdeckte, mit denen die Deutschen von ihrer Führung eingelullt wurden.[21] Zur gleichen Zeit trat er gemäßigten halb-politischen Kreisen bei, die der Krieg hervorgebracht hatte, der Deutschen Gesellschaft von 1914 und der Mittwochsgesellschaft.

Rathenau nahm auch seine schriftstellerische Tätigkeit wieder auf; 1916 veröffentlichte er «Von kommenden Dingen» – eine Analyse der Lage und eine Zukunftsvision, eine Projektion der kriegsbedingten Veränderungen auf eine künftige Welt im Frieden. Das Buch war umstritten und wurde ein riesiger Erfolg; bis zur Mitte des Jahres 1918 waren 65 000 Exemplare verkauft. Bescheidenheit oder Konventionelles sucht man vergebens in einem Werk, das mit folgenden Worten beginnt: «Dieses Buch handelt von materiellen Dingen, jedoch um des Geistes willen ... Dieses Buch trifft den dogmatischen Sozialismus ins Herz.»[22]

Rathenau verwarf die bestehenden Verhältnisse und Dogmen, er strebte eine neue – egalitäre, funktionstüchtige, seelisch erhebende – Gesellschaft an, die jedoch nur durch einen radikalen Bewußtseinswandel herbeigeführt würde, nicht durch eine soziale Revolution, vor der er sich fürchtete. Ein neuer Geist würde eine neue Epoche einleiten, in der die Wirtschaft, etwa nach dem in den Kriegsgesellschaften eingeführten Vorbild, zentral gelenkt werden würde. Durch eine drastische Änderung des Steuerwesens würde der Staat dann eine Neuverteilung der Einkommen bewirken, und dies wiederum würde zur Abschaffung des Proletariats als eines besitzlosen führen, dessen bloße Existenz Elend für die Massen und einen Verlust für die gesamte Gesellschaft bedeute. Der hochgebildete

Rathenau empörte sich über das Bildungsmonopol, das den Reichen zugute kam, «ein Raub an Menschen und ein Betrug am Staat».[23] Bildung hatte sowohl eine ästhetische als auch eine materielle Funktion. Die Abschaffung des Proletariats würde eine wesentlich bessere Auswahl der Führungspersönlichkeiten auf jedem Gebiet, einschließlich der Politik, zulassen. Der erbliche Besitz sollte drastisch eingeschränkt werden und der Adel, der eine unzulängliche Basis für die Führung gewesen war, würde seinen Vorrang verlieren. Geist und Kreativität würden dann den bloß materiellen Anreiz für wirtschaftliche Aktivität ersetzen.

Hier kam in der Tat ein revolutionäres Programm in konservativem Gewande daher. Es war zugleich ein Programm voller Widersprüche: Es rief nach mehr staatlicher Kontrolle, das heißt Bürokratisierung und Mechanisierung, als in der freien Marktwirtschaft – und das im Namen größerer Freiheit und geistiger Emanzipation. Rathenaus Argumentation lag die Auffassung zugrunde, daß das Bewußtsein das Sein bestimme und nicht umgekehrt. Sie war ein oberflächlicher Versuch, den Marxismus zu widerlegen, und beruhte auf einer sehr deutlichen Vorstellung, daß der Geist die gesellschaftliche Wirklichkeit verändern könne. Die Argumentation rief natürlich Spott und Ablehnung hervor und wurde als zutiefst verfehlt beurteilt. Die darin enthaltene Kritik an der Ungleichheit aber war unbestreitbar berechtigt, ebenso seine Einsicht in die Notwendigkeit, einen leistungsfähigeren und befriedigenderen Arbeitsplatz zu schaffen. Rathenau forderte überdies eine andere Verteilung der Arbeit, bei der sich Handarbeiter und leitende Angestellte am Arbeitsplatz abwechseln sollten – eine unpraktische Lösung einer durchaus berechtigten Frage, derjenigen nämlich, wie die Monotonie abzumildern wäre.

Im Jahre 1918 verfaßte Rathenau noch eine andere

Schrift: «An Deutschlands Jugend». Sie sollte ein Appell an die Jugend sein, sich den besorgniserregenden Aufgaben, die vor ihr lagen, zu stellen: Erneut sprach er von dem Scheitern des Kaiserreichs und seines politischen und gesellschaftlichen Systems, von den Schrecken des Krieges und dem moralischen Bankrott eines verwüsteten Europa. Der Ton war schrill und zugleich mystisch. Das Buch war auch ein Selbstbekenntnis, schwankend zwischen Selbsterniedrigung und Selbstgerechtigkeit. Seine früheren Schriften, so sagte er, waren von den etablierten Denkern und Akteuren verspottet worden und nur die Jugend hatte sie gelegentlich verstanden. Vieles von dem, was er schrieb, war wahr und muß vielen Deutschen in der Endphase des Krieges peinlich gewesen sein. Er kritisierte «das Beschämendste und Undeutscheste, was in diesem Krieg geschah, die maßlose, schamlose Ausschüttung des Selbstlobes. Nichts hat so sehr zur Entsittlichung des Landes, zur Mißachtung des Gesetzes, zur Überempfindlichkeit der Stimmung beigetragen als die langandauernde Selbstverherrlichung.» Ebenso warnte er: «Uns Deutschen fehlt das persönliche Unabhängigkeitsgefühl, wir neigen zur gewollten Abhängigkeit.»[24] In erneuter Vorwegnahme späterer Themen, die besonders auf der radikalen Rechten in den zwanziger Jahren populär wurden, bestand er darauf, daß die Deutschen ein junges Volk seien, das nur von der Jugend gerettet werden könne. Den dithyrambischen Stil dieses Rathenauschen Ergusses könnte man als «Rathenau auf reichsdeutsch» kennzeichnen.*

Abwechselnd entwarf er Zukunftsvisionen und Augenblicksrezepte, aber die letzteren waren riskant.

* Das Zitat bezieht sich auf Nietzsches Bemerkung, er könne Richard Wagner nie verzeihen, daß er «reichsdeutsch» geworden sei.

Ende September 1918 geriet Ludendorff in Panik und forderte die gerade erst eingesetzte Regierung des Prinzen Max von Baden auf, Präsident Wilson unverzüglich um einen Waffenstillstand zu bitten; in einem umstrittenen Artikel verlangte Rathenau statt dessen eine *levée en masse* und die Verlegung der meisten Truppen von der Ost- an die Westfront. Ludendorffs plötzlichen Meinungsumschwung hielt er für «die katastrophalste Dummheit aller geschichtlichen Zeiten».[25] Beim Militär fand er keine Unterstützung, und der Vorschlag brachte ihm nur den Spitznamen «Kriegsverlängerer» ein. Später forderte er ebenso die Ablehnung der alliierten Forderungen; als im Mai 1919 die Friedensbedingungen veröffentlicht wurden, schrieb Rathenau, die deutsche Regierung solle eine Modifizierung der Bedingungen verlangen – oder aber den Alliierten alle Macht abtreten, ihnen also rückwirkend die Konsequenzen der bedingungslosen Kapitulation aufbürden. In zwei entscheidenden Augenblicken also rief Rathenau die Deutschen auf, lieber unberechenbare Opfer zu bringen, als sich künftigen oder schon bestehenden Ungerechtigkeiten des Feindes auszusetzen. Er forderte, kurz gesagt, der Erniedrigung zu widerstehen; das deutsche Volk, dessen Mut er verherrlichte, solle sich seinen – Rathenaus – Idealen gemäß verhalten, gleichsam in Analogie zu seiner Weigerung, zum Christentum überzutreten.

Ernst Troeltsch nannte einmal die Monate zwischen Waffenstillstand und Friedensvertrag «Traumland der Waffenstillstandsperiode», eine Zeit der Ungewißheit, in der sich jeder in Hoffnungen oder Befürchtungen ergehen konnte. Für Rathenau waren diese Monate ein Intervall enttäuschter Hoffnungen, vielleicht sogar die schwerste Zeit seines Lebens. Er nahm an, die neue Regierung werde ihn brauchen und rufen; schließlich waren die alten Barrieren, die Juden den Weg ins Kabinett versperrten, niedergebrochen worden. Rathenau wußte, daß Wirtschaftsfragen nun alle Aspekte der Politik beherrschten, und in diesem Bereich verfügte er über Weitblick, Sachverstand und ausgezeichnete internationale Verbindungen.

In den Tagen nach der Revolution versuchte er, eine breite Union liberaler Demokraten zu organisieren (zu der neben anderen Einstein und Hauptmann zählten), die aber ausdrücklich keine Partei sein sollte, ein Versuch, der im Ansatz mißglückte. Rathenau wurde dann frühzeitig Mitglied der Deutschen Demokratischen Partei, aber seine beabsichtigte Kandidatur für die Nationalversammlung scheiterte, als ihm der schlesische Verband der Partei eine Abfuhr erteilte – mit deutlich antisemitischen Zwischentönen. Als die verfassunggebende Versammlung in Weimar zusammentrat, wurde Rathenau als Kandidat für das Amt des Reichspräsidenten genannt; schallendes Gelächter von der Rechten begrüßte den Vorschlag. Bei der Bildung des ersten Sozialisierungsausschusses, der die Aufgabe hatte, Unternehmen für die Verstaatlichung auszuwählen, legte die USPD ein Veto gegen seine Mitgliedschaft ein. Rathenau mußte sich darauf beschränken, dem Finanzminister Matthias Erzberger im Hinblick auf die Reparationen, die die Alliierten voraussichtlich eintreiben würden, unaufgefordert Ratschläge zu erteilen.

Für fast alle war Rathenau zur bevorzugten Zielscheibe geworden. Die alliierte Presse denunzierte ihn als Plünderer in Belgien und mißtraute ihm als demjenigen, der zu einer *levée en masse* aufgerufen hatte. Die deutsche Linke, besonders die Unabhängigen Sozialdemokraten und ihre Verbündeten, beargwöhnten ihn ebenfalls aus denselben Gründen: Er wurde als Kriegsverlängerer verunglimpft, als einer, der bereit gewesen wäre, bei einem vergeblichen Bemühen, die

Niederlage abzuwenden, noch mehr Menschen zu opfern. Die Linke mißtraute auch dem Großindustriellen mit seinen verschwommenen Reformideen. Schließlich gab es noch eine öffentliche Auseinandersetzung mit Rudolf Wissell, dem sozialdemokratischen Minister, der für die geplante Verstaatlichung verantwortlich war; Wissell (sein engster Mitarbeiter war Wichard von Moellendorff, Rathenaus ehemaliger Freund und Kollege) griff Rathenaus Pläne an, weil sie angeblich das Ziel verfolgten, die deutsche Wirtschaft in eine einzige gigantische AEG zu verwandeln, während Rathenau seinerseits Wissell beschuldigte, ihm seine Ideen gestohlen und ihn obendrein verleumdet zu haben.

Rathenau war mehrfach ins Kreuzfeuer geraten. Für die Rechten war er ein Defätist und Jude – also wohl gar eine Art Verräter. Im November 1919 griff Ludendorff, um sein eigenes Verhalten im Kriege zu rechtfertigen, Rathenau an, den er früher so geschätzt hatte; als Waffe benutzte Ludendorff Rathenaus neueste Mitteilung, daß er bei Kriegsausbruch einem Freund gegenüber die Bemerkung gemacht habe: «Nie wird der Augenblick kommen, wo der Kaiser, als Sieger der Welt, mit seinen Paladinen auf weißen Rossen durchs Brandenburger Tor zieht. An diesem Tage hätte die Weltgeschichte ihren Sinn verloren.»[26] Rathenau hatte damit sein Entsetzen über die deutsche Führung ausdrücken wollen; Ludendorff aber wollte andeuten, daß Rathenau niemals an einen deutschen Sieg geglaubt habe. Zu einer Zeit, als die Dolchstoßlegende zum wichtigsten Trumpf für Reaktionäre geworden war, bestätigte Ludendorffs bewußt falsche Interpretation die Vorurteile der Rechten: Rathenau fehle eben das nötige patriotische Feuer.

Rathenau war bestrebt, sich von all diesen Vorwürfen zu reinigen. Um seine Kritiker im Ausland und auf der Linken zu entwaffnen, leugnete er, ein Kriegsverlängerer gewesen zu sein und sich an der ungesetzlichen Behandlung Belgiens beteiligt zu haben; er beharrte darauf, sich frühzeitig für einen Vernunftfrieden ausgesprochen zu haben. Gleichzeitig bemühte er sich um eine Übereinkunft mit der Rechten, die ihn verleumdete: Er erinnerte an seine Dienste an der Spitze der Rohstoffkommission, als ehemaliger Berater Ludendorffs und als Verfechter der deutschen Kriegsanstrengungen. Seine Rechtfertigungsversuche waren notwendigerweise widersprüchlich, und angesichts der Leidenschaften der Zeit bestand für ihn keine Aussicht, die einen oder die anderen zu überzeugen.

In den Monaten vor der Unterzeichnung des Versailler Vertrags befürchtete Rathenau (wie Fritz Haber), die Alliierten könnten ihn auf die Kriegsverbrecherliste setzen und möglicherweise seine Auslieferung verlangen. Dazu kam es nicht, aber die bloße Möglichkeit bestärkte manch einen in der Annahme, er sei für ein höheres Amt ungeeignet. Dennoch war Rathenau vorübergehend Berater verschiedener Regierungen. Wie viele andere befürchtete er, eine revolutionäre Flut könnte die Republik überschwemmen, und Berichte, daß die AEG einigen Freikorps Geldmittel zur Verfügung gestellt habe, scheinen glaubwürdig. Seine direkte oder indirekte Unterstützung der Freikorps war jedoch ein kurzes Zwischenspiel. Als Putschversuche und politische Morde das Überleben des neuen Regimes anhaltend bedrohten, erkannte Rathenau die Notwendigkeit einer loyalen republikanischen Streitmacht zum Schutz der öffentlichen Ordnung.[27]

Da man ihm die erstrebte politische Verantwortung verwehrte, tat er seine Meinung auf verschiedenen Wegen kund, schrieb eine große Zahl von Artikeln und erfüllte vielfältige Verpflichtungen im Wirtschaftsleben. In seinen Äußerungen setzte er nun neue Akzente: Das gewichtige Philosophieren, die bewußt komplizierte Argumentation und Diktion wichen einem klaren, treffenden Stil, bei gelegentlichen Ausflügen ins Prophetische. Er befürchtete, was er schon damals die «improvisierte Revolution» nannte; ihr fehlte es seiner Meinung nach an intellektuellen ebenso wie an historischen Voraussetzungen, wie sie die Aufklärung für die Französische Revolution geschaffen hatte. Was sich wirklich ereignet hatte, war nicht eine Revolution, sondern ein Zusammenbruch. Die Demokratie, die daraus hervorging, hatte nur wenige Freunde. Aber auch in den westlichen Ländern war die Demokratie degeneriert, denn, wie Rathenau sagte: «Die Plutokratie ist eine Tatsache der westlichen Demokratie, und nicht einmal eine ungern gesehene; für Deutschland ist sie ungeeignet.»[28] Doch auch die neue Republik befand sich in der großen Gefahr, einem plutokratischen Regime zu erliegen. Rathenaus lebenslanger Kampf gegen den Habitus und die Privilegien der Reichen und Mächtigen wurde oft als eigennützig und heuchlerisch verspottet: Als Besitzer des ehemals königlichen Schlosses Freienwalde, gebaut vor den Toren Berlins nach einem Entwurf des großen preußischen Architekten Gilly, und einer herrschaftlichen Villa in der Stadt prangerte er den Luxus an und verherrlichte die preußische Kargheit. Rathenau freilich sah das Widersprüchliche seiner eigenen Existenz als Jude, Plutokrat und Großunternehmer – und als Kritiker seiner eigenen Schicht und seines eigenen Volkes.

In den Augen der Industriellen beging er eine weitere Sünde: Er verstand die Gewalt der Revolution der Bolschewiki als die bedeutendste Herausforderung der bereits geschwächten westlichen Demokratien; sie war für ihn Ausdruck eines höchst ansteckenden Ressentiments gegenüber der Bourgeoisie, war die Verheißung der Gleichheit und, das war neu, der Räteregierung. Schnell unterschied er zwischen der Durchführung der Revolution und ihren Verheißungen: Das eine war enttäuschend, das andere ernst zu nehmen.

Im September 1919 verfaßte er eine Schrift «Die neue Gesellschaft». Sie enthielt eine scharfe Abrechnung mit dem Deutschland der Vorkriegszeit, in dem materielle Interessen vorherrschend gewesen seien und das Volk absichtlich in Bismarckscher «Unmündigkeit» gehalten worden sei. Erneut bestand er darauf, die größte erneuernde Kraft sei Bildung, nicht die vorgeschriebene Erziehung für eine privilegierte Jugend in Eliteschulen, eine Bildung vielmehr, die jedem – vielleicht aus freien Stücken durch eine Art von persönlichem und kollektivem noblesse oblige – zugänglich gemacht wurde, Bildung als eine Verbindung von Wissen mit dem selbstbewußten Willen zur Gestaltung eines Lebens voll geistigen Gehalts. Er wies hin auf englische Vorbilder, vor allem auf Toynbee Hall. «Der Begriff von der Bildung als unserer wahren und einzigen Lebensmacht muß so tief verstanden werden, daß sie im öffentlichen Leben und in der Gesetzgebung das erste und letzte Wort hat.» [29]

In einem anderen Essay griff er die Untertanengesinnung des deutschen Großbürgertums an, das für jeden Aufstieg im feudalen System seiner Zeit, für Orden und Titel seine Verantwortung aufgegeben hatte. «Diese Verräterei hat Deutschland zerstört, hat die Monarchie zerstört und uns vor allen Völkern verächtlich gemacht.» [30]

Er glaubte, die alte Wirtschaftsordnung, die er schon vor dem Krieg kritisiert hatte, stünde nun endgültig vor dem Bankrott; einen Grund für die Schwäche der Republik sah er im hartnäckigen Beharren des

Bürgertums, die «Säule des Bestehenden»[31] zu bleiben. 1920 erklärte er, «wir stehen am Grabe der großkapitalistischen Epoche». Er verschärfte seinen Entwurf einer künftigen Wirtschaftsordnung. Sie werde von drei Prinzipien auszugehen haben, so argumentierte er jetzt: einer gleichen Verteilung der Güter, die durch eine radikale Revision von Steuern und Erbrecht zu erreichen wäre. Der Ausschluß von der Bildung sei die «härteste Folge ungleicher Güterverteilung». Zweitens müsse das Prinzip der Mitbestimmung ins Wirtschaftsleben eingeführt werden, genau wie im 19. Jahrhundert das erweiterte Wahlrecht mehr Mitbestimmung in die politische Sphäre gebracht habe. Und schließlich müsse auf nationaler Ebene und in jedem Teilbereich der Wirtschaft eine neue Produktionspolitik einsetzen. Er zog zu Felde gegen unproduktive Arbeit – Werbung, Konkurrenzverhalten der Verkäufer –, aber auch gegen eine Zwangswirtschaft. Sein Ziel war eine organisierte Wirtschaft, eine andere Form von Kapitalismus: «Die Organisation der deutschen Wirtschaft auf sozialer Grundlage», die «Formen der Verbrüderung» einschließen sollte.[32]

In einer gedrängten Übersicht klingen Rathenaus Vorstellungen und Argumente heute wohl überzeugender als in seiner eigenen, komplizierten Beschreibung. Damals war die Atmosphäre in Deutschland erfüllt von Forderungen nach einem revidierten Kapitalismus, angefangen bei Oswald Spenglers «Preußentum und Sozialismus» über Wichard von Moellendorffs Plan einer Gemeinwirtschaft bis hin zu den verschiedenen Spielarten des rechts- und linksgerichteten Antikapitalismus. Aber Rathenau sah künftige Entwicklungen deutlicher voraus als andere: Bei ihm gab es die Vorstellung einer stärker rationalisierten Ordnung, die, wie er hoffte, humaner und egalitärer sein würde. (Er forderte auch einen einjährigen allgemeinen Arbeitsdienst für jeden Mann und jede Frau.) Er verstand etwas von der politischen Ökonomie, wie wir sie heute wieder nennen, und darüber hinaus verstand er etwas von moralisch-psychologischen Bedürfnissen. Aber Rathenaus Hoffnung, daß Ermahnung, also die Macht des Wortes, die Realität revolutionieren könnte, war illusionär. Einige der in seinen Vorschlägen enthaltenen Elemente wurden unter dem Nationalsozialismus eingeführt – auf andere und brutale Art; einige weitere wurden in Ludwig Erhards Modell der «sozialen Marktwirtschaft» realisiert.[33] Es wäre freilich falsch, behaupten zu wollen, daß die Ideen Rathenaus spätere Entwicklungen hervorgebracht hätten. Eher ist es wahrscheinlich, daß seine Ermahnungen schnell vergessen waren. Dennoch bleibt festzuhalten, daß er tiefgründig und weitsichtig genug war, die Konturen der Zukunft zu erkennen.

1920 begann Rathenaus eigentlicher Weg in die Politik. Der Mann, der ihm den Einstieg ermöglichte, Josef Wirth, war ein junger liberaler Zentrumspolitiker vom linken Flügel seiner Partei, der Rathenaus Rat und Brillanz schätzen gelernt hatte. Wirth, damals noch Minister, bestand auf der Teilnahme Rathenaus an der Delegation auf der Konferenz von Spa, wo die Modalitäten der Reparationen mit den Alliierten erörtert werden sollten. Schnell zeichnete sich Rathenau durch Sachverstand und seine politische Mäßigung aus. Er wollte die Alliierten überzeugen, daß die Deutschen bereit seien, ihren Verpflichtungen nachzukommen – und auf diese Weise die drohende Besetzung des Ruhrgebiets abwenden. In Spa übrigens sprach der andere große deutsche Industrielle, Hugo Stinnes, der für eine Politik konsequenter Ablehnung der alliierten Pläne eintrat, von seinem Rivalen Rathenau als einer «fremdrassigen Seele» – eine Bemerkung, die noch monatelang nachwirkte.[34] Im Mai 1921 wurde Wirth, der mit einer ungewöhnlichen Rednergabe gesegnet war, Reichskanzler; er überwand Rathenaus Bedenken und die Opposition seiner Kritiker und übertrug ihm schließlich das exponierte Ministerium für Wiederaufbau. Im selben Monat bescherten die Alliierten den Deutschen das Londoner Ultimatum, das die Gesamtsumme der Reparationszahlungen mit 132 Billionen Goldmark angab – in den Augen der Deutschen (wie auch für Keynes) eine Summe, die ihre Zahlungsmöglichkeiten bei weitem überstieg und eine Belastung für die Weltwirtschaft war, die schwer, ja im Grunde überhaupt nicht getragen werden konnte. Wirths Politik stand im Zeichen des Versuchs, sich mit den Alliierten zu verständigen, und in Rathenau sah der Reichskanzler den perfekten Vollstrecker einer solchen Politik.* Aber die Zeit war zu kurz; im Oktober 1921 trat Wirth wegen der von den Alliierten beschlossenen Teilung Oberschlesiens zurück, und im zweiten Kabinett Wirth war Rathenau nicht mehr vertreten; die Deutsche Demokratische Partei hatte beschlossen, sich nicht an der Regierung zu beteiligen.

Im Januar 1922 überredete Wirth Rathenau zur Übernahme des Außenministeriums. Rathenau erkannte, daß Deutschland vor einer Katastrophe stand. Das Land war verarmt, politisch gespalten und wehr-

* Lord D'Abernon, britischer Botschafter in Berlin und manchmal auch als Reichsverweser der Weimarer Republik tituliert, erinnerte sich: «Rathenau genoß im Ausland ungeheures Prestige; man hielt ihn wohl eher für einen Dämon als für einen Heiligen ... An ihm war keine Spur von teutonischem Starrsinn oder Sturheit; wenn er zustimmte, tat er es mit Anstand; wenn er anderer Meinung war, mit Urbanität ... Er besaß eine alles beherrschende Schwäche, eine ungeheure Eitelkeit – eine Entschlossenheit, wenn er schon nicht im Himmel herrschen konnte, dann wenigstens auf Erden zu glänzen.» (Viscount D' Abernon, Versailles to Rapallo 1920–1922. The Diary of an Ambassador. Garden City/New York 1929, S. 42f.).

los, konfrontiert mit alten Feinden, deren unbeirrbare Härte durch die Furcht vor einem deutschen Wiederaufstieg noch verstärkt wurde. Bisher hatte das Land versucht, den Reparationen auf verschiedenen Wegen zu entgehen, einschließlich einer schnellen, stillschweigenden Abwertung der Mark; die wirtschaftlichen Schwierigkeiten reizten das zutiefst entzweite Volk noch weiter. In einer großen Rede vor dem Reichstag im Jahre 1922 sprach sich Rathenau gegen die französischen Vorbehalte hinsichtlich einer begrenzten Polizeitruppe im Deutschen Reich aus, er warnte, man lebe «in einer Zeit, in der schwer gebändigt unter der Oberfläche die Mächte der Unruhe sich bewegen».[35] *

Das Wirth-Rathenau-Programm war einfach und äußerst realistisch: Verzicht auf eine Politik sinnloser Halsstarrigkeit, statt dessen Verhandlungen mit den Alliierten, um sie von der Bereitschaft zu überzeugen, die Deutschland auferlegten drückenden Verpflichtungen zu erfüllen – jedenfalls bis zur Schaffung einer vernünftigeren Ordnung der Weltwirtschaft. Rathenau setzte auf friedliche Vernunftlösungen im Zuge gut vorbereiteter Verhandlungen, nicht auf Konfrontation – schon deshalb, weil den Deutschen jegliche Macht fehlte. Die «Erfüllungspolitik» sollte die Alliierten – oder wenigstens einige von ihnen – davon überzeugen, daß Deutschland Vertrauen verdiene und daß ihm daher ein gewisses Maß an Gleichheit zustehe. Auch war dies der einzige Weg, das zu verhindern,

* Bezeichnenderweise und völlig richtig sagte er weiter, schlimmer als die durch Versailles geschaffenen wirtschaftlichen Gefahren sei «die Gefahr des Zusammenbruchs unserer Kultur». Seine Befürchtungen galten besonders der deutschen Wissenschaft, aber vor allem hatte er dabei die Zerstörung gemeinsamer ethischer Werte im Sinn, den Verlust dessen, was vom Erbe deutscher Größe übrig war.

was Rathenau am meisten fürchtete: die Besetzung des Ruhrgebietes durch die Alliierten, die dem Separatismus in Süd- und Westdeutschland Auftrieb geben würde und zur Spaltung des Reiches führen könnte.

«Erfüllungspolitik» bedeute nicht, wie Rathenau im Kabinett einmal ausführte, ein bedingungsloses Ja zu den alliierten Forderungen; sie würde zu einem späteren Zeitpunkt und unter günstigeren Umständen auf Änderungen hinwirken, ja auch ein gelegentliches Nein einschließen.[36] Trotz der massiven Veränderungen, die durch die Niederlage und die russische Revolution eingetreten waren, blieben Rathenaus Grundanschauungen relativ stabil: Er hoffte immer noch auf eine Versöhnung mit Frankreich, auch wenn sie nach dem Regierungsantritt Raymond Poincarés, der die französische Kompromißlosigkeit verkörperte, noch schwerer erreichbar schien. In Poincaré hatte Rathenau einen starren, unerbittlichen Gegner. Trotzdem hoffte er auf die Durchsetzung einer Politik der Annäherung an den Westen, da er besser als andere wußte, daß die wirtschaftlichen Realitäten ein gewisses Maß an Kooperation geboten. Auch sah er voraus, daß nur ein geeintes Europa mit der schnell expandierenden amerikanischen Wirtschaft würde konkurrieren können. Nicht zuletzt hoffte er, er könnte eine westliche Zusammenarbeit in Gang bringen, indem er Verhandlungen mit dem Ziel führte, einer verarmten Sowjetunion Wirtschaftshilfe zukommen zu lassen.

Nichts von alledem fand Anklang bei der radikalen Rechten im Land; die Mehrheit der Deutschen verharrte in Ablehnung: Sie wollte sich nicht der Wirklichkeit stellen, sie verweigerten sich jeder Vernunft. Auch hatte die Rechte eigene Vorstellungen von engeren Beziehungen zur Sowjetunion; für sie bestand die Rechtfertigung jedweder prosowjetischen Politik im tiefen Haß auf den Westen. Zur gleichen Zeit verfolgte der Chef der Heeresleitung, General von Seeckt, seine geheime Politik der Aufnahme militärischer Beziehungen zur Roten Armee – ein Mittel zur Umgehung des Versailler Vertrags.

Daß man Rathenau zum Außenminister machte, war naheliegend und ungewöhnlich zugleich. Naheliegend deshalb, weil sein Wissen in Finanzangelegenheiten unübertroffen war und weil er erstklassige Verbindungen zu den Siegermächten hatte – ein Umstand, der ihn in den Augen der Rechten freilich eher disqualifizierte. Überzeugend auch insofern, als Rathenau im Winter 1921, ohne einen Posten zu haben, die Regierung Wirth beraten und bisweilen sogar an Kabinettssitzungen teilgenommen hatte. Und doch unterschied sich Rathenau grundsätzlich von seinen Vorgängern, zumal in einem Ministerium, das seine eigenen Traditionen hatte: Er war kein Karrierediplomat, sondern kam aus der Wirtschaft, er war ein Intellektueller – und er war Jude. Rathenau konnte stets der Unterstützung Wirths sicher sein, und er verhielt sich geschickt bei den unvermeidlichen Ressortstreitigkeiten. Doch war das Außenministerium selbst gespalten, und sofern die Beamten überhaupt irgendeiner Form von Versöhnungspolitik zuneigten, teilten sie sich in prowestliche und proöstliche.

Seine Amtszeit ist vor allem wegen eines Ereignisses in Erinnerung, das er selbst wahrscheinlich als widersprüchlichen Erfolg ansah: Der Rapallovertrag zwischen Deutschland und der UdSSR war in gewissem Sinn eine Improvisation und eine Unterbrechung in Rathenaus Hoffnung auf Verständigung mit dem Westen. Persönlicher Ärger – Rathenau war gekränkt durch die Weigerung Lloyd Georges, zu der von ihm erwarteten Zeit ihn zu empfangen – und reale Furcht kamen zusammen: Einige Mitglieder der deutschen Delegation hegten die Befürchtung oder schützten sie zumindest vor, die Alliierten könnten mit den Sowjets ein Übereinkommen ohne deutsche Beteiligung schließen und die Frage der deutschen Reparationen an die Sowjetunion bliebe drohend im Raum stehen. Der Rapallovertrag, eine unerwartete Vereinbarung, beseitigte diese Drohung und begründete eine direkte Verbindung zwischen Berlin und Moskau. (Man hatte ein solches Übereinkommen schon kurz vor der Eröffnung der Konferenz von Genua ins Auge gefaßt.)[37] Der Vertrag hatte kaum praktische Konsequenzen, aber er lebt weiter als Symbol für die deutsche Unberechenbarkeit und die unbezähmbare Neigung, besondere Verbindungen zum Osten zu finden. Er bestätigte auch Lenins Annahme aus dem Jahre 1920, daß Deutschland gezwungen sein würde, sich mit Rußland zu verbinden.[38] Das war wohl kaum das Vermächtnis, das Rathenau selbst gewollt hätte.

Bis zum Ende wurde Rathenau von Konflikten und Widersprüchen verfolgt. Der Rapallovertrag war seine dramatischste Leistung, auch wenn Rathenau selbst wohl ein anderer Abschluß der Konferenz von Genua lieber gewesen wäre. Als Mann der Praxis, der eine starke Affinität zum alten Europa verspürte, hätte er wohl einen Kurs, der zur Zusammenarbeit mit dem Westen geführt hätte, vorgezogen. Seine ganze Erfüllungspolitik verfolgte ein doppeltes Ziel: Wiederaufbau durch Versöhnung. Andererseits war er aus Genua ja nicht mit leeren Händen zurückgekommen. Es ist durchaus möglich, daß er eine gewisse Befriedigung dabei empfand, die Welt verblüfft und – von Bismarcks altem Amtssitz aus – ein Stück Unabhängigkeit für die deutsche Außenpolitik wiedergewonnen zu haben.

Rathenau hatte den Gipfel der Macht zu einer höchst ungünstigen Zeit erreicht. Er, der jahrzehntelang ein Amt angestrebt hatte, erhielt seine Chance in dem Augenblick, als ein politisch gespaltenes Land sich entschlossenen Gegnern gegenübersah und die Wirtschaft aller Länder in beispiellosen Schwierigkeiten steckte. Mit der Unterstützung Wirths verfolgte Rathenau die richtige Politik, und doch erwies er sich als der falsche Mann zur falschen Zeit. Den verbitterten Deutschen war seine Politik der Versöhnung zur Vermeidung noch schlimmerer Härten – wie weiterer alliierter Besetzungen – verhaßt. Nationalisten, die für sture Obstruktion eintraten, sahen in Rathenau eine bequeme Zielscheibe für Beschimpfungen. Das waren die Leute, die in Verantwortungslosigkeit schwelgten. Das Land war noch nicht zur Erfüllung bereit; es fehlten ihm noch die verheerende Erfahrung der französischen Kompromißlosigkeit, augenfällig gemacht durch die Ruhrbesetzung, und die Erfahrung der Inflation. Erst danach konnte ein weniger problematischer Politiker, der frühere Alldeutsche Gustav Stresemann, mit Erfolg die Politik fortsetzen, die Rathenau begonnen hatte. *

Rathenau hatte es mit dem unversöhnlichen Poincaré zu tun, während Stresemann mit dem flexibleren, offeneren Briand zusammenarbeiten konnte. Seine ganze Amtszeit hindurch hatte sich Rathenau mit den unversöhnlichen Kräften im In- und Ausland auseinanderzusetzen, Kräften, die sich gegenseitig potenzierten.

Man hatte Rathenau oft gewarnt, er würde für die politische Prominenz mit seinem Leben zu zahlen ha-

* Die extreme Rechte verachtete Stresemann ebenso. Für beide Männer erfanden sie Verse, die Morddrohungen enthielten, eine Verhöhnung der deutschen Freude am Reim:

Knallt ab den Walther Rathenau,
Die gottverdammte Judensau.

Stresemann,
Verwese Mann.

ben; solche Warnungen erhielten zusätzliches Gewicht, als im August 1921 Erzberger ermordet wurde. Rathenaus Mutter war entsetzt über die Vorstellung, daß ihr Sohn ein Ministerium übernehmen wolle, und Einstein bat ihn, davon abzulassen: Ein Jude sollte solche Prominenz nicht anstreben, sagte er, die Rache würde furchtbar sein.* Rathenau verstand diese Warnungen und ignorierte sie doch. Nach seiner Rückkehr aus Genua berichtete ihm Reichskanzler Wirth, ein katholischer Priester habe ihn, unter Bruch des Beichtgeheimnisses, gewarnt, daß Rathenau Ziel eines Anschlags sei. Der in sich gespaltene Mann – der Wagenlenker mit den beiden Rossen – zögerte: der Zweckmensch hätte die rudimentären Sicherheitsmaßnahmen akzeptiert, die ihm Wirth und andere einschärften; der Mutmensch wollte dem Tod furchtlos ins Auge sehen. Der wahre Rathenau hatte schon immer Vorahnungen der Gefahr, vielleicht auch einen Hang zum Märtyrertum. Wiederholt führte er die Metapher aus dem «Phaidros» an: «Und oftmals wünschte ich, der Wagen möchte zerschellen, wenn die feindlichen Gäule auseinanderstürmend sich ins Gebiß legten und die Beine erlahmten.» Vor Rathenaus Tod

* Einstein beschrieb Rathenau recht gut: «Seine affektiven Bindungen waren widerspruchsvoll. Er fühlte sich als Jude, dachte international und war gleichzeitig ... ins Preußentum mit seinen Junkern und militärischen Formen verliebt ... [Er war weit entfernt] von der engherzigen militaristischen Einstellung fast aller deutschen Intellektuellen ... Trotzdem war er aber merkwürdigerweise doch abhängig von der Anerkennung jener Leute, die innerlich weit unter ihm standen bezüglich aller menschlichen Qualitäten. [Andererseits machte es ihm] Vergnügen, Ereignisse und Personen in humoristischer Weise darzustellen.» Einstein wußte wahrscheinlich einen Mann mit einer ähnlich boshaften Zunge zu schätzen. (Otto Nathan und Heinz Norden (Hg.), Einstein on Peace. New York 1960, S. 52f.).

notierte sich Lord D'Abernon: «Er hat mir oft gesagt, er sei sicher, daß er ermordet werden würde.»[39]

Am 24. Juni 1922 wurde Rathenau auf dem Weg ins Auswärtige Amt im offenen Wagen, ohne Schutz, ermordet. Sein Tod war ein Symbol seiner lebenslangen Konflikte und Widersprüche wie auch eines für die selbstzerstörerische Wut seines Volkes, das auf seine Weise genau so tief in sich gespalten war wie Rathenau selbst. Er hätte wohl eine unmittelbare Affinität zu den blonden, blauäugigen Fanatikern empfunden, die ihn aus nationalistischem Fanatismus umbrachten. Für die deutschen Arbeiter, die zu Hunderttausenden in Trauerzügen durch die Straßen der deutschen Städte zogen, um ihrer Empörung und ihrer Treue zur Republik Ausdruck zu geben, hätte er wohl eher die distanzierte Sympathie des Intellektuellen gezeigt.

Sein Tod – vielleicht gerade weil er so deutlich vorhersehbar war – erschütterte die vernünftigen Politiker derart, daß sie die wahre Zerbrechlichkeit dieser improvisierten Republik erkannten. Bei der Sitzung am 25. Juni im Reichstag sprach Reichskanzler Wirth die prophetischen Worte: «Der [...] Feind steht rechts.»[40] Und dieser Feind blieb auch nach Rathenaus Tod unversöhnlich.* Im Namen einer vagen Form von nationaler Erneuerung war ein Mann von glühendem Patriotismus und großen Verdiensten um die Nation getötet worden; der Mord an Rathenau war nicht die Tat eines einzelnen Geistesgestörten, sondern die Vorwegnahme einer großen nationalen

* Einstein, der als mögliches weiteres Opfer der extremen Nationalisten galt, schrieb über den Mord: «Daß Haß, Verblendung und Undankbarkeit so weit gehen würden, hätte ich nicht gedacht. Denjenigen aber, welche die ethische Erziehung des deutschen Volkes in den letzten 50 Jahren geleitet haben, möchte ich zurufen: An ihren Früchten sollt ihr sie erkennen.» (Neue Rundschau, 33. Jg., Bd. II, 1922, S. 815 f.).

Aufwallung, ein Sehnen nach Rache, eine «Vorahnung des Schreckens».*

Sein ganzes Leben lang suchte Rathenau, der in der Welt so Erfolgreiche, die Zukunft zu entschlüsseln, sie vorherzusagen und vorauszuplanen. In seinem Denken war viel Prophetisches – viel Prophetisches aber auch an seiner Karriere und seinem Tod. Der unsichere Bürger zweiter Klasse, der Jude mit der Sehnsucht, das zu sein, was, wie er wohl wußte, ihm von der Welt verwehrt wurde, nämlich ein Jude *und* ein Deutscher, war zu einem beispiellosen Rang aufgestiegen: Für einen flüchtigen Augenblick hatte er die sichtbarste Führungsposition seines Volkes innegehabt. Sein Leben und seine Karriere veranschaulichten Streben und Erfolg des deutschen Judentums. Seine Ermordung war Ausdruck der tobenden Leidenschaften und Spaltungen, eine Bestätigung eben jener Schwächen, die er bekämpfen wollte. In gewissem Sinn könnte man rückblickend Rathenaus Tod als die Generalprobe «von kommenden Dingen» sehen: die künftige Entartung seines Landes, die schließlich sein eigenes Volk, die Juden, verschlang.

* Eine neuere Studie, die sich auf Dokumente stützt, welche von der Roten Armee aus Deutschland in ein Moskauer Archiv gebracht wurden, sieht den Rathenaumord im Zusammenhang mit einer großangelegten Verschwörung der berüchtigten rechtsgerichteten O. C. (Organisation Consul), die mit einer Serie von Morden die Linke zum Aufstand provozieren wollte. Das hätte der Reichswehr und ihren rechtsgerichteten Verbündeten die Gelegenheit zu einer entscheidenden Kraftprobe gegeben und zu einer autoritären Diktatur geführt.
Mit Rathenau sollte also die Republik getroffen werden; antisemitische Überlegungen waren dagegen zweitrangig, jedoch hilfreich als Mittel zur Verschleierung der wahren Absichten und Hintermänner des Mordes. (Martin Sabrow, Der Rathenaumord. Rekonstruktion einer Verschwörung gegen die Republik von Weimar, München 1994.).

Noch war der Kampf um Deutschlands Seele, wie es bei Walther Rathenau geheißen hätte, nicht entschieden. Die Antwort auf seine Ermordung war ein spontanes Bekenntnis zur Weimarer Republik, der eine neue Generation – Männer wie Ernst Reuter – ihr Leben weihte. Rathenaus Leben und seine Visionen können noch immer eine Lehre sein, so auch seine bezwingende Hoffnung, daß sein Land es doch noch lernen würde, Begabungen für die Führung zu fördern, in der Politik wie auf jedem Gebiet des öffentlichen Lebens – sein Land, für das sich dieser einsame Mensch mehr Brüderlichkeit wünschte.

Freunde im Widerspruch
Haber und Einstein

> Ich freue mich über alles, was mein Können übersteigt, und bin glücklich, wenn ich bewundern kann.
>
> Fritz Haber an Richard Willstätter, um 1908[1]

Vorbemerkung

Dieser Aufsatz ist eine überarbeitete Version meines Beitrags zu dem Sammelband «Forschung im Spannungsfeld von Politik und Gesellschaft. Geschichte und Struktur der Kaiser-Wilhelm/Max-Planck-Gesellschaft, hg. von Rudolf Vierhaus und Bernhard vom Brocke. Stuttgart 1990». Mein Beitrag wurde 1986 vollendet; in den folgenden Jahren habe ich meine Archivarbeiten fortgesetzt mit der Absicht, eine Doppel-Biographie Haber-Einstein zu schreiben.

Für diesen Band habe ich einige mir besonders aufschlußreich erscheinende Erläuterungen, meist aus unveröffentlichten Quellen, hinzugefügt. In meinem geplanten Buch werde ich zur seit 1986 erschienenen Literatur Stellung nehmen, gerade auch was Haber und seine erste Frau betrifft. Als Mitglied des Executive Committee des Herausgebergremiums der *Collected Papers of Albert Einstein* bin ich mit diesem hervorragenden Unterfangen vertraut.

Weitere Details über Haber und Einstein finden

sich in einzelnen Aufsätzen in meinem Buch *Der Traum vom Frieden und die Versuchung der Macht. Deutsche Geschichte im* 20. Jahrhundert. Berlin 1988.

I. Forscher – Deutsche – Juden in der Gesellschaft des Kaiserreichs

In seinem Glückwunschbrief zum 50. Geburtstag Albert Einsteins schrieb Fritz Haber im März 1929:

«Von den großen Dingen, die ich in der Welt erlebt habe, greift der Inhalt Ihres Lebens und Wirkens am tiefsten. In einigen hundert Jahren wird der gemeine Mann unsere Zeit als die Periode des Weltkrieges kennen, aber der Gebildete wird das erste Viertel des Jahrhunderts mit Ihrem Namen verbinden, [...] Dann wird von jedem von uns andern soviel übrig sein, als Verbindung zwischen uns in den großen Vorgängen der Zeit war und in Ihrer Biographie wird, [...] nicht unerwähnt bleiben, daß Sie für mehr oder minder zugespitzte Bemerkungen über die Geschäfte der Akademie und mehr oder minder schlechten daran angeschlossenen Kaffee mich als Partner gehabt haben. So diene ich eigenem künftigem Ruhme und persönlichem Fortbestand in der Geschichte, indem ich Sie zu Ihrem fünfzigsten Geburtstage herzlich bitte auf sich zu halten, damit Sie gesund bleiben und ich weiter mit Ihnen zusammen spotten und Kaffee trinken und in der Stille darauf eitel sein kann zu dem Kreise zu zählen, der im engeren und menschlichen Sinne mit Ihnen lebt.» [2]

Habers Brief war keine bloße «Festtagsrede». Er beschrieb Einsteins Platz in Berlin, in der Welt und in Habers Herz. Ein Jahrzehnt war vergangen, seit die Welt begonnen hatte, Einstein als den zweiten Newton, als das Genie zu feiern, das die menschliche

Vorstellung vom Universum revolutioniert hatte. Die meisten Wissenschaftler begegneten ihm mit Ehrfurcht, ein großer Teil der Öffentlichkeit sah in ratloser Bewunderung zu ihm auf, eine Randgruppe verabscheute ihn. Haber, elf Jahre älter als Einstein und wie dieser Nobelpreisträger, war ein herausragender Chemiker und galt in der wissenschaftlichen Welt als ein großer unermüdlicher Organisator und Förderer der Wissenschaft. Er baute früh und äußerst erfolgreich Verbindungen zwischen Forschung und Industrie auf. Ein Haber-Schüler, Karl Friedrich Bonhoeffer, schrieb über ihn:

«Ungebunden von akademischer Enge erlebte er an seiner eigenen Arbeit die innige gegenseitige Bedingtheit von Technik und reiner Wissenschaft. Er wurde dadurch zu einer wissenschaftlichen Persönlichkeit, deren geistiges Ringen stets dem Bestreben galt, die wissenschaftliche Entwicklung in Lebensnähe zu erhalten.»[3]

Die beiden Männer trafen zum ersten Mal 1911 auf der Versammlung Deutscher Naturforscher und Ärzte in Karlsruhe zusammen. Haber hatte den Hauptvortrag gehalten. Er stand kurz davor, Karlsruhe zu verlassen, wo er ein weltbekanntes Labor für physikalische Chemie an der Technischen Hochschule geleitet hatte und wo ihm die Herstellung von Ammoniak aus Stickstoff und Wasserstoff unter hohem Druck gelungen war, eine Methode, deren großtechnische Anwendung dann durch das Haber-Bosch-Verfahren ermöglicht wurde*. Zu dieser Zeit

* Für Deutschland war diese Erfindung von unermeßlichem Wert: Ohne sie wäre der Erste Weltkrieg innerhalb von Monaten verlorengegangen. In der wissenschaftlichen Welt hatte es einen Wettlauf um diese Erfindung gegeben, die als absolut notwendig betrachtet worden war. 1898 hatte der Präsident der British Association for the Advancement of Science, Sir William Crookes,

war Einstein Professor für Theoretische Physik an der Deutschen Universität Prag. Seine Veröffentlichungen aus dem Jahre 1905 und seine frühen Arbeiten zur Quanten-Theorie und speziellen Relativitätstheorie hatten ihn der wissenschaftlichen Welt bereits als Genie erscheinen lassen. Haber kam 1911 als Direktor des Kaiser-Wilhelm-Instituts für physikalische Chemie und Elektrochemie nach Berlin, das von dem jüdischen Bankier Leopold Koppel mit einer Million Mark finanziert wurde. Einstein folgte drei Jahre später nach Berlin, von Planck und Nernst mit einem einzigartigen Angebot umworben: der Mitgliedschaft in der Preußischen Akademie der Wissenschaften, einer Professur an der Universität ohne Lehrverpflichtung und mit einem Gehalt von 12000 Mark, das Koppel zur Hälfte privat finanzierte.[4] Haber hatte Einsteins Berufung mit allen Mitteln unterstützt und bereits im

vor den verheerenden Folgen des Ausbleibens einer solchen Lösung gewarnt – und zwar mit einem Unterton rassistisch geprägter Angst: «Wenn wir [die Fixierung] nicht als etwas Sicheres betrachten können, wird die große Caucasische Rasse ihren Vorrang in der Welt verlieren, und ihre Existenz wird ausgequetscht werden durch Rassen, für die das Weizen-Brot nicht der Lebenskern ist.» (William Crookes, «Address», in: *Report of the British Association for the Advancement of Science,* Bd. 68 (1898), S. 30–33).

Zwei Jahre später machte Wilhelm Ostwald, der berühmte physikalische Chemiker, eine entsprechende Aufzeichnung über die Notwendigkeit einer Synthese des Ammoniak: «Deutschland käme in die Lage, den größeren Teil seines Brotbedarfs selbst zu bauen. Mit der Hebung der Landwirtschaft ist die Erhaltung des Bauernstandes und damit der Wehrfähigkeit Deutschlands auf ein weiteres halbes Jahrhundert gesichert.» Auch könnte Deutschland einen «unglücklichen Seekrieg» überstehen, und überhaupt im Kriegsfall die notwendige Salpetersäure erzeugen. Ostwalds eigene Versuche scheiterten. (Wilhelm Ostwald, *Lebenslinien. Eine Selbstbiographie,* 2. Teil, Leipzig 1887–1905. Berlin 1927, S. 282).

Januar 1913 an einen Kollegen im preußischen Kultusministerium geschrieben: «Herr Geh. Rat Koppel war grundsätzlich geneigt die Gewinnung Einsteins zu fördern.» Einstein würde die theoretische Chemie fundamental voranbringen: «Es ist ein ganz seltener Zufall, daß ein solcher Mann nicht nur vorhanden ist, sondern seine Jahre (34) und Lebensumstände der Verpflanzung günstig sind und daß sein Charakter und seine sonstigen Eigenschaften mir die feste Zuversicht auf ein gedeihliches Verhältnis geben.»[5]

Ein berühmtes Gruppenphoto, aufgenommen 1920 aus Anlaß des Weggangs von James Franck nach Göttingen, zeigt Franck, Lise Meitner und Otto Hahn sitzend, andere Wissenschaftler stehend, und herausgehoben, auf den beiden Sofalehnen thronend, Einstein und Haber in einer bemerkenswerten und einander ergänzenden Positur. Die beiden Männer befanden sich in der Tat in einer einzigartigen Position: Zu einer Zeit deutscher wissenschaftlicher Größe, vielleicht sogar wissenschaftlicher Vorherrschaft, verkörperte Einstein das Genie theoretischer Schöpferkraft und Haber das unmittelbarer und praktischer Leistung. Einstein war der einsame Meister, Haber der Impresario kollektiver Größe. Sie waren sich völlig bewußt, daß sie einer überragenden Gemeinschaft von Wissenschaftlern angehörten und ihre Arbeit in einem besonders unterstützenden Milieu gedieh.

Haber und Einstein rufen auch die äußere Seite der deutschen Überlegenheit in Erinnerung. Seit der erstmaligen Vergabe des Nobelpreises im Jahre 1901 bis zu Hitlers Machtergreifung vereinigten die Deutschen mit über 30 Prozent einen größeren Anteil der Preise auf sich als irgendeine andere Nation. Unter den Ausgezeichneten befanden sich annähernd 30 Prozent deutsche Juden, auf dem Gebiet der Medizin stellten diese 50 Prozent der Nobelpreisträger. Gefeiert und geehrt zeigten Deutsche und Juden gleichermaßen eine gewisse Unbescheidenheit in genialer Leistung – beide Gruppen profitierten von einer Gesellschaft, die sich darauf verstand, Begabungen zu fördern. Habers Beziehungen zur BASF stehen für die enge und frühe Verbindung der deutschen Industrie und Wissenschaft, ein Verbund der Effizienz. Einsteins Berufung nach Berlin zeigt, daß mindestens in den Naturwissenschaften das jüdische Genie willkommen geheißen wurde. Bei der Stiftung von Geldern und im Forschungsprozeß selbst hatten Juden einen herausragenden Platz inne. Mit Recht hat Alfred North Whitehead hervorgehoben, daß «die größte Erfindung des neunzehnten Jahrhunderts die Erfindung der Methode der Erfindung ist»[6] – und gerade bei dieser Erfindung, der Entdeckung von Talenten, haben die Deutschen zwischen 1880 und 1930 ein großes Geschick gezeigt.

Haber und Einstein traten nicht nur als Wissenschaftler hervor. Sie waren auch bekannte Gestalten des öffentlichen Lebens, einflußreich im gesellschaftlich-kulturellen Leben im Deutschland des 20. Jahrhunderts: Haber im Dienste seines Landes und der Wissenschaft; Einstein im Einsatz für große politisch-humanitäre Belange. Aber sie waren auch sehr private Menschen mit ihren Träumen und Depressionen, ihren innersten Gedanken und Gefühlen, ihren Bedürfnissen und Überzeugungen, ihren Freuden und Vorlieben. In ihrer umfangreichen, weitgehend unveröffentlichten Korrespondenz, in großartigen Briefen, die Haber und Einstein sich schrieben, oder die Haber an seinen besten Freund, Richard Willstätter, oder Einstein an Max von Laue schrieb, stieß ich auf viele Facetten ihres privaten und öffentlichen Lebens. Natürlich betrafen diese Briefe meist wissenschaftliche Fragen, aber sie berühren auch andere Themen. Aufgrund ihres Charakters und durch die Gewalt der Umstände wurden diese Männer in die Politik und öffentliche Auseinandersetzungen hineingezogen. Der Erste Weltkrieg, dann fast zwei Jahrzehnte später Hitler, zwang sie zu erkennen, was Napoleon viel früher in Erfurt gesagt hatte: Politik ist Schicksal. Ihre oftmals in elegantem Stil verfaßten Kommentare sind eine unschätzbare Quelle für die Geschichte ihrer Zeit und für die Biographie einiger ihrer bedeutendsten Gestalten. Vielleicht haben Historiker und Geisteswissenschaftler die Zeugnisse ihrer «exakteren» Kollegen unterbewertet. Vielleicht beginnen Wissenschaftshistoriker die nichtwissenschaftlichen Dimensionen wissenschaftlicher Arbeit zu erhellen.[7]

Diese Briefe bringen auch eine seltene und bewundernswerte Begabung für Freundschaft und Wärme zum Ausdruck. Haber, Einstein, Laue und Willstätter vertrauten einander, teilten sich gegenseitig ihre Entdeckungen, ihre Zweifel, ihre Wahrnehmungen und Ängste mit. Es gibt keine allgemein gültige Mischung von Einsamkeit und Freundschaft, die Kreativität fördert; ich glaube jedoch, daß die Männer – und es war in erheblichem Ausmaß eine Männerwelt – sich gegenseitig in der Arbeit und durch Freundschaft aufrechterhielten. Als Individuen hatten sie manche Augenblicke tiefsten Selbstzweifels, selten, vermutlich nie, zweifelten sie jedoch an dem Wert des Gesamtunternehmens oder an dem Wert der eigenen Gruppe. Bis Hitler alles auseinanderschlug, gab es eine enge Wissenschaftler-Gemeinschaft, die auf ihren Erfolg stolz war und dankbar für den kollegialen Austausch.

Ich bekenne, daß ich – indem ich den Schwerpunkt auf das private und öffentliche, nicht-wissenschaftliche Leben von Haber und Einstein lege – infolge meiner naturwissenschaftlichen Unbildung das für sie zentrale Anliegen, ihre Arbeit und ihre Ehrfurcht vor der naturwissenschaftlichen Forschung auslasse. Gleichwohl, sie wußten um die Komplexität ihrer eigenen Persönlichkeit und um die Tiefen, denen ihre eigene Kreativität entsprang. So schrieb Haber, der sich oftmals für einen Wutausbruch entschuldigen mußte, einst an Willstätter:

«O lieber Richard! habe ich so schwer gefehlt, daß Du noch immer zornig bist! Deine Anerkennung macht mich sehr stolz, aber Deine Zuneigung ist mir sehr viel mehr. Denn im Grunde ist mir das Seelische ungleich bedeutsamer wie das Verstandesmäßige, und meine Seele hat sich schier übermäßig an Dich angehängt.» [8]

Haber und Einstein hatten enge wissenschaftliche Kontakte und schätzten einander; Einstein hielt Haber für einen «hervorragenden physikalischen Chemiker»[9] Die Beziehung auf wissenschaftlicher Ebene wurde aber sehr schnell in die private Sphäre erweitert. In den Jahren 1912–1914 – zu einer Zeit großer seelischer Belastung für Einstein – wurde Haber sein wichtigster Vertrauter und diskreter Helfer. Einsteins Übersiedlung nach Berlin war nicht nur beruflich bedingt: Er hatte sich 1912 in seine Cousine Elsa verliebt, die geschieden war und mit ihren zwei Kindern in Berlin lebte. Haber wußte von dieser Liebe – wie auch von der zerrütteten Ehe Einsteins mit Mileva –, und auch diese Verhältnisse gehörten zu den entscheidenden günstigen «Lebensumständen», die Haber als Befürworter der Berufung erwähnte. Elsa hatte sich – ohne Einsteins Wissen – an Haber gewandt, um Einsteins Ruf zu beschleunigen. Irritiert und auch amüsiert rügte Einstein Elsas Vorgehen bei Haber, «mein[em] Freund und Impresario.» [10] *

* Einstein war nie blind gegenüber den Schwächen seiner Freunde. So schrieb er im Dezember 1913 an Elsa: «Leider ist Habers

Im Frühling 1914 kamen Mileva Einstein und die beiden Söhne nach Berlin, aber im Juni kam es bereits zur Trennung. Einstein nahm Abschied am Bahnhof – und weinte um den Verlust der Söhne. Haber begleitete ihn auf diesem Weg und wußte, daß die Trennung Einstein trotz seiner heimlichen Liebe zu Elsa tief schmerzte; es habe einem Mord geähnelt, meinte Einstein später. Haber war wohl der erste, der von Einsteins Liebe für Elsa wußte; die größte Diskretion mußte gewahrt werden, um eine spätere Scheidung zu ermöglichen und um einen «Skandal» in Berlin zu vermeiden. Im Laufe der Zeit wurden Planck und andere eingeweiht. Die Scheidung fand im Februar 1919 statt, im Juni heiratete Einstein seine Cousine. Bis in die späten zwanziger Jahre blieb Haber Vermittler zwischen Einstein und der in traurigen Verhältnissen lebenden Mileva.

Einstein, der sicher psychisch stärker und unabhängiger war als Haber, fand in jenem einen väterlichen Freund, stets bereit zu freundschaftlicher Hilfe. Ha-

Bild überall zu sehen.» Wahrscheinlich stand dies im Zusammenhang mit der offiziellen Eröffnung seines Kaiser-Wilhelm-Instituts. «Es schmerzt mich jedesmal, wenn ich dran denke. Leider muß ich mich damit abfinden, daß dieser sonst so prächtige Mensch persönlicher Eitelkeit verfallen ist, und zwar sogar nicht einmal von der geschmackvollsten Art. Dieser Mangel ist eben überhaupt leider Berliner Art. Wenn diese Leute mit Franzosen und Engländern zusammen sind, welcher Unterschied! Wie roh und primitiv sind sie. Eitelkeit ohne echtes Selbstgefühl. Civilisation (Schön geputzte Zähne, elegante Kravatte, geschniegelter Schnauz, tadelloser Anzug) aber keine persönliche Kultur (Rohheit in Rede, Bewegungen, Stimme, Empfindung.» Aufschlußreich: Einstein verkehrte die damals so beliebte Formel, Deutsche hätten Kultur, die anderen Civilisation, in ihr Gegenteil – und sein eigenes Auftreten in puncto Kleidung usw.) war ja stets ein stiller Protest gegen die (deutsche) Civilisation! (Collected Paper, Bd. 5, wie Anm. 5, S. 574).

ber erfuhr – wie wir sehen werden – Leid und Versagen in seinen beiden Ehen. Vertieften diese Schicksale ihr gegenseitiges Verständnis? Jedenfalls hielt die Freundschaft bis zu Habers Tode und wurde in den zwanziger Jahren immer wieder in den Briefen betont. Das «Du» fehlte – das hing wohl zusammen mit dem Altersunterschied und mit dem gegensätzlichen Lebensstil.

Soweit der private Bereich. Haber und Einstein waren auch Männer von Welt, und in den zwanziger Jahren verkehrten beide mit herausragenden Persönlichkeiten in Berlin, in Deutschland und im Ausland; Staatsmänner, königliche Hoheiten, Künstler und Schriftsteller zählten zu ihren Freunden, und alle Welt war geschmeichelt, sie bei sich zu sehen. Wie Erik Erikson jedoch bereits betont hat[11], bemühte sich Einstein, das Kind in sich zu bewahren. Haber half ihm, sich seine kindliche Naivität zu erhalten, während er ganz in der wirklichen Welt lebte. Habers Fähigkeit zu Freundschaften war außergewöhnlich. Er muß jedoch eine besondere Freude darin gefunden haben, seine Hand über den im praktischen Leben unerfahrenen, etwas melancholischen, hochbegabten Einstein zu halten. Offenbar teilten beide auch die gleiche großartige Begabung für ausgelassene Freude und eine ironische Betrachtung ihrer Welt. Lachen verband sie selbst dann, wenn Haber sich zu Pathos verstieg und Einstein zu verletzend-scharfem Witz griff. Kaum verwunderlich also, daß Friedrich Schiller Habers, Heinrich Heine Einsteins bevorzugter Dichter war.

Sie hatten viel gemeinsam: Beide hielten das Ethos des Wissenschaftlers hoch, selbst wenn ihre Ziele und beruflichen Wege auseinandergingen. Beide waren auf ihrem Gebiet Autodidakten. Beide hatten in ihrer Karriere früh entmutigende Fehlschläge erlebt. Sie hatten das Gefühl der Berufung und eine strenge Auffassung ihres Berufs. Sie würden mit dem frühen Nobelpreisträger Wilhelm Ostwald übereingestimmt haben, der nach Ludwig Boltzmanns selbstgesuchtem Tod 1906 die Bilanz eines wissenschaftlichen Lebens zog und von dem Schmerz und der Einsamkeit sprach, die ein echter Wissenschaftler ertragen müsse: «Das gehört zu den Gesetzen, denen fast alle Diener der strengen Göttin Wissenschaft unterworfen sind, daß ihr Leben in Trauer ausgeht, und dies um so mehr, je vollständiger sie es ihrem Dienste geweiht hatten.» Oder mit Sigmund Freud: «Die Wissenschaft ist eben die vollkommenste Lossagung vom Lustprinzip, die unserer psychischen Arbeit möglich ist.» Ein ebenso klares Bekenntnis legte Einstein Elsa gegenüber ab, als er über seine Frau und seine Mutter klagte: «Kein Wunder, wenn unter diesen Verhältnissen die Liebe zur Wissenschaft gedeiht, die mich aus dem Jammerthal emporhebt in ruhige Sphären, unpersönlich und ohne Schimpfen und Jammern.»

Haber und Einstein begriffen ihre Welt und ihre Arbeit teilweise durch die klassisch-philosophische Ausbildung, die beide noch erhalten hatten. Nach ihrem Verständnis forderte Wissenschaft Opfer und verlangte Entsagung. Eigener Einsatz und ständige Überarbeitung schädigten die eigene Gesundheit – und dienten auch als Entschuldigung für die egoistische Unterordnung anderer. Ehrgeiz war als Entsagung verklärt. Viele Frauen berühmter Wissenschaftler konnten öffentlichem Ruhm genießen und hatten in aller Stille männliche Abwesenheit jeglicher Art und Indifferenz zu erleiden.

Haber und Einstein sahen in der Wissenschaft die große transzendentale Erfahrung – und tiefste Herausforderung. Sie beugten sich in Ehrfurcht vor dem

Geheimnisvollen und Unerklärlichen. Einsteins Rede zu Max Plancks 60. Geburtstag im April 1918 «Prinzipien der Forschung» eröffnete er mit der Bemerkung: «Ein vielgestaltiger Bau ist er, der Tempel der Wissenschaft.» Sollten einst Gottes Engel die ausschließlich Ehrgeizigen und die ausschließlich praktisch Veranlagten aus diesem Tempel vertreiben, würden nurmehr dort verbleiben «etwas sonderbare, verschlossene, einsame Kerle ..., die einander trotz dieser Gemeinsamkeiten eigentlich weniger ähnlich sind als die aus der Schar Vertriebenen». Was aber führte die wirklichen Jünger zu dem Tempel? Einstein zitiert Schopenhauer. Einer der mächtigsten Beweggründe, der zu Kunst und Wissenschaft führe, sei «eine Flucht ... aus dem Alltagsleben, mit seiner schmerzlichen Rauheit und trostlosen Öde, aus den Fesseln der ewig wechselnden eigenen Wünsche». Die Quelle «der unerschöpflichen Ausdauer und Geduld, mit der wir Planck den allgemeinsten Problemen unserer Wissenschaft sich hingeben sehen», erklärte er wie folgt:

«Der Gefühlszustand, der zu solchen Leistungen befähigt, ist dem Religiösen oder Verliebten ähnlich; das tägliche Streben entspringt keinem Vorsatz oder Programm, sondern einem unmittelbaren Bedürfnis.»[14]

Aber Wissenschaftsglaube und Genius waren nicht genug. Naturwissenschaftler waren sich über ihre Bedeutung und ihre Bedürfnisse völlig im klaren. Adolf Harnack, Theologe und als Vertrauter des Kaisers bekannt, wurde damit betraut, die grundlegende Denkschrift für die Gründung der Kaiser-Wilhelm-Gesellschaft zu entwerfen. Mit dem damals üblichen und für den Kaiser unverzichtbaren Pathos schrieb Harnack 1909: «Die Wehrkraft und die Wissenschaft sind die beiden starken Pfeiler der Größe Deutschlands.»[15] Die Naturwissenschaften waren international verbindend – und lebten gleichzeitig in entbrannter Rivalität.*

Haber und Einstein besaßen dieses Sendungsbewußtsein, diese Auffassung von Wissenschaft als Berufung zu einem besonderen Priestertum für einen Glauben, der gerade erst entstanden war. Beide Männer gehörten einer Generation an, die an den Grenzen des Wissens stand. «Dieser Bande von Brüdern» anzugehören, war erhebend und fordernd. Noch gab es einige Riesen, und diese verfügten souverän über ein breites Wissen. Sie alle waren in der alten humanistischen Kultur verwurzelt. Natürlich blieben auch Konflikte und Niederträchtigkeiten nicht aus. Haber hatte oft Schwierigkeiten in seinem Institut, die er mit großer aufgeschlossener, auch schroffer Autorität löste. Beide Männer stießen auf Rivalität und kleingeistige Kollegen, vor allem aber wurde ihnen bewußt, daß sie der «schmerzlichen Rauheit» des Alltagslebens, dem traditionsgeladenen Antisemitismus nicht entfliehen konnten.

Haber und Einstein wurden als Juden in eine Gesellschaft hineingeboren, in der Juden erfolgreich waren, zugleich aber auch eine Vielzahl antijüdischer Gefühle aufkeimte. Ohne daß sie es ahnen konnten,

* Im Jahre 1927 – angesichts angeschlagener Größe – sprach Haber von den «drei Pfeiler[n] unserer deutchen Weltgeltung» in der Vorkriegszeit: «Wir genossen damals Respekt für soldatische Stärke, für die wirtschaftliche Leistung und für die Kultur unseres Landes. Es war aber ein großer Unterschied zwischen diesen drei Stützpfeilern unseres Ansehens. Die soldatische Stärke des Reiches verschaffte uns ein respektvolles Mißtrauen im Auslande. Die wirtschaftliche Leistung der Industrie weckte einen Respekt in geteilten Herzen, je nachdem der Käufer oder der Konkurrent zu Worte kam. Nur die Kulturentwicklung wirkte gleichzeitig achtungsgebietend und völkerverbindend.» (Karlsruher Zeitung, 31.1.1927). Sechs Jahre später wurde auch der dritte Pfeiler entweiht und zerstört.

erwartete sie das gleiche tragische Schicksal. In den Jahren vor Hitler gingen ihre Ansichten darüber, wie ihre Identität zu bestimmen, wie mit ihrem jüdischen Ursprung umzugehen sei, radikal auseinander. Die meisten säkularisierten Juden fanden in der deutschen Kultur – in der deutschen Philosophie, Literatur und Musik – ihre geistige Heimat. Zusammen mit vielen Protestanten teilten sie eine Kulturreligion, eine besondere Verehrung, ja Ehrfurcht vor der Bildung, die oftmals mit christlicher Ethik verbunden war. In ihren Überzeugungen hatten säkularisierte Juden mehr mit einem säkularisierten deutschen Bürger gemeinsam als mit orthodoxen oder praktizierenden Juden, deren Existenz sie oft peinlich berührte. Mit der letzten Gruppe teilten sie jedoch die Erinnerung und die wiederholte Konfrontation mit Vorurteilen und Behinderungen. Selbst säkularisierte Juden waren untereinander tief uneins im Hinblick auf die weiteren Aussichten einer Emanzipation, die zur Gleichheit führen sollte. Für eine wachsende Minderheit war die Anziehung der deutschen Kultur, der Wunsch nach voller Assimilierung so groß und das verbliebene Judentum so schwach, daß der Glaubenswechsel zum Protestantismus oftmals zu einem seichten Protestantismus, zu einer Art Vernunftreligion, als naheliegender selbstverständlicher Schritt erschien. Mischehen, Konvertierung Erwachsener, Kindertaufen gewannen für städtische Juden in gewissem Ausmaß an Selbstverständlichkeit und nahmen leicht zu. Die Tatsache, daß der Glaubenswechsel viele bürgerliche Vorteile mit sich brachte, spornte manche an, hielt andere jedoch auch zurück.

Haber und Einstein wählten in Übereinstimmung mit ihrer jeweiligen Herkunft, ihrem Charakter und ihrem Streben entgegengesetzte Wege. Ihre Überzeugungen und Handlungen spiegeln die Ungewißheiten wider, denen sich so mancher Jude ihrer Zeit gegenübersah. Der Weg, den Haber einschlug, entsprach vermutlich den Empfindungen und Einstellungen vieler Juden der Oberschicht eher als Einsteins Weg. Einsteins Entscheidungen waren ungewöhnlich und bestätigten seine Außenseiterposition («apartncss»), die Abraham Pais für seinen wesentlichen Charakterzug hält.[16]

Habers Vater war ein vermögender Farbstoff- und Farbenfabrikant in Breslau und daselbst ein geachteter Stadtrat, der seine öffentlichen Verpflichtungen sehr ernst nahm. Haber Mutter starb wenige Wochen nach seiner Geburt; sein Vater verheiratete sich erneut neun Jahre später mit einer sehr viel jüngeren Frau. Habers Verletzlichkeit, seine auch psychisch angeschlagene Gesundheit – standen sie nicht in Zusammenhang mit dem Schmerz der mutterlosen Existenz? Über Habers Kindheit wissen wir wenig. Die Beziehung zu seinem Vater wurde zunehmend schwieriger, als dieser erwartete, daß sein Sohn in das väterliche Geschäft eintreten würde.

Die jüdische Gemeinde in Breslau war vergleichsweise groß und angesehen. Die medizinische Fakultät, der eine große Zahl von Juden angehörte, war berühmt, in einigen Kreisen herrschte jüdisch-christliche Kollegialität und Freundschaft vor. Juden – zumal vermögende oder beruflich erfolgreiche – hatten allen Grund, zufrieden zu sein. Wie ihre christlichen Nachbarn neigten die schlesischen Juden dazu, preußische Superpatrioten zu sein, war doch Schlesien von Friedrich dem Großen erobert worden, dem verehrten «Alten Fritz».

Der junge Fritz wurde drei Jahre vor Deutschlands Einigung geboren. Seine Kindheit fiel in eine Phase glühender Begeisterung für deutsche Waffen und für die deutsche Einheit. Ein frühes Photo zeigt ihn mit einem Spielzeuggewehr in der Hand. Jahre später absolvierte und genoß er seinen einjährigen Militärdienst. Zur Bestürzung seines Vaters konvertierte er als 24jähriger zum Protestantismus. Dies war zwar nicht ungewöhnlich, aber in keiner Weise selbstverständlich. Richard Willstätter, sein bester Freund in späteren Jahren, empfand ganz anders.

Willstätter war zwar vom Neuen Testament tief bewegt, aber «der Übertritt zum Christentum kam für mich nie in Betracht, da mit ihm bedeutende Vorteile verknüpft waren, während das Verharren im Judentum nur bürgerliche Nachteile mit sich brachte». Zugleich waren ihm jedoch selbstzufriedene, großtuerische Juden unsympathisch: «Unter meinem Judentum litt ich viel.» Nach Hitlers Machtergreifung schrieb er: «Eine wahre Gleichberechtigung der Juden ist in Deutschland nie erreicht worden.»[17] Nichts deutet darauf hin, daß Haber und Willstätter oder Haber und Einstein sich über den Glaubenswechsel Habers unterhielten, noch stellte dieser in irgendeiner Weise seinen neuen Glauben zur Schau. Vermutlich war dies ein Thema, über das der Mantel des Schweigens gedeckt wurde.

Ein ehrgeiziger Vierundzwanzigjähriger, der auf eine akademische oder wissenschaftliche Karriere zusteuerte, muß gewußt haben, daß der Glaubenswechsel mit praktischen Vorteilen verbunden war. Möglicherweise wurde er von einem bekehrungseifrigen protestantischen Theologen ermutigt, dies ist zumindest die Vermutung seiner zweiten Frau in ihren äußerst unzuverlässigen Memoiren.[18] Die Entscheidung entsprach auch seinem eindeutigen Patriotismus. Trotz dieses preußisch-deutschen Patriotismus war er ohne den abschreckenden Chauvinismus seiner Zeit.

Hinzu kam Habers Ehrgeiz; in einem Empfehlungsschreiben wurde er als «ein rühriger Mensch» beschrieben. Früh schon war seine Gesundheit angeschlagen, und seinem Freund Richard Abegg klagte er bereits 1901, daß seine Reizbarkeit von seiner Überarbeitung herrühre. Er war leicht verwundbar; innere Ruhe war ihm wohl nur selten beschieden. Im August 1901 heiratete Haber eine Breslauerin jüdischer Abstammung, Clara Immerwahr, eine hochbegabte Frau, die er schon als Studentin kannte, als sie – wohl als erste Frau in Breslau – ihren Doktor in physikalischer Chemie erwarb. Am 1. Juni 1902 wurde der Sohn Hermann geboren – nach einer ausgesprochen schwierigen Schwangerschaft. Drei Monate später verließ Haber seine Familie, um sich zu einer fünfmonatigen beruflichen Reise in die USA zu begeben – ungewöhnlich selbst in einem Zeitalter, in dem der Beruf des Mannes einen beinahe unantastbaren Vorrang hatte. Die Ehe wurde schwierig, und 1908 beklagte Clara sich bei ihrem alten Doktorvater, Abegg, mit dem sie von Beginn der Ehe an einen privaten und erstaunlich offenen Briefwechsel führte:

«Was Fritz in diesen 8 Jahren gewonnen hat, das – und noch mehr – habe ich verloren, und was von mir übrig ist, erfüllt mich selbst mit der tiefsten Unzufriedenheit ... und wenn ich einen Teil des Minus-Facits [ihrer Unzufriedenheit] ... auf eine besondere Anlage meines Temperaments schieben muß, so ist der Hauptteil zweifellos auf Fritzens erdrückende Stellungnahme für seine Person im Haus und in der Ehe zu schieben, neben der einfach jede Natur, die nicht noch rücksichtsloser sich auf seine Kosten durchsetzt, zugrunde geht ... Fritzens sämtliche menschliche Qualitäten außer dieser einen [Forschungswillen] sind nahe am Einschrumpfen, und er ist sozusagen vor der Zeit alt.» [19]

Ein großer Groll, haarscharf formuliert, spricht aus diesem Brief – und mag uns zu einem Hauch Skepsis berechtigen, was Claras Urteil über Haber angeht. Im Kreis von Kollegen, Schülern, Freunden wurde er oft als sprühend und lebhaft geschildert; anregend bei anderen, erschöpft zu Hause – wem täte dieser Unterschied nicht weh?

Haber hatte seine akademische Glanzzeit in Karlsruhe im liberalen Baden von 1894 bis 1911. Später noch erinnerte er sich an den «Eindruck der größeren politischen Reife, die hier [in Baden] zu Hause war. Denn es war hier mehr Verständnis als im klassenmäßigen Norden für die Denkweise anderer Menschenkreise und mehr Bereitwilligkeit auf sie Rücksicht zu nehmen.» [20] Seine wissenschaftlichen Erfolge machten ihn zum angesehenen Mitglied der internationalen «scientific community». In Friedenszeiten war er ein Internationalist, dessen Herz und Seele allerdings erkennbar deutsch waren.

Einsteins Werdegang war in vieler Beziehung anders. Auch er entstammte einer säkularisierten jüdischen Familie, allerdings schwäbischer, ländlicher Herkunft. Auch sein Vater war ein Geschäftsmann, zuerst in Deutschland, später in Italien. Überall war er ein liebenswerter Versager. Betrübt über das Unglück seiner Eltern, schrieb Albert 1898 an seine Schwester: «Es wäre wirklich besser, wenn ich gar nicht lebte.» [21] Vier Jahre zuvor war er in einem Münchener Gymnasium zurückgelassen worden, als seine Eltern nach Italien gingen. Von dem herrischen Ton an der Schule bedrückt und von der Feindseligkeit seiner Lehrer angetrieben, verließ er bald Deutschland, ging zu seinen Eltern und nahm schließlich seine Schulausbildung in der Schweiz wieder auf, die er als die ihm am meisten zusagende Heimat empfand.

Einstein verließ Deutschland als freiwilliger Flüchtling und verzichtete gleichfalls auf seine Staatsbürgerschaft. Er verhielt sich so, um nicht in der deutschen

Armee dienen zu müssen, und aus Abneigung gegen das deutsche Leben. Als er schließlich die Schweizer Staatsbürgerschaft erhielt, ereilte ihn dort die Wehrpflicht, er wurde allerdings aus Gesundheitsgründen nicht eingezogen. Seine erste politische Handlung bestand somit darin, sich den Forderungen des deutschen Staates zu entziehen. Sein Wunsch war stets Unabhängigkeit, seine Verachtung galt jeglicher Form von Untertanengeist.

Als junger Heranwachsender ging Einstein durch eine kurze intensive religiöse Phase. Daraus resultierte bei ihm eine starke Ablehnung jeglicher Autorität. Als kaum Zwanzigjähriger äußerte er, woran er den ganzen Rest seines Lebens festhielt: «Autoritätsdusel ist der größte Feind der Wahrheit.»[22] Ein Züricher Lehrer bemerkte: «Du erlaubst niemandem, dir irgend etwas zu sagen.»

Einsteins anonyme Außenseiterposition mag eine Voraussetzung für seine umstürzenden Erkenntnisse gewesen sein. Zu verschiedenen Zeitpunkten seines Lebens grübelte er freilich über das seltene Wunder jener Menschen nach, die das «Ich» überschritten und ein «Wir» werden konnten, auch über sein eigenes Bedürfnis, Freunde zu haben. Er suchte seine Freunde unter älteren Männern und unter Altersgenossen. In Zürich besuchte er öfter das Haus des Ranke- und Waitz-Schülers Alfred Stern, eines 33 Jahre älteren Historikers, dessen Vater, ein berühmter Mathematiker, als erster ungetaufter jüdischer Ordinarius in Göttingen gelehrt hatte.[23] Als Einstein Zürich 1901 verließ, dankte er Stern für «alle Güte und väterliche Freundschaft, mit der Sie mich stets beglückt haben ... Aber das ist gewiß, daß mir noch keiner so entgegengekommen ist wie Sie, und daß ich mehr als einmal in trauriger oder bitterer Stimmung zu Ihnen ging und dort stets Freudigkeit und inneres Gleichgewicht wiederfand.» Er fügte hinzu, er wisse natürlich, daß er meistens «ein lustiger Fink» war.[24] Seine zukünftige Frau Mileva bedauerte manchmal, daß er «boshaft» war und «ein sehr böses Maul» hatte, weil dies seiner Karriere schadete. Mit Ironie, mit einer gewissen sarkastischen Arroganz behandelte er jegliche Autorität, oft auch die Mitmenschen überhaupt.[25] Seine Violine war seine verläßliche Freundin, eine Begleiterin in seiner Einsamkeit.

1911 erhielt Einstein einen Ruf an die Deutsche Universität in Prag. Seine Bezeichnung als «konfessionslos», die er ein Jahrzehnt zuvor in Zürich gewählt hatte, war nach dem dort gültigen Recht nicht möglich. An einen Schweizer Freund schrieb er, daß er den Amtseid in Prag ablegte, «wobei ich mich des eigens für diesen Zweck wieder angenommenen jüdischen ‹Glaubens› bediente.»[26] Er war kein gläubiger Jude, und es entsprach seiner ehrlichen Genauigkeit, daß er in Gesprächen über seine jüdischen Mitbürger nie den üblichen Begriff «Glaubensgenossen» benutzte, sondern die eher seltene, ja fremd klingende Bezeichnung «Stammesgenossen». In Prag, wo er nur wenige Menschen fand, mit denen er reden konnte, scheint er sich noch stärker seiner Identität als Jude bewußt geworden zu sein. Immer mehr nahm er den Leidensweg, insbesondere der Juden aus Osteuropa, wahr. Seine «Anfälligkeit für Mitleid», wie Gerald Holton dies nannte, ließ ihn eine Art besonderer Verbundenheit mit ihnen fühlen. Er verabscheute die Gleichgültigkeit der assimilierten Juden gegenüber dem Judentum, deren Unterwürfigkeit unter deutsche Sitten. Im Mai 1914 lehnte er eine Einladung der Kaiserlichen Akademie der Wissenschaften in St. Petersburg mit der Begründung ab: «Es widerstrebt mir, ohne Not in ein Land zu reisen, in welchem meine Stammesgenossen so brutal verfolgt wurden.»[27]

Einstein war stolz ein Jude zu sein, ebenso wie Haber stolz war, ein Deutscher zu sein. Es ehrt beide Männer, und insbesondere Einstein, daß die Bedrükkung, die jeder über die Haltung des anderen empfunden haben muß, ihre Freundschaft nicht ernsthaft beeinträchtigte. Es blieb bei einem tiefen, meist unausgesprochenen Widerspruch in Fragen menschlicher Existenz und Identität.

Die Mehrheit der deutschen Juden lebte in einem gewissen Zwiespalt, und Haber selbst erfuhr die entgegengesetzten Strömungen. Er wußte, daß Juden diskriminiert wurden, da er es selbst erlebt hatte. Im Juni 1905 schrieb er an einen Kollegen, daß die von Wiener Kollegen geplante Berufung wohl scheitern werde, «... nachdem ich ihm [Prof. Fustner] mitgeteilt habe, daß ich ein getaufter Jude bin ... Es ist in der That ... für mich sehr schwer ... einen ordentlichen Lehrstuhl wo immer zu erhalten. Confession und – wenn es nicht unbescheiden ist das zu sagen – Leistungen stehen mir gleich im Wege. Man will in den hervorragenden Stellen keinen Juden oder getauften Juden».[28] Aber er wußte auch, daß der Antisemitismus in mancher Hinsicht im Abklingen war.[29] Im Kaiser selbst spiegelten sich die Widersprüche seiner Gesellschaft. Zu den paradoxen Eigenarten des jungen neurotischen Herrschers zählte, daß er gleichzeitig das Gottesgnadentum seiner Herrschaft herausstellte und eine durchaus moderne Vorliebe für Wissenschaft und Technik pflegte. Diese Neigung ließ ihn den Antisemitismus der Hofkreise übergehen und jüdische Mäzene und Talente fördern. Einige Juden standen ihm nahe, und er war großzügig, soweit es die Anerkennung von Mäzenatentum betraf: Die Kaiser-Wilhelm-Gesellschaft, die Haber 1911 nach Berlin gezogen hatte und das Akademiemitglied Einstein zum Direktor des Kaiser-Wilhelm-Instituts für Physik berief, war zu einem erheblichen Ausmaß durch jüdische Förderer finanziert, und die Stifter wurden mit kaiserlicher Gunst belohnt.

Als Einstein 1914 nach Berlin kam, fürchtete er – wie er es nannte – «verberlinert» zu werden. Er zog den weniger schnarrenden Ton im Süden oder in der Schweiz vor. Berlin bot jedoch großartige Zukunftsaussichten. Weltweit gab es keine kongenialere oder anregendere «scientific community» als in Berlin. Dementsprechend war das Prestige einzigartig.

II. Entgegengesetzte politische Wege in der Katastrophe des Weltkriegs

Wenige Monate später zerstörte der Große Krieg das Idyll. Anfangs jubelte die Nation. Der Krieg wurde begrüßt als ein Akt der Reinigung, ein Mittel der Erlösung; endlich würde die Sehnsucht nach Lebenssinn und Opfermut befriedigt werden. Der wirkliche Krieg, der nicht der Wahnvorstellung einer kurzen und siegreichen Schlacht entsprach, forderte unvorstellbare Opfer und brachte Angst und Mißtrauen mit sich. Er wurde auch zu einer Herausforderung für die Wissenschaftler: dies war der erste Krieg, in dem sie eine bedeutende Rolle spielten.

Die deutschen Eliten scharten sich um die Nation. Die meisten Wissenschaftler, Haber an der Spitze, suchten dem Vaterland zu dienen. In der Vorkriegszeit war die Gemeinschaft der Wissenschaftler aus Leidenschaft nationalistisch geworden, jedoch aufgrund ihrer Alltagserfahrung internationalistisch geblieben. Dies alles veränderte der Krieg: Deutsche waren über die Art und Weise entsetzt, wie sie von den Alliierten gebrandmarkt wurden. Sofort verfaßte die deutsche Elite eine Entgegnung: Im Oktober 1914 unterzeichneten 93 der berühmtesten Professoren, Wissenschaftler, Schriftsteller und Künstler ein Manifest «An die Kulturwelt!», in dem sie die alliierten Beschuldigungen zurückwiesen, daß Deutschland den Krieg angefangen, mutwillig die belgische Neutralität verletzt und Grausamkeiten in Belgien begangen habe. Das Manifest verneinte die Existenz der «zwei Deutschland», welche die Propaganda der Alliierten – großzügig – zugestanden hatte, einer Welt des deutschen Militärs und einer Welt der deutschen Kultur.

Beide seien ein und dasselbe; und die Alliierten akzeptierten bereitwillig die Gleichsetzung von deutschem Militarismus und deutscher Kultur. Zur gleichen Zeit, wenn auch hiervon unabhängig, bestanden große Schriftsteller wie Thomas Mann und Ernst Troeltsch darauf, daß Deutschland einen Sonderweg zur Freiheit gewählt habe, der sich vom westlichen Materialismus unterscheide. Auch dieser deutsche Anspruch auf eine Sonderrolle wurde von der alliierten Propaganda aufgenommen. Die Deutschen waren ängstlich mit sich selbst beschäftigt, und sie fanden es daher außerordentlich schwierig, die Vorstellungen und Gefühle anderer abzuschätzen. Mit dem Manifest riefen sie eine Reaktion hervor, die ihren Erwartungen entgegengesetzt war. Das Manifest, das Ludwig Fulda, ein deutscher Jude, aufgesetzt hatte und das unter anderen von Haber, Planck, Willstätter, Paul Ehrlich, Max Liebermann und Wilamowitz unterzeichnet wurde, versetzte die Intellektuellen der anderen Seite in Empörung. Sie glaubten von nun an, die deutschen Gelehrten seien zu Verrätern der Wahrheit geworden, zu Verleumdern selbst der elementarsten Regeln der Wissenschaftlichkeit.[30]

Haber und Einstein bewegten sich sofort in entgegengesetzte Richtungen. Haber stellte seine unermüdliche, brillante Energie in den Dienst seines Landes; er glaubte an die Sache und glaubte – zumindest für eine sehr lange Zeit – an den Endsieg. Einstein stand mit seinem Schrecken vor dem Krieg nahezu allein. Von Anfang an betrachtete er den Krieg als eine Art Selbstmorddrama in der Geschichte Europas, als einen Ausbruch von Wahnsinn. Er ahnte die schrecklichen unmittelbaren und langfristigen dauerhaften Kosten, und er begriff, daß die Kultur Europas zerrissen würde. Durch den Schleier der patriotischen Begeisterung hindurch sah er die Wirklichkeit von Mord und Tod. Er glaubte, daß Deutschland an dem Kriegsausbruch und an der Verlängerung des Kriegs schuld war. Raffgier und Wahn hatten die Deutschen wie auch die anderen befallen. Er verzweifelte über seine Kollegen, die so bereitwillig in die Haßtiraden eingestimmt hatten. In der dritten Kriegswoche schrieb er an Paul Ehrenfest in Leiden:

«Unglaubliches hat nun Europa in seinem Wahn begonnen. In solcher Zeit sieht man, welch trauriger Viehgattung man angehört. Ich döse ruhig hin in meinen friedlichen Grübeleien und empfinde nur eine Mischung von Mitleid und Abscheu.»[31]

In der Tat setzte Einstein seine «Grübeleien» in den ersten Kriegsjahren fort. Sie gipfelten 1915 in der allgemeinen Relativitätstheorie. Aber selbst in einer Zeit intensivster geistiger Anspannung sprach sich Einstein gegen den wütenden Wahnsinn aus. An Romain Rolland, Pazifist wie er selber, schrieb er im August 1917, daß der deutsche Sieg von 1870 das Land zu einer Art «Machtreligion» geführt habe, «die in Treitschke einen adäquaten, gar nicht übertriebenen Ausdruck gefunden hat. Diese Religion beherrscht fast alle Gebildeten; sie hat die Ideale der Goethe-Schiller-Zeit fast vollkommen verdrängt.» Vergeblich versuchte im Oktober 1914 der Berliner Medizinprofessor Georg Friedrich Nicolai zusammen mit Einstein und dem hochbetagten Astronomen und Mitbegründer der Deutschen Friedensgesellschaft (1892) Wilhelm Foerster, ein Gegenmanifest «Aufruf an die Europäer» zu lancieren. Dieses wandte sich an «gebildete Männer aller Staaten», ihren Einfluß dahin aufzubieten, «daß die Bedingungen des Friedens nicht die Quelle künftiger Kriege werden». Sie sollten vielmehr die Chance nutzen, «aus Europa eine organische Einheit zu schaffen». «Soll – wie einst Griechenland – auch Europa durch Bruderkrieg allmählich erschöpfen und zugrunde gehen? Denn der heute tobende Kampf wird kaum einen Sieger, sondern wahrscheinlich nur Besiegte zurücklassen.»[32]

Es war der erste politische Aufruf, den Einstein unterschrieb. Der Aufruf wurde, da sich kein weiterer Kollege zur Unterschrift bereit fand, erst 1917 in Nicolais Anti-Kriegsbuch «Die Biologie des Krieges» in Zürich veröffentlicht und fand durch die Übersetzung des Werks in zahlreiche Sprachen, einschließlich des Russischen und Japanischen, den Weg in die internationale Öffentlichkeit. Einstein verabscheute den deutschen Imperialismus und hoffte auf seine Niederlage. Ich zweifle, daß er ebenso hellsichtig gegenüber den Zielen der Alliierten war.

Die Katastrophe des Krieges zwang Einstein, seine politische Zurückhaltung aufzugeben. Der Krieg prägte sein politisches Bewußtsein. Selbst in den schöpferischsten Phasen konnte ihn weder seine Physik noch sein wiederholt schlechter Gesundheitszustand davon abhalten, zu grübeln und zu protestieren. Im akademischen Leben stand er ziemlich allein; er begann jedoch eine Zuhörerschaft zu haben, einschließlich derjenigen deutschen Amtsstellen, die ihn als einen Pazifisten, als einen gefährlichen Mann mit internationalen Verpflichtungen und Freundschaften fürchteten.[33] Im November 1915 fragte der Berliner

Goethe-Bund Einstein und andere nach ihren Ansichten über den Krieg. Einsteins Antwort nahm in Ton und Inhalt die liberal-pazifistische Einstellung seiner späteren Jahre vorweg. Er begann: «Die psychologische Wurzel des Krieges liegt nach meiner Ansicht in einer biologisch begründeten Eigenart des männlichen Geschöpfes.» Sich auf Tolstoi berufend, insistierte er, daß Patriotismus die Wurzel allen Übels sei. In Kriegszeiten sei er der Berechtigungsschein, der den aggressiven Instinkt freisetze und den Massenmord legitimiere. Im Krieg dominierten Leidenschaften, nicht Interessen. Bald werde jedoch – wie er annahm – eine Zeit kommen, wo eine übernationale Organisation europäische Kriege unmöglich machen werde. Wie aber könne «das ohnmächtige Einzelgeschöpf» diesem Ziel zuarbeiten? «Ich denke wirklich, daß die geistig reiferen Menschen Europas sich durch Vernachlässigung der allgemeinen politischen Fragen versündigt haben ... Macht- und Habgier sollen wie in früheren Zeiten als verächtliche Laster behandelt werden, ebenso der Haß und die Streitsucht ...» Das mit vielen Korrekturen und Kürzungen versehene Dokument schließt mit der Bitte, jedes Individuum solle versuchen, diese aggressiven Neigungen in sich selbst zu verbannen. Einsteins Antwort endete mit einer spottenden Wahrheit, die ahnungsvoll so gewählt war, um den größtmöglichen nachhaltigen Schlag zu versetzen. Der gütige Einstein hatte eine seltene Gabe, zielsicher zu verwunden:

«Doch wozu viele Worte, wenn ich alles in einem Satze sagen kann, und noch dazu in einem Satze, der mir als einem Juden wohl ansteht: Ehret Euren Meister Jesus Christus nicht nur mit Worten und Gesängen, sondern vor allem durch Eure Thaten.» [34]

Immer wieder legte er in unpopulären Angelegenheiten Zeugnis ab für das, was er für richtig erachtete.

Er war ein Pazifist und ein Europäer der ersten Stunde. Keinen Augenblick verfiel er in jene Ekstase, die fast alle blendete. Er gehörte im November 1914 zu den zehn Gründungsmitgliedern einer kleinen demokratischen Gruppe, des im Februar 1916 verbotenen «Bundes Neues Vaterland», der sich dann 1922 in «Deutsche Liga für Menschenrechte» umbenannte. Darüber hinaus versuchte er mit anderen zusammenzuarbeiten, um Friedensbemühungen innerhalb Deutschlands zu fördern. Er hoffte auf eine deutsche Niederlage – allein dies genügte, um ihn von allen seinen Kollegen zu isolieren. Er konnte die Einsamkeit ertragen und konnte – oftmals zwar mit einem ironischen Lächeln – die Verdrehtheit seiner Kollegen hinnehmen. Er erwartete von seinen Mitmenschen nicht viel. Er begegnete den meisten von ihnen mit einer Art distanzierter Verachtung, und diese schützte ihn vor Enttäuschungen. Er hielt die meisten Menschen für schwach und töricht, nicht jedoch für bösartig. Trost und Erleichterung bezog er aus der Arbeit und gelegentlicher Klage über Krieg und Elend.

Haber wiederum gab seine eigene Arbeit auf und widmete sich völlig den unmittelbar anstehenden Aufgaben. Im Unterschied zum Militär war ihm klar, daß der deutsche Sieg davon abhing, die britische Blokkade auszuhalten, und daß die deutsche Wissenschaft dazu beitragen müsse, für unverzichtbare Rohstoffe anderer Ressourcen bereitzustellen. Er begriff als einer der ersten die neuen Aufgaben, die der Krieg stellte. Er war gleichsam die wissenschaftliche Ergänzung Rathenaus und dessen Freundes Wichard von Moellendorff, welche gemeinsam im Auftrag der Regierung die Rohstoffzuteilung lenkten. Haber glaubte, die Wissenschaft habe in Kriegszeiten vielerlei Aufgaben, unter anderem auch die Kampfkraft der Armee zu verbessern. Die Militärs meinten dagegen, den Krieg mit den gleichen Mitteln wie 1870 führen zu können, und es bedurfte einiger Zeit, ja selbst eines Eintretens des Kaisers, bevor Haber angemessene Vollmachten und Anerkennung erhielt. Haber wurde im Krieg Deutschlands wichtigster Organisator der Wissenschaft. Auf persönliche Anordnung des Kaisers ernannte das widerstrebende Militär den Vizewachtmeister zum Hauptmann. Haber genoß den militärischen Rang, die Uniform und den mühelosen Zugang zu den höchsten Regierungs- und Armeestellen. Der Einsatz eigener Energien für eine Sache, an die man glaubt, und im Schatten der Gefahr, ist eine berauschende Erfahrung. Haber erwies sich als glänzender Organisator, ja als Erbauer eines kriegswirtschaftlichen Imperiums, und er trieb rastlos seine Untergebenen ebenso an wie sich selber. Jetzt endlich konnte er weitgestreute «Führerfunktionen» ausüben, die ihm nach seiner Auffassung auf den Leib geschneidert waren.[35]

Haber organisierte sein Institut für den Krieg: eine Art vorweggenommenes «Manhattan-Projekt». Anfangs infolge von Einberufungen seiner Mitglieder beraubt, begann das Institut nach wenigen Monaten zu wachsen. Von dem niedrigsten Stand mit fünf Mitgliedern schwoll die Belegschaft auf 1500 Personen an, darunter 150 «wissenschaftliche Mitarbeiter».[36] Bei der Sicherstellung des benötigten Nachschubs an Nitraten für Sprengstoffe und Düngemittel kam dem Institut die führende Rolle zu. 1916 schrieb Haber an Rudolf von Valentini, Chef des Kaiserlichen Zivilkabinetts, sein Institut sei in der Lage gewesen, «bestimmend einzugreifen ... [in] die Kunstsalpeterfabrication, die in Deutschland vor dem Kriege nicht existierte». Sie liefere «zur Zeit über 25 Millionen Kilo Salpeter im Monat ...», und die sieben chemischen Fabriken, die ihn zum Selbstkostenpreis der Heeresverwaltung geliefert hätten, «haben ... die Kriegsführung der letzten Monate ermöglicht».[37] Ohne die massive Entwicklung des Haber-Bosch-Verfahrens wäre die deutsche Kampfkraft bereits im Frühjahr 1915 zerstört gewesen, und die deutsche Bevölkerung wäre in Ermangelung von Dünger verhungert.

Die Entwicklung von Giftgas war Habers damals bekanntestes und zugleich umstrittenstes Werk. Wie Haber Krupp gegenüber ausführte, war es Ende 1914 offenkundig geworden, daß in diesem Krieg die Defensive stärker als die Offensive geworden war. Um das mörderische Patt des Stellungskampfes aufzubrechen, mußte eine neue Waffe erfunden werden. Haber experimentierte mit verschiedenen Gasen. Er überwachte die erste Giftgasanwendung und zog sich selbst Vergiftungen zu. Er setzte sich jeder Art von Gefahr aus. Währenddessen entwickelte sein Freund Willstätter einen geeigneten Filter für Gasmasken, der die deutschen Soldaten vor alliierten Vergeltungsmaßnahmen und vor deutschem Gas schützen sollte, das auf Grund der vorherrschenden Westwinde zurückgetrieben wurde. Mit anfänglich großem Erfolg setzten die Deutschen am 22. April 1915 erstmals Gas gegen französische Truppen in Ypern ein. Weitere Erfolge schlossen sich an: «Die Panik, welche der erste Angriff vor Ypern beim Feinde ausgelöst hat, ist im Osten bei den Russen erst bei Wiederholung des Angriffs an derselben Stelle, dann aber regelmäßig beobachtet worden.»[38] Die Armee setzte nie die volle Wucht der neuen Waffe ein – so meinten zumindest deren Befürworter.

Während und nach dem Krieg versuchte Haber, seine entscheidende Rolle bei der Entwicklung der Waffe zu rechtfertigen, die viele Menschen in Deutschland, vor allem aber im Ausland empörte. Er hoffte, daß der Einsatz von Gas den Krieg zu einem schnelleren Ende bringen würde. Er glaubte, Gas, das zu Lähmungen führte, gemeinhin jedoch nicht tötete, sei eine «humanere» Waffe als die sinnlosen Artillerie-Bombardements, welche zur Routine geworden waren. Er betonte, daß die Alliierten eigene Pläne besaßen, den Gaskrieg einzuführen, und daß die Deutschen ihnen lediglich zuvorgekommen seien.[39]

In einem handgeschriebenen vierzehnseitigen Brief vom Januar 1915 an Arnold Sommerfeld in München, der ihn über die Bewerber auf den Lehrstuhl Adolf von Baeyers unterrichtet hatte, erläuterte Haber sein neues Leben. Er dankte Sommerfeld für dessen Trostworte anläßlich des Todes von Otto Sackur, einem jungen brillanten Physiker, der bei einer Explosion in Habers Institut verunglückt war, als er mit einem neuen Granatengehäuse für die Armee experimentierte. Mit dem Pathos der Kriegszeit schrieb Haber:

«Er ist wie ein Soldat auf dem Schlachtfelde gefallen bei dem Versuch, mit den Hilfsmitteln unseres Faches die technischen Möglichkeiten der Kriegsführung zu verbessern. Meine eigene wissenschaftliche Tätigkeit hat aufgehört. Ich verbringe meine Tage als Beirat des Kriegs-Departements, wenn ich nicht auf Schießplätzen und in die Fabriken draußen herumreise.»[40]

Otto Sackur war mit beiden Habers befreundet. Clara kannte ihn schon aus ihrer Studienzeit in Breslau noch vor der Jahrhundertwende. Sein Tod war ein Schock für sie und unmittelbarer Beweis für den Schrecken des Krieges und der gefährlichen Beteiligung ihres eigenen Mannes. Sie war entsetzt über die Opfer des Krieges, entsetzt über Habers rücksichtslosen Einsatz seiner eigenen Person und seines wissenschaftlichen Könnens für Kriegszwecke. Am 22. April 1915 war der erste Einsatz von Giftgas; innerhalb einer Woche kehrte Haber zurück nach Berlin, und in der Nacht vom 1. auf den 2. Mai – nach einer heftigen

Auseinandersetzung mit ihrem Mann – erschoß Clara Haber sich mit Habers eigener Dienstpistole. Sie selbst hat keine Erklärungen hinterlassen – weder für den Sohn, der die sterbende Mutter fand, noch für den Mann. Was einen unglücklichen Menschen in den Tod treibt – wie sollen spätere Generationen dafür ein sicheres Gespür haben? Allzu präzis erscheinende Deutungen eines Selbstmords – ganz zu schweigen von dem Versuch, ein solches Unglück für politisch gefärbte Zwecke auszunützen – sind meist zweifelhafter Natur.[41] Die oft verbreitete Ansicht, daß Haber auf den Tod seiner Frau kaltblütig reagierte, ist ein Irrtum. Er tat *in extremis*, was Charakter und Umstände diktierten: Er stürzte sich wieder in die Arbeit.*

Alles deutet darauf hin, daß Haber unermüdlich – mit großem persönlichen Einsatz – für die deutsche Sache arbeitete. Gleichzeitig bezog er außerordentliche Befriedigung aus der Konzentration seiner Energien, aus der Autorität und Anerkennung, deren er sich jetzt erfreute, und aus den Kontakten zur obersten Heeresführung.[42]

Im Hochsommer 1916 erkannte die neue Oberste Heeresleitung die Notwendigkeit noch größerer Mobilisierungsanstrengungen für den Krieg. Haber sprach sich, beflügelt durch Erfahrung und Temperament, für eine zentral geplante Wirtschaftsführung aus. Vor allem bedürfe es einer besseren Verteilung der Arbeitskraft. Anfang September 1916 erörterte Haber diese Angelegenheit mit seinem Freund Wichard von Moellendorff, der ihm anschließend ein Memorandum zusandte, in dem er die Notwendigkeit und

* Hermann Haber, Sohn von Fritz und Clara, nahm sich im Jahre 1947 in Amerika das Leben und seine älteste Tochter kurze Zeit danach. Die auslösenden Gründe waren verschieden, nur die Tragik ist die gleiche.

Aufgaben eines Arbeitsamtes innerhalb des Kriegsministeriums umriß. Ein derartiger Plan deckte sich weitgehend mit Moellendorffs Vorstellung eines korporativen Staates, in dem Arbeiterschaft und Industrie zusammenarbeiten würden und dem Staat eine Rolle als aktiver Partner und zeitweiliger Schiedsrichter zufallen sollte.[43]

Vom «Gemüt» her schätzte sich Haber selbst als «Schwarzseher» ein. Gleichwohl glaubte er sehr lange an einen deutschen Sieg. Außerdem mißtraute er einem Verständigungsfrieden. Anfang des Jahres 1916 schrieb er an Valentini: «Hoffentlich wird Frieden [in den nächsten Monaten], obwohl ich keinen Frieden gern sehe, bei dem Frankreich und Belgien rüstungsfähige Feinde bleiben. Denn von allem ethischen und politischen abgesehen, bedeutet der Friede, der uns nötigt, uns mit ähnlicher Sorgfalt wie bisher gegen einen hochwertigen Feind an der Westgrenze zu rüsten, materielle Lasten, die, wie es scheint, heute noch nicht erkannt werden.» Daran anschließend umriß Haber die Gefahren eines kommenden Krieges, der aller Voraussicht nach vom Flugzeug bestimmt werde. Noch 1917 glaubte er, daß ein uneingeschränkter U-Boot-Einsatz Großbritannien zwingen würde, den Krieg zu beenden.[44] Einige wenige Deutsche erkannten bereits nach der Schlacht an der Marne 1914, daß ein eindeutiger Sieg im Westen höchst unwahrscheinlich geworden war. Aber das Militär führte das deutsche Volk wissentlich irre. Haber ahnte auch inneres Unglück, wenn versprochene Reformen nicht durchgeführt wurden. Im Februar 1918 schrieb er an seinen Freund Carl Duisberg, den Chef der Firma Bayer:

«Mein Gefühl ist, daß der Widerstand gegen die Wahlrechtsänderung von seiten der Konservativen alle Chance hat, uns in die größten inneren Schwierigkeiten zu verbringen und daß sich die Masse bei uns nicht zu einem Vertrauen zurückfindet, wenn sie jetzt enttäuscht wird.»[45] Als Ludendorff Ende September 1918 beschloß, daß die Armee ein sofortiges Kriegsende benötige, überraschte diese Entscheidung wie ein unvorstellbarer Schicksalsschlag selbst jene Deutschen, darunter vermutlich auch Haber, die der Regierung am nächsten standen. Die bewußte Irreführung während des Krieges versetzte das alte Militär, die rechte konservative Kaste, in die Lage, auch nach dem Krieg ihre Lügen aufrechtzuerhalten: Nur ein Volk, das irregeführt worden war, bis zuletzt an den Sieg zu glauben, konnte überzeugt werden, daß die Armeen in der Tat siegreich gewesen wären, wäre nicht vom inneren Feind, von Pazifisten, Sozialisten und Juden, der Dolchstoß in den Rücken erfolgt. Wäre Einstein bereits im November 1918 hinlänglich berühmt gewesen, hätte man ihn ohne Zweifel als ein Beispiel des Verrats herausgestellt. Auf diese Weise wurde der Krieg, der mit einer militärischen Niederlage endete, in der Heimat in schmerzvoller Zerrissenheit fortgesetzt. Ein in sich gespaltenes Volk sah sich einer überwiegend feindlichen Welt gegenüber. Die moralischen und physischen Folgen des Krieges erwiesen sich als noch zerstörerischer, als Einstein vorhergesehen hatte.

III. Im gemeinsamen Kampf zur Verteidigung der Wissenschaft und für die Wiederaufnahme deutscher Wissenschaftler in die internationale Gemeinschaft

Der Krieg trennte Haber und Einstein zeitweilig; sie hatten an entgegengesetzten extremen Polen gestanden. Beide Männer waren – wie die Nation überhaupt – durch den Krieg von Grund auf politisiert worden. Niederlage und Revolution bedeuteten für beide gefühlsmäßig unterschiedliche Dinge. Für Einstein bedeutete die Niederlage Befreiung, für Haber bedeutete sie Zerstörung. Beide Männer wußten jedoch, daß der plötzliche Zusammenbruch und das Ende der Monarchie den Bankrott des alten Regimes bedeuteten. Haber und Einstein – wie auch ihre nächsten Freunde, darunter Planck, Laue und Nernst – akzeptierten, freilich oft mit tiefen Zweifeln, die neue Lage und versuchten, mit der neuen Regierung zu arbeiten, um das zu retten, was sie retten konnten. Zweifellos brachte Einstein den neuen Regierenden am meisten Sympathien entgegen. Sie alle erkannten jedoch, daß die Regierung Ebert im Inland die Auflösungserscheinungen und den Radikalismus, im Ausland den Revanchismus bekämpfen mußte, daß sie einen Krieg liquidieren mußte, den die Alldeutschen unbekümmert in die Länge gezogen hatten. Vielleicht waren die Gewohnheiten und das Denken von Naturwissenschaftlern hilfreich: Fakten sind nicht veränderbar. Im Gegensatz hierzu war die überwiegende Mehrheit der deutschen Professorenschaft aller Fächer eine trotzige Gruppe, sie waren Würdenträger der alten Ordnung, die sich ihrer materiellen und geistigen Güter beraubt glaubten. Zwischen den beiden Gruppen, zwischen der kleinen Gruppe vernünftiger Männer und der großen Masse vorurteilsgeladener Unversöhnbarer gab es wiederholte Konflikte, die schließlich Haber, Einstein und ihren Freundeskreis wieder enger zusammenbrachten.

1918 schien Habers Welt zerstört, während die Einsteins unter günstigem Stern stand. Haber war es bestimmt, im privaten Leben das durchzumachen, was seine Landsleute kollektiv erlitten. Auch er wurde «demobilisiert» und mußte seinen Weg zum zivilen Leben zurückfinden. Auch er litt unter den Erniedrigungen von Versailles. Als sein Name auf einer Liste der auszuliefernden Kriegsverbrecher erschien, war seine eigene Sicherheit bedroht. Eine kurze Zeitlang suchte er Asyl in der Schweiz. In diesen schweren Tagen konnte selbst ein Brief des Kriegsministers Heinrich Scheüch, der Habers Rücktrittsgesuch von seinem Amt im Kriegsministerium bestätigte, keine große Erleichterung bedeuten.

«Während der langen Dauer des Krieges haben Sie Ihr weites Wissen und Ihre Tatkraft ungemessen in den Dienst des Vaterlandes gestellt. Kraft Ihres hohen Ansehens bei Ihren Fachgenossen vermochten Sie die deutsche Chemie zu mobilisieren. Es ist Deutschland nicht beschieden, aus diesem Kriege siegreich hervorzugehen. Daß es nicht schon nach wenigen Monaten aus Mangel an Pulver, Sprengstoff und anderen chemischen Verbindungen des Stickstoffes der Übermacht seiner Feinde erlag, ist in erster Reihe Ihnen zu verdanken ... Ihre glänzenden Erfolge ... werden in der Geschichte stets fortleben und unvergessen bleiben.»[46]

Fünfzehn Jahre später waren sie auf Anordnung vergessen.

Anfang Dezember 1918 schrieb Haber an Moellendorff und nahm Stellung zu dessen Bemühungen, eine korporative Planwirtschaft zu schaffen, ein Unterfangen, das dieser gemeinsam mit dem sozialdemokratischen Minister Rudolf Wissell verfolgte. Haber äußerte sich skeptisch und anteilnehmend:

«Aber ich glaube nicht, daß es möglich ist, diesem Volke, für das wir arbeiten, die harte entsagungsvolle, gedrückte unglückliche Lage nach dem Kriege irgendwie zu ersparen. Das Volk will das nicht sehen und es bedarf eines groben, strengen Zwanges. Den übt, wenn er uns besetzt, mit Sicherheit der Feind. Bleiben wir von der Besetzung frei, so müssen wir an Selbstzucht Leistungen aufbringen, die uns heute in der großen Masse nicht gelingen ... Ich meine, daß der Zustand der heutigen Welt mit den urchristlichen Ideen soviel Verwandtschaft und Verschiedenheit hat, wie der künftige Wirtschaftsstaat mit den Ideen, die Sie jetzt vertreten. Unverkennbarer Einfluß aber sehr schwache Übereinstimmung. Die Revolution war ein Femegericht über das Regierungssystem, nicht über den Capitalismus. Die Nation ist ‹bourgeois› bis in die Knochen ...»

Deshalb werde sie die idealistische, gemeinwirtschaftliche Vision ablehnen, die Moellendorff und Wissell zu verwirklichen suchten.[47] Wenige Monate später war der Wissell-Moellendorff-Plan Makulatur. Haber hatte in seinem Urteil recht behalten: Die Nation war bourgeois, egoistisch und nicht zu den Opfern bereit, die Moellendorffs «deutscher Sozialismus» auferlegt hätte. Darüber hinaus wußte Haber, daß es einen tieferen Grund gab, warum Deutschland die Prüfung des Krieges nicht überstanden hatte. Im Siebenjährigen Krieg hatte Friedrich der Große über die Preußen bedrängenden Feinde obsiegt: «Aber solche Prüfung besteht nur ein Staat, der für alle seine Glieder Ehre und Wohlergehen, Lebensinhalt und Zukunftsglaube bedeutet. Der Industriestaat [d.h. das Kaiserliche Deutschland], der mit seinen Fabrikarbeitern 30 Jahre im Gegensatz gestanden hat, besteht sie nicht.»[48]

Einstein, der das alte Regime gehaßt hatte, feierte die revolutionäre Veränderung. Im Dezember 1918 schrieb er an Michele Besso: «Etwas Großes ist wirklich erreicht. Die militärische Religion ist verschwunden. [Der Untergang der alten Ordnung] bedeutet unsereinem eine ... Befreiung ... Ich genieße den Ruf eines untadeligen Sozi.»[49] Zur gleichen Zeit schrieb Einstein an Arnold Sommerfeld:

«Wenn England und Amerika besonnen genug sind,

um sich zu einigen, kann es Kriege von einer Wichtigkeit überhaupt nicht mehr geben. Auch die mir so widerwärtige Militärwirtschaft wird so ziemlich verschwinden. Ich bin aber der festen Überzeugung, daß kulturliebende Deutsche auf ihr Vaterland bald wieder stolz sein dürfen wie je – mit mehr Grund als vor 1914.»[50]

Gleichzeitig warnte er Studenten vor revolutionären Ausschreitungen. Zumindest für sein eigenes Land war er gegen jede Gewalt oder eine Diktatur irgendwelcher Art. Eine kurze Zeitlang befand sich Einstein in Übereinstimmung mit der deutschen Politik und verabscheute die Rachsucht der Alliierten.

Das Jahr 1919 bedeutete für Einstein einen einzigartigen Erfolg, der sein Leben veränderte. Unter der Leitung von A. S. Eddington hatte eine britische Forschergruppe im März 1919 in Principe die Sonnenfinsternis beobachtet. Eine andere Gruppe begab sich nach Sobral in Brasilien. Im November verkündete der Präsident der Royal Society und Nobel-Preisträger J. J. Thomson, daß die Ergebnisse die Vorhersagen der allgemeinen Relativitätstheorie bestätigten. Thomson kennzeichnete Einsteins Arbeit emphatisch als «eine der größten» – vielleicht *die* größte Errungenschaft in der Geschichte menschlichen Denkens».[51] Fast über Nacht wurde Einstein der gefeierte Held: das wissenschaftliche Genie, unbefleckt vom Kriegschauvinismus, von zweifelhafter Nationalität, das die menschliche Vorstellung vom Universum revolutioniert und die grundlegenden Kategorien von Raum und Zeit neu bestimmt hatte und dies auf so tiefgründige Weise, daß nur eine Handvoll Wissenschaftler die neue geheimnisumwobene Wahrheit erfassen konnte. Gelehrten der Entente – wenn auch nicht unter den Franzosen – fiel es leicht, ja provozierend leicht, Einstein zu feiern. Er war der erste «rehabilitierte» Deutsche. Aber öffentliches Ansehen allgemein und Beifall aus Ententeländern im besonderen waren freilich nicht nach dem Geschmack einiger deutscher Kollegen Einsteins.

Darüber hinaus verärgerte Einstein einige seiner Kollegen auf andere Art und Weise: Er faßte seinen Ruhm als Verpflichtung auf zu öffentlicher Verantwortung. Im Krieg und in seiner wissenschaftlichen Arbeit hatte er erkannt, daß der Außenseiter, der «Einspänner», Wahrheiten intuitiv erahnen kann, die quer zum überkommenen Wissen liegen. Unter Naturwissenschaftlern war er in seiner Gegnerschaft gegen den Krieg im wesentlichen allein geblieben und hatte recht gehabt. Nach dem Krieg und gewissermaßen durch den Krieg gerechtfertigt verschrieb er sich mehreren Idealen: dem Pazifismus, dem Internationalismus, dem Zionismus und einem gemäßigten Sozialismus, Ideale, die ihn der deutsche Imperialismus gelehrt hatte. Sie waren die Reaktion auf den Chauvinismus und Nationalismus und wurden – mit Ausnahme des Zionismus – nach dem Krieg von fortschrittlich Gesinnten in vielen Ländern verfolgt, blieben jedoch den meisten deutschen Akademikern verhaßt. Einstein verlängerte gewissermaßen seine Antipathien aus den Kriegsjahren in die Friedenszeit, ohne daß er die tieferen Gründe dafür benannte. Viele Kollegen zweifelten, daß es einem Physiker anstehe, sich so frei und radikal zu politischen und moralischen Fragen zu äußern. Einigen schien die Relativitätstheorie selbst zweifelhaft. Rechtsstehende Kollegen und verschreckte Bürger verabscheuten Einstein.[52] Dieser ließ sich nicht abschrecken. Er hielt Reden, schrieb Artikel und verwandte dabei einen eigenartigen, philosophisch-polemischen Stil, durchzogen von ironischem Bedauern über die Wahnvorstellungen und Schwäche der Menschen im allgemeinen und der Deutschen im besonderen. Er wußte, wie die deutsche Seele zu verletzen sei, und wurde oft genug provoziert, um sich dieser Fähigkeit zu bedienen.[53]

In der Nachkriegswelt fügten Haber und Einstein ihrer wissenschaftlichen Arbeit öffentliche Verantwortung hinzu. Sie ernteten Beifall und Gegnerschaft. Einsteins Zusammenstöße mit reaktionären Antisemiten schreckten auch Haber auf; denn dieser fürchtete, daß diese Feindseligkeiten Einstein veranlassen könnten, eine Stellung im Ausland anzunehmen. Die gegen ihn gerichteten Angriffe bestätigten Einstein nur in seinem Mißtrauen gegen die Deutschen und ihren – wie er es auch jetzt noch nannte «angeborenen Untertanengeist». Haber teilte solche Verdächtigungen nicht. Auch er traf jedoch auf den dunklen Untergrund des deutschen Lebens durch die Verleumdungen, denen seine Freunde und zeitweilig ebenso er selbst ausgesetzt waren.

Die ersten Monate, nachdem Einstein zu Weltruhm aufgestiegen war, ließen die Zwiespältigkeit seiner öffentlichen Existenz in Deutschland hervortreten. Im Februar 1920 wurde seine Universitätsvorlesung unterbrochen. Der äußere Anlaß war, daß Studenten gegen die Anwesenheit von Nicht-Studenten protestierten, die Presse hob jedoch antisemitische Untertöne hervor.[54] Im August wurde eine öffentliche Versammlung abgehalten, auf der gegen Einsteins Theorien protestiert wurde. Wiederum schenkte die Presse diesen Angriffen große Beachtung. Einstein erwiderte öffentlich und – zum Leidwesen seiner Freunde – polemisch. Er machte geltend, daß die Angriffe nicht der Wahrheitssuche, sondern politisch-rassischen Vorurteilen entsprangen: «Wäre ich Deutschnationaler, mit oder ohne Hakenkreuz statt Jude von freiheitlicher, internationaler Gesinnung, so ...» Die Angriffe bestürzten Einsteins Kollegen, und Laue, Nernst sowie

Rubens gaben eine öffentliche Erklärung ab, daß niemand Einstein «in der Achtung fremden geistigen Eigentums, persönlicher Bescheidenheit und Abneigung gegen Reklame ...» überträfe. Der deutsche Geschäftsträger in London, Friedrich Sthamer, berichtete, daß englische Zeitungen den Angriffen auf Einstein große Beachtung geschenkt hatten und angaben, daß Einstein kurz davorstehe, Deutschland zu verlassen. Sthamer warnte: «Wir sollten einen solchen Mann, mit dem wir wirkliche Kulturpropaganda treiben können, nicht aus Deutschland vertreiben.»[55] Auf der Tagung der Gesellschaft Deutscher Naturforscher und Ärzte, dieses Mal zusammen mit der Deutschen Physikalischen Gesellschaft, im September 1920 in Bad Nauheim setzte der Nobelpreisträger Philipp Lenard seinen wissenschaftlichen Angriff auf die Relativitätstheorie fort. Er haßte den öffentlichen Rummel um eine seiner Meinung nach zweifelhafte wissenschaftliche Erkenntnis. In späteren Jahren gelangte er zu der Überzeugung, daß die Relativitätstheorie ein «Judenbetrug» sei, eine Position, welche die Nationalsozialisten selbstverständlich immer vertraten.[56] Der Naturforscher-Kongreß in Bad Nauheim bedrückte Haber. In einem Brief an Willstätter äußerte er sich über die Versammlung: «Ihre wissenschaftliche Ausbeute war für mich nicht besonders groß, ihr Ergebnis in anderer Hinsicht deprimierend. Die Eröffnung bildeten Verhandlungen im Vorstand der deutschen physikalischen Gesellschaft, bei denen eine Gruppe älterer Ordinarien unter Führung von Willy Wien im deutschnationalen und antisemitischen Sinne gegen den Berliner Vorstand Sturm liefen. Die Verteidigung fiel auf Nernst und mich ...» In der Vollversammlung erhielt Wien eine geringe Mehrheit. Diese Angelegenheit vermischte sich mit dem Lenard-Einstein-Konflikt. «Was Wien anlangt, so hat mir Planck in unzweideutiger Weise gesagt, daß er bei den Verhandlungen nicht die Sache und ihre Wirkung auf die Wissenschaft, sondern seine antisemitisch-deutschnationale Einstellung als richtunggebend genommen hat ... Ich bin mit Planck, wie Sommerfeld, die beide in wirklicher guter Gesinnung zu mir stehen, einig, mich fortan in den Hintergrund zu stellen.» Im weiteren berichtete Haber über einen Vortrag von Bosch, der Habers Anteil an der Stickstoffsynthese unerwähnt ließ und sich ausschließlich auf die Leistungen der BASF konzentriert habe. Kein Wunder, daß Haber deprimiert war.[57]

Zur gleich Zeit wurden beide, Haber und Einstein, weiterhin geehrt, aber sie blieben nichtsdestoweniger besorgt. Im Dezember 1920 wurde Einstein als neues Mitglied der Friedensklasse des Ordens Pour le mérite gewählt, der höchsten deutschen Auszeichnung, deren Mitgliedschaft auf 30 Deutsche und 30 Ausländer beschränkt war.[58] Sehr zum Ärgernis der Öffentlichkeit in den alliierten Staaten erhielt Haber 1920 den Chemie-Nobelpreis für das Jahr 1918. Beide Männer bewegten sich politisch und gesellschaftlich in den höchsten Kreisen der Weimarer Prominenz. Berlin war übersät von attraktiven blühenden Salons, wo Vertreter der Geld- und Machtelite, berühmte Künstler und Intellektuelle zusammentrafen. Die Begegnung unterschiedlicher Menschen, von Christen und Juden, das Aufeinanderprallen esoterischer, oft mit Leidenschaft vertretener entgegengesetzter politischer Meinungen, all dieses trug dazu bei, im republikanischen Berlin eine faszinierende, dichte, manchmal auch oberflächliche Atmosphäre zu erzeugen – freilich auf dem Hintergrund anhaltender, nur selten aussetzender öffentlicher Unruhen. Die Tagebücher Graf Keßlers dokumentieren diese schillernde brillante Atmosphäre. Daneben gab es verschiedene Gesellschaften, wie zum Beispiel die Mittwochsgesellschaft, in denen sich selbst rekrutierende Kreise aus den unterschiedlichsten Berufsfeldern zusammenkamen. Haber und Einstein trafen einander in den Versammlungen der Preußischen Akademie, welche Einstein mit erstaunlicher Regelmäßigkeit besuchte, und bei anderen beruflichen Anlässen. Des weiteren trafen sie sich bei halb-amtlichen oder geselligen Veranstaltungen und verbrachten manchmal ihre Ferien zusammen.

Glanz und Eleganz waren gleichwohl nur ein Teil der Geschichte. Beide Männer stießen auf die vorurteilsgeladene Gesellschaft, die Weimar umgab. Beide litten unter Sorgen und Heimsuchungen, die keinem von ihnen erspart blieben. Möglicherweise war ihr Leidensanteil außerordentlich groß. Möglicherweise verbarg Haber mit seiner bewundernswerten Schaffenskraft und seinem Einsatz für andere, zeitweise sogar vor sich selber, eine große, selten zugegebene Entmutigung. Vielleicht ließen gewöhnliche und unvermeidliche Verletzungen noch tiefere Entbehrungen wieder aufleben: der Verlust der Mutter in der Kindheit, der Verlust der ersten Ehefrau durch Selbstmord und der zweiten durch Scheidung. Am Ende seines Lebens gab Einstein sein Scheitern als Ehemann zu; auch als Vater fand er wenig Befriedigung.[59] Zwar liebte er die Einsamkeit, und doch beklagte er sie manchmal und sehnte sich immer wieder sehr stark nach Freundschaft.

In den Jahren 1919/20 wurde Haber erneut der väterliche, praktische Freund, den Einstein brauchte und suchte. Einstein brauchte Haber als Vermittler in den Beziehungen zu seiner früheren Frau. Haber sagte Einstein, welche Beträge er an Mileva zu senden habe und wie er dies bewerkstelligen solle. Haber versuchte ihm auch etwas Mitgefühl für die Frau einzuschärfen, die für seine Kinder sorgte, von denen der jüngere

Sohn, Eduard, genannt Tede, schizophren wurde und im Burghölzli-Spital 1965 starb.

Haber intervenierte auch jedesmal, wenn Einstein von einer fremden Universität einen Ruf erhielt. In Reaktion auf ein Angebot aus Zürich bestand Haber darauf, daß der Staat und Koppel Einsteins Gehalt erhöhten. Er fürchtete, daß Einstein dies übelnehmen würde:

«Unser Leben hat einen bunten Inhalt gehabt, seitdem wir in Karlsruhe bei der Naturforscherversammlung uns näher traten. Aber ich denke, wenn die Jahre des Krieges uns auseinandergerückt haben, so haben sie mir doch moralisches Recht gelassen, Sie um Mitteilung zu bitten, was Sie bestimmt mit Zürich wegen einer Rückkehr dorthin zu verhandeln.»

Haber würde sich bemühen «befriedigende Bedingungen» zu schaffen, damit Einstein «uns nicht verloren» ginge,

«befriedigend auch nicht zum wenigstens vor der Geschichte, die einst Rechenschaft darüber fordern wird, unter welchen Arbeitsbedingungen Sie Newtons Arbeit fortzusetzen hatten ...»

«Sollten Sie, was ich Ihnen zutraue, die Idee haben, daß Sie soviel Geld nicht mögen, so bleibt Ihnen die Freiheit, das Ihnen zuerkannte für die Ausgaben des von Ihnen geleiteten Instituts zu verwenden ... Ich lege Wert darauf, daß Sie über Ihre Nebeneinnahmen schweigen ... Also schimpfen Sie mich aus, aber ärgern Sie mich nicht, weil ich mich erholen soll und recht haben muß.»[60]

Einsteins Nebeneinnahmen schlossen die Tantiemen für sein Veröffentlichungen ein. 1920 erhielt er für eine 15seitige Vorlesung einen Vorschuß von 3000 Mark. 1922 waren bereits annähernd 6500 Exemplare verkauft.[61] Wie viele Menschen hatte Einstein ein kompliziertes ambivalentes Verhältnis zum Geld.[62] Er war sowohl gleichgültig gegenüber Geld wie manchmal auch habsüchtig – oder zumindest waren dies Haber oder vielleicht auch seine Frau stellvertretend für ihn.

Geld war eine notwendige, niemals jedoch zureichende Bedingung – weder für Einstein noch für Haber. Immaterielle Dinge wogen schwer, freilich oft in entgegengesetzter Richtung. Deutsche Juden – Einstein bildete hier eine seltene Ausnahme – fühlten deutsch, und sie hatten keine andere Heimat. Habers Korrespondenz und Einsteins Leben machen jedoch klar, daß keiner von ihnen vor antisemitischen Regungen geschützt war, die verborgen, aber auch lautstark im Weimar-Deutschland immer und überall wieder auftraten, und – von Ausnahmen wie Laue, Planck und Bonhoeffer abgesehen – in den obersten Klassen besonders stark zum Ausdruck kamen.

Der Historiker sollte sich vor unbeabsichtigter Verzerrung hüten. Er sieht, daß diese Männer auf die ganze Breite antijüdischen Gefühls stießen, aber er muß auch die langen Phasen relativer Ruhe und Zufriedenheit anerkennen, die weniger schriftlichen Niederschlag gefunden haben. Antisemitismus war die oftmals uneingestandene Gefahr, mit der die meisten deutschen Juden lebten. Viele glaubten, sie trete nur ab und an in Erscheinung, andere hielten sie für tief eingewurzelt und allgegenwärtig. Bei den meisten erzeugte sie eine anhaltende Bedrückung, eine Ambivalenz im Denken über sich und andere.

Während seines Ferienaufenthaltes in Österreich im August 1920 hörte Haber, daß die Angriffe Einstein veranlaßt hätten, Deutschland zu verlassen. Umgehend drängte er den Freund, die Antisemiten,

«diese Entente der Minderwertigkeit ... [nicht] als Ausgleich der gemeinsamen Verehrung ..., die alle ernsthaften Naturforscher Ihnen entgegenbringen ..., [zu betrachten].

Die Führereigenschaft ist seit Helmholtz Niemandem in Deutschland in solchem Maße von allen Urteilsfähigen beigelegt worden wie Ihnen und die Verärgerung durch dumme Kerle kann einen reizbaren Nervenkrüppel wie mich ab irato handeln lassen, aber nicht Sie, dessen olympische Ruhe selbst durch ein Wilamowitzsches Temperament nicht gestört werden konnte ... Nicht der Andrang der Dummen, aber der Mangel an Anregung durch die anderen kann Sie forttreiben.

Jeder verbraucht Menschen zu seiner geistigen Nahrung, und ich verstehe, daß Berlin für Sie zu einem abgegessenen Teller geworden ist.»

Handele es sich jedoch nicht um Menschen, sondern um materielle Bedingungen, die fehlten, so versprach Haber erneut Abhilfe.[63]

Gerade weil er den Berliner Kreis hoch schätzte, lehnte Einstein verlockende Angebote ab. Besso und später auch anderen gegenüber beschrieb er,

«... wie schöne Beziehungen sich zwischen meinen nächsten Kollegen und mir (besonders Planck) herausgebildet haben und wie mir hier alle entgegengekommen sind und stets entgegenkommen, wenn Du Dir ferner vergegenwärtigst, daß meine Arbeiten erst durch das Verständnis, das sie hier gefunden haben, zur Wirkung gelangt sind, dann wirst Du doch begreifen, daß ich mich nicht entschließen kann, dieser Stätte den Rücken zu kehren ... Hier kommen mir alle nur bis zu einem gewissen Abstand nahe, so daß das Leben nahezu reibungslos dahinläuft; das habe ich im Leben gelernt.»[64]

1928 schrieb er an Laue: «Ich sehe bei jeder Gelegenheit, wie glücklich ich mich preisen darf, Dich und Planck zu Kollegen zu haben.»[65]

Im Frühjahr 1921 erfuhr Haber, daß Einstein – allerdings nicht mehr nur für den geplanten privaten

Zweck – beabsichtigte, in die Vereinigten Staaten von Amerika zu reisen. Nun wollte er zusammen mit Chaim Weizmann, einem herausragenden Chemiker und führenden Zionisten, Geld für die Gründung einer Hebräischen Universität in Jerusalem einwerben. Haber bat Einstein inständig, nicht gerade jetzt zu gehen und auch kein alliiertes Schiff zu benutzen oder sich selbst mit den revanchistischen Feinden von gestern zu verbinden. «All Ihr Tun ist, solange ich Sie kenne, immer aus dem Adel der menschlichen Natur und der Güte des Herzens hervorgegangen.» Einstein sei jedoch nicht länger ein vereinzeltes Individuum, seine Taten hätten jetzt die Bedeutung, die früher den «Handlungen der Fürsten» zugekommen sei. Die Deutschen würden eine solche Reise als einen Akt des Verrats betrachten.

»So viele Juden sind in den Krieg gegangen, umgekommen, elend geworden, ohne zu klagen, weil sie es für ihre Pflicht angesehen haben. Ihr Leben und Sterben hat den Antisemitismus nicht aus der Welt geschafft, aber ihn zur Gehässigkeit und Unwürdigkeit in den Augen derer erniedrigt, die die Würde und Größe unseres Landes ausmachen. Wollen Sie den Gewinn von soviel Blut und Leiden der deutschen Juden durch Ihr Verhalten wegwischen? ... Sie opfern mit Sicherheit den schmalen Boden, auf dem die Existenz der akademischen Lehrer und Schüler jüdischen Glaubens an deutschen Hochschulen beruht.»[66]

Einstein antwortete am gleichen Tag. Er führte aus, daß er gehen müsse, insbesondere «nachdem ich in letzter Zeit an unzähligen Beispielen gesehen habe, wie perfid und lieblos man hier mit prächtigen jungen Juden umgeht und ihnen die Bildungsmöglichkeiten abzuschneiden sucht». Keiner könne ihn beschuldigen, gegenüber seinen deutschen Freunden untreu zu sein, nachdem er Angebote aus aller Welt abgelehnt habe. «Dies tat ich übrigens nicht aus Anhänglichkeit an Deutschland, sondern an meine lieben deutschen Freunde, von denen Sie einer der ausgezeichnetsten und wohlwollendsten sind.» Ferner berichtete er, daß er zu einer Vorlesung nach Manchester eingeladen worden sei und daß englische Wissenschaftler, «großenteils Quäker und Pazifisten», weit nachsichtiger als ihre gemeinsamen deutschen Kollegen seien. «Lieber Haber» – so endet der Brief – «ein Bekannter hat mich neulich ‹wildes Tier› tituliert. Das wilde Tier hat Sie gern und wird Sie noch vor der Abreise aufsuchen ...»[67]

Haber und Einstein wußten auch, wie eng Antisemitismus und Haß auf die Republik miteinander verbunden waren. Seinerzeit stimmte Einstein zu, daß man den Feind nicht reizen solle, und er warnte Walther Rathenau angesichts des herrschenden Vorurteils, den Posten des Außenministers anzunehmen. Nach der Ermordung Rathenaus – aus diesem Anlaß äußerte Reichskanzler Wirth die prophetischen Worte: «Der [...] Feind steht rechts» – schrieb Einstein für die Neue Rundschau:

«Daß Haß, Verblendung und Undankbarkeit soweit gehen würden, hätte ich doch nicht gedacht. Denjenigen aber, welche die ethische Erziehung des deutschen Volkes in den letzten fünfzig Jahren geleitet haben, möchte ich zurufen: in ihren Früchten sollt ihr sie erkennen.»[68]

Zur Zeit der Ermordung Rathenaus bestand aller Grund zu der Befürchtung, Einstein könnte das nächste Opfer nationalistischer Anschläge sein.

Habers engster Freund Richard Willstätter – ebenfalls ein Nobelpreisträger und ein glühender deutscher Patriot – stieß wiederholt auf antijüdische Vorurteile seiner Zeit. 1915 unterzeichnete König Ludwig III. von Bayern Willstätters Ernennung zum Ordinarius in

München. Zugleich jedoch ermahnte er seinen Minister: «Das ist aber das letzte Mal, daß ich Ihnen einen Juden unterschreibe.» 1924 widersetzte sich die Fakultät der Ernennung von Victor M. Goldschmidt, ohne Frage der am besten qualifizierte Nachfolger auf eine frei gewordene Stelle. Willstätter wußte, daß der Widerstand nicht substantiellen Einwänden, sondern vermutlich rassischen Gründen entsprang. Am gleichen Abend legte er seine Professur nieder, um nie wieder sein Laboratorium zu betreten. Haber schrieb umgehend: «Der Schlag wird in der ganzen Welt nachhallen. Ich verstehe, daß Du in der Frage Victor Goldschmidt mehr Hitlertum begegnet bist, als Du verträgst.»[69] Trotz der einmütigen Bitten seiner Studenten und Kollegen kehrte Willstätter nie wieder in die Universität zurück. Eine treue Assistentin führte die Experimente fort, die er dann in täglichen Gesprächen mit ihr erörterte. Er zog sich in der – freilich falschen – Überzeugung zurück, daß er in der privaten Sphäre von den Leidenschaften seiner Zeit verschont werden würde.

Haber und Einstein ihrerseits lebten sehr stark in der öffentlichen Welt, sie verkehrten auf vertrautem Fuß mit den Großen ihrer Zeit, jeder auf seine eigene Art äußerst aktiv. Beide Männer waren auch im Institutsleben verankert, obzwar Einstein in viel stärkerem Ausmaß als Haber abgöttisch verehrt wurde und einsiedlerisch blieb. Beide Männer erlitten schwere Schicksalsschläge: Habers Gesundheitszustand war immer wieder aufs neue besorgniserregend, Schlaflosigkeit machte ihm dauernd zu schaffen. Seine zweite Ehe zerbrach in den zwanziger Jahren.* Einstein erlitt

* Haber und Einstein haben sich oft gegenseitig als «Freund» bezeichnet. Ein Brief von Haber an «lieber Albert Einstein» vom 29. Dezember 1928 mag als Beweis für intime Offenheit zitiert werden:

Ende der zwanziger Jahre im Engadin einen Herzinfarkt.

Habers Flucht vor der Welt war seine Arbeit, und auch da erfuhr er sowohl Erfolg wie auch große Enttäuschungen. Er war die treibende Kraft bei der 1920 erfolgten Gründung der «Notgemeinschaft der deutschen Wissenschaft», deren Ziel es war, Geld von Reich und Ländern, aber auch von privaten Quellen im In- wie gerade auch im Ausland zu sammeln, um die deutsche Forschung zu erhalten und zu fördern. Dies gelang, und wie Haber selbst betonte:

«Der Zusammenbruch des Landes als politische Großmacht wird künftig wie heute eine unwiderstehliche Mahnung bilden, daß unsere Existenz als Volk abhängt von der Aufrechterhaltung der geistigen Großmachtstellung, die von unserem Wissenschaftsbetriebe unzertrennlich ist. Ob die Notgemeinschaft die Trägerin dieses Gedankens bleibt, wird davon abhängen, daß innerhalb der Gelehrtenkreise die drei Feinde jeder wissenschaftlichen Selbstverwaltung

«Seit ich mich im Herbst 1926 von meiner zweiten Frau getrennt hatte, war etwas in mir entzwei ... Ich brauchte [die Trennung] zum Fortleben. Aber daß ich mein Leben früher so geführt hatte, um mit nahezu 60 Jahren meine Ehe nicht mehr ertragen zu können und mich von lieben Kindern trennen zu müssen, das fraß an mir und demütigte mich vor mir selber.»

Er gedenkt der «Beweise von Herzlichkeit von seiten derer, die ich im Stillen lieb habe. Und es macht mir auch viel aus, daß Sie, lieber Albert Einstein, von meiner Nützlichkeit eine gute Meinung haben und ermutigt mich in den verstimmten Stunden oder genauer in den langen Tagen, in denen ich von dem Bewußtsein meiner Überflüssigkeit und Mittelmäßigkeit ganz und gar erfüllt bin.»

Freundschaft war lebenswichtig – gerade auch für kreative und empfindliche Menschen, die zu jener Zeit kaum an eine seelsorgerische oder psychotherapeutische Hilfe auch nur dachten. (Haber an Einstein, 29.12.1928, AEA).

– Vorurteil, Selbstsucht und Verwaltungsunverstand – sich auf den unschädlichen Bereich vereinzelten persönlichen Mißvergnügens beschränken.»[70]

Nach dem Krieg hat er gehofft, aufs neue seine wissenschaftliche Begabung in den Dienst seines Landes stellen zu können. Wie in früheren Zeiten, als er erfolgreich Stickstoff aus der Luft gewann, der Deutschland aus dem alliierten Würgegriff um den Chilesalpeter löste, wollte er diesmal Gold aus dem Meerwasser gewinnen, um Deutschland von den niederdrückenden Lasten der Reparationszahlungen zu befreien. Dieser Traum war bezeichnend: Deutsche Wissenschaft sollte Deutschlands Wohlstand wiederherstellen. Nach unendlichen Bemühungen gelangte er Ende der zwanziger Jahre zu dem Ergebnis, daß die Suche vergebens war; der Goldgehalt war weit geringer als angenommen, ein wirtschaftliches Verfahren zur Goldgewinnung gab es nicht.

Annährend zur gleichen Zeit verlor er einen bedeutenden Teil seines eigenen Vermögens bei Geldanlagen in Südamerika. Immer wieder versuchte er sich selbst zu retten, indem er anderen half. Trotz endloser Ärgernisse arbeitete er unablässig für die Notgemeinschaft deutscher Wissenschaft. Und immer blieb er der Mittelpunkt seines weltberühmtem Kolloquiums, das sich alle zwei Wochen in seinem Dahlemer Institut traf und in dem er durch sein bekanntes und scharfes Nachbohren Kollegen half, ihre Arbeiten voranzubringen und als Menschen und Wissenschaftler über sich selbst hinauszuwachsen. In der wissenschaftlichen Welt galt Habers Kolloquium als einzigartig; es zog Ausländer ebenso wie Deutsche an, Männer und Frauen aus Habers eigenem Forschungsfeld und aus verwandten Gebieten. Karl Friedrich Bonhoeffer erinnerte sich an das Kolloquium:

«Wie oft kam es nicht vor, daß er [Haber] am Ende

eines unklaren und zu speziellen Vortrags das Wort ergriff und mit zwei, drei Sätzen zunächst das Problem formulierte, um das es ging? Und wie oft hatten die Zuhörer von den zwei, drei Sätzen nicht mehr als von der ganzen Stunde vorher? ... Und dann kamen mit einigem Lächeln die sokratischen Fragen, aus denen sich schließlich die Diskussion zur Klarheit erhob.»[71]

Dahlem war eine Art deutsches Oxford, reich, voller oft exzentrischer Begabungen, abgelegen vom Getriebe der Großstadt und doch am Ende einer Untergrundbahn-Linie gelegen, die es mit dem Zentrum der Hauptstadt verband.

In den zwanziger Jahren war Einsteins pure Existenz ein Aktivposten für Deutschland, so zumindest sah es das Auswärtige Amt des Reiches. Seine Reisen nach Nord- und Südamerika, Asien und Europa kamen einem Siegeszug gleich, der unvermeidlich auch den Deutschen zugute kam. Seit Anfang der zwanziger Jahre war Einstein in der «Internationalen Kommission für geistige Zusammenarbeit» des Genfer Völkerbundes tätig, wobei er wiederholt zurücktrat, wenn ihm die Kommission als zu einseitig profranzösisch oder den Standpunkt der Alliierten vertretend erschien. Am Ende bat er Haber, seinen Platz in der Kommission zu übernehmen. Beide Männer arbeiteten hart, um den Boykott zu beenden, den alliierte Wissenschaftler weiterhin gegenüber ihren deutschen Kollegen praktizierten. Einstein glaubte, der Boykott schade der Wissenschaft und sei demzufolge irrational; Haber hielt ihn darüber hinaus auch für das Vaterland und für die junge Demokratie für schädlich und tat sein Bestes, um neue Beziehungen anzuknüpfen oder alte wiederherzustellen. Er war führend an der Errichtung der beiden Japanisch-Deutschen Kulturinstitute in Berlin und Tokio beteiligt.[72] Bei all seinen

Bemühungen, den Boykott der Alliierten zu durchbrechen, arbeitete er eng mit dem Auswärtigen Amt, oftmals direkt mit Stresemann zusammen. Aber ebenso wie der bedeutende Außenminister selbst sah sich Haber gleichzeitig mit den revanchistischen Gefühlen der Ausländer konfrontiert, mit ihrem Mißtrauen gegenüber der deutschen Wissenschaft und mit dem vorurteilsgeladenen dumpfen Trotz der Deutschen selbst, die jeglichen Kompromiß mit den früheren Feinden ablehnten. Wenn Ausländer nichts mit Deutschen zu tun haben wollten, so galt dies umgekehrt – und noch stärker – auch für die Deutschen, die nichts mit den Ausländern zu tun haben wollten. Haber und Einstein hatten die wenig beneidenswerte Aufgabe, zwischen den verfeindeten Parteien zu vermitteln, deren Verhalten mehr von verletztem Stolz und Neid als von Vernunft und Interesse bestimmt waren.

Habers Bemühungen zeigten allmählich Erfolg, als deutsche Wissenschaftler schrittweise aufs neue in die internationale Gemeinschaft aufgenommen wurden – ein Ergebnis oftmals erbitterter, in jedem Fall zeitaufwendiger Verhandlungen. Der Schlüssel bei diesen wie bei allen anderen Bemühungen, Deutschlands Rückkehr in den Kreis der Nationen zu ermöglichen, war die deutsch-französische Verständigung, welche Haber unbedingt zu fördern versuchte. Sein ältester Sohn lebte in Paris, Nutznießer und zugleich auch Opfer der prominenten Stellung seines Vaters.

IV. Lucifer ante portas – Vertreibung und Emigration

Beide, Haber und Einstein, verfolgten den Todeskampf der Weimarer Republik aus nächster Nähe. Auf Stresemanns Tod im Herbst 1929 folgte unmittelbar der Ausbruch der großen Weltwirtschaftskrise. Im September 1930 errang die NSDAP ihren ersten Durchbruch bei den Reichstagswahlen, und 1932 war das Wort *lucifer ante portas* eine gängige Redeweise und ein Ausdruck von Furcht. In diesen letzten Jahren der Auflösung der Demokratie, in diesem fremdartig anmutenden Zwischenspiel, als die politischen Institutionen der Weimarer Republik nicht mehr funktionierten und Hitler noch nicht an die Macht gelangt war, in jenen zweieinhalb Jahren von Brüning zu Schleicher, schien nahezu alles möglich. Illusionen schossen in einer zunehmend verzweifelten und aus den Fugen geratenen Welt hoch. Die meisten dachten – oder dachten dies von Zeit zu Zeit –, Hitler könne noch verhindert werden. Bezeichnenderweise entwickelten Haber und Einstein je eine eigene Vorstellung der Rettung, die sich kategorisch voneinander unterschieden. Habers Ansichten lassen sich aus einem Brief erschließen, den er im Mai 1931 an Hermann Dietrich, Brünings Finanzminister, schrieb, als die volle Tragweite des herannahenden wirtschaftlichen und politischen Desasters noch unklar war. Er warnte den Minister, der gegenwärtige Zustand sei nicht weniger trübe als im letzten Jahr des Weltkrieges. Damals «ging der Kontakt der Führung mit dem Volke so sehr verloren ... und im Herbst 1918 kam die Quittung». Der gleiche Abgrund habe sich geöffnet zwischen den Wirtschaftsführern, die auf die absolute Notwendigkeit der Privatwirtschaft schworen und gleichzeitig und bezeichnend die Leistungen der UdSSR lobten, und den zunehmend belasteten und bedrückten Massen. Die Regierung, fügte Haber hinzu, solle jetzt vorwegnehmen, was sie später unter Zwang tun müsse «... nämlich die Staatsgewalt vom parlamentarischen System und die Wirtschaftsgewalt von der privatwirtschaftlichen Führung lösen und die Diktatur & die Planwirtschaft zum eigenen Programm machen ...» Ausdrücklich erinnerte er an Moellendorffs frühere Pläne und bestand darauf, daß hierfür jetzt die Zeiten besser geeignet seien: «Das neue Geschlecht ist da! Es füllt die Straßen und verdrängt die alten Parteien ... Es sucht eine deutsche Form für das, was in verschiedener Gestalt in Rußland und in Italien schon verwirklicht ist. Es glaubt nicht mehr an den großväterlichen Liberalismus und an den langsamen Entwicklungsweg der gewerkschaftlichen Sozialdemokratie.»[73] Im Unterschied zu vielen Freunden und Parteileuten sah Haber die Tiefe der Krise und den grundlegenden Stimmungsumschwung. Er forderte eine radikale diktatorisch-autoritäre Lösung, ein vorläufiges Ende der Marktwirtschaft.* Die Krise erforderte eine drastische Aktion; aber es gab keine Staatsmänner, keinen De Gaulle, die das vom Zerfall bedrohte demokratische System in eine mehr oder weniger volkstümliche

* In einem Brief an Haber entwickelte Einstein ähnliche Gedanken:

«Glauben Sie nicht, daß die jetzige Situation zwangsläufig eine fast völlige Drosselung der Lebensmitteleinfuhr mit sich bringen wird (ähnlich wie im Kriege) und daß es deswegen darauf ankommt, dafür zu sorgen, daß mit den vorhandenen Nahrungsmitteln hausgehalten wird und daß auch für die Gleichmäßigkeit der Verteilung Sorge getragen werden muß.»

Er schlug eine rasche Einführung eines «Kartensystems» vor. Für Einstein war es wohl ein Gebot, daß die Krise nicht noch größere Ungerechtigkeit verbreiten dürfe; in Wirklichkeit geschah gerade das – und mit verheerenden Wirkungen. (Einstein an Haber, 25.7.1931, AEA).

und gesetzmäßige Diktatur hätten überführen können. Der Ruf nach einer autoritären Lösung entsprach Habers «Lebensauffassung». Anderthalb Jahre später standen General von Schleichter wenige Wochen zur Verfügung, binnen deren er nach einem Programm und nach Unterstützung für eine Lösung suchte, welche bemerkenswerte Übereinstimmung mit Habers Hoffnungen aufwies.

Während der Weimarer Republik hat Einstein in enger Verbindung zu «fortschrittlichen» Gruppen in Politik und Kultur gestanden. Er trat für die Unterlegenen ein. Er unterzeichnete Aufrufe für das, was er als humanitäre Anliegen betrachtete. Er unterstützte Organisationen, die die sowjetisch-deutschen Beziehungen zu verbessern versuchten. (Ohne daß es ihm bekannt war, setzten die Reichswehr und die Rote Armee diese frommen Hoffnungen in harte Wirklichkeit um.) Seine politische Haltung war sozialistisch; für ihn bedeutete Kapitalismus Habsucht und Ungleichheit. Er war beeindruckt von dem Fortschritt in der Sowjetunion, wenngleich er vermutlich den Preis unterschätzte. Manchmal freilich brandmarkte er die Unterdrückung auch dort.

Der Aufstieg der Nationalsozialisten nach 1929 war erschreckend. Wo Haber eine autoritäre Antwort suchte, befürwortete Einstein eine antifaschistische Koalition der Kommunisten und Sozialisten. Im Juni 1932, in Vorahnung der Juli-Reichstagswahl, bei der die NSDAP den größten Sieg vor der Machtergreifung erreichte, schloß sich Einstein Heinrich Mann und Käthe Kollwitz an, um ein gemeinsames Wahlbündnis voranzutreiben, eine einzige Kandidatenliste für Kommunisten, Sozialisten und Gewerkschafter. Einige Tage vor der Wahl wiederholte eine Massenversammlung, die Einstein gleichfalls unterstützte, die Forderung nach der später so genannten Volksfront, dies war jedoch damals eine Phantasie ohne den Hauch der praktischen Umsetzbarkeit. Die Kommunistische Partei Deutschlands, die sich noch in ihrer stalinistischen Phase befand, verleumdete alle Parteien und brandmarkte die Sozialdemokraten als «Sozialfaschisten», als die schlimmsten Verräter der Arbeiterklasse. Die Sozialdemokraten ihrerseits haßten die Kommunisten, und das Blut, das beginnend mit dem Mord an Rosa Luxemburg und Karl Liebknecht zwischen den beiden Parteien vergossen worden war, gab der Trennung etwas Endgültiges. In der besten aller Welten hätten die deutsche Arbeiterklasse und die sozialdemokratischen Wähler aller Klassen sich gegen den Nationalsozialismus verbunden, wie Einstein und seine Freunde es forderten; in der schlechtesten aller Welten, in derjenigen, in welcher Einstein lebte, arbeiteten – wie zum Beispiel in dem berüchtigten Verkehrsarbeiterstreik vom November 1932 – Nationalsozialisten und Kommunisten zusammen. An einem der folgenschwersten und dramatischsten Wendepunkte unseres Jahrhunderts mordeten Nationalsozialisten und Kommunisten einander, und doch halfen sie sich gegenseitig aus. Auf Jahrzehnte konnten die Kommunisten Sympathien nur durch den brutalen Terror und die grobe Dummheit vieler ihrer reaktionären Gegner für sich gewinnen.

Haber und Einstein waren beide im Ausland, als schließlich die überraschende Ernennung Hitlers zum Reichskanzler erfolgte. Einstein befand sich in Pasadena, nachdem er sich gerade zu einer regelmäßigen halbjährigen Tätigkeit am Princeton Institute for Advanced Study ab Herbst 1933 verpflichtet hatte. Haber hielt sich auf Anraten seines Arztes in Cap Ferrat auf, um milderes Wetter in Berlin abzuwarten. Einstein muß Hitlers Ernennung zum Reichskanzler als Bestätigung seiner schlimmsten Befürchtungen empfunden haben. Haber dachte vermutlich, wie so viele zu dieser Zeit, daß Hitler nur ein kurzes Zwischenspiel bedeuten, daß er sich als Marionette seiner konservativen Verbündeten entpuppen würde und daß schließlich der betagte Hindenburg auf jeden Fall noch da war, um das Schlimmste zu verhüten. Politik wird immer durch das Prisma der Vergangenheit und gefiltert durch Charakter, Veranlagungen und Interessen wahrgenommen.

Einstein verlor keine Zeit, das neue Regime anzuprangern. Mitte März 1933 gelobte er, solange die Verhältnisse unverändert blieben, nicht nach Deutschland zurückzukehren. Auch rief er auf zu einer «moralischen Intervention» anderer Völker gegen die «Exzesse des Hitlerismus».[74] Seine öffentlichen Verurteilungen lösten in Berlin Besorgnis aus. Noch waren die neuen Machthaber außergewöhnlich nervös über eine ungünstige Presse im Ausland. Einstein zeigte sich jedoch kompromißlos. Bei seiner Rückkehr nach Europa, in seinem zeitweiligen Zufluchtsort in Coq sur Mer in Belgien, als Gast seiner Freundin, der Königin Elisabeth, hielt er seine öffentlichen Verurteilungen des Regimes aufrecht. Seine Frau bat um Polizeischutz, da sie fürchtete, die Nationalsozialisten würden ihn ermorden. Am 30. März gab die Preußische Akademie Einsteins Austritt bekannt. In einer der nachfolgenden Akademiesitzungen, in denen der Fall verhandelt wurde, erhob als eines ihrer ganz wenigen Mitglieder, wenn nicht sogar als einziger, der konservative Preußenhistoriker Otto Hintze Einspruch gegen Einsteins erzwungenen Austritt. «Allgemeines Schweigen folgte seinen Worten. Erst während er in der Garderobe nachher den Mantel anzog, drückten einige ihm verstohlen die Hand.»[75] Einsteins Bücher wurden verbrannt, sein Besitz in Caputh und sein Vermögen beschlagnahmt. Planck war hin und her gerissen. Er schrieb am 31. März von seiner Urlaubsreise nach Italien an den Vorsitzenden Sekretär der Akademie: «Denn wenn mich auch in politischer Beziehung eine abgrundtiefe Kluft von ihm trennt, so bin ich auf der anderen Seite vollkommen sicher, daß in der Geschichte der kommenden Jahrhunderte der Name Einstein als einer der glänzendsten Gestirne gefeiert werden wird, die je in unserer Akademie geleuchtet haben.»[76] Planck und andere waren ebenso von Einsteins «Indiskretionen» wie auch von den politischen Folgen abgestoßen. Im Sommer 1933 schrieb Elsa Einstein: «Die Nazis übernahmen das Haus in Caputh und beschlagnahmten alles, was sie darin vorfanden. So begann der letzte Feldzug des Krieges zwischen Einstein und Deutschland.»[77]

Für Fritz Haber bedeutete der Aufstieg der Nationalsozialisten das Ende seines aktiven Lebens. Wochen nach Hitlers Ernennung zum Reichskanzler kehrte er nach Berlin zurück. Sein ganzes Leben drehte sich weiterhin um seine Arbeit an seinem Kaiser-Wilhelm-Institut. Die Briefe an seine Freunde und seine Familie verdeutlichen, daß er die bevorstehende Katastrophe vorausahnte. Er erfaßte sofort die Bedeutung der Notverordnungen von Ende Februar, als nach dem Reichstagsbrand alle verfassungsmäßigen Rechte aufgehoben wurden. Die SA begann ihre Schreckensherrschaft gegen politische Gegner. Das Regime ergriff die ersten Maßnahmen gegen jüdische Beamte, insbesondere gegen jüdische Richter. Haber befürchtete, daß die Professoren als nächste an die Reihe kommen würden, und schrieb Willstätter, seine unmittelbare Neigung ginge dahin, solange wie möglich auf seinem Platz auszuharren, um zumindest diejenigen abzuschirmen und zu schützen, für die er verantwortlich war. Tage nach dem Ermächtigungsgesetz, das die Regierung Hitler mit der Vollmacht ausstattete, Notstandsverordnungen zu erlassen, wurde das berüchtigte Gesetz zur «Wiederherstellung des Berufsbeamtentums» erlassen. «Nichtarische» Professoren sollten mit Ausnahme ehemaliger Frontsoldaten oder anderer besonderer Kategorien (diese Konzession erfolgte, um Hindenburg zu besänftigen) entfernt werden. Haber und Franck hätten zum Beispiel in ihrer Stellung verbleiben können, aber zugleich hätten sie ihre nicht unter die Ausnahmebestimmungen fallenden jüdischen Mitarbeiter entlassen müssen. Mitte April schrieb Franck an Haber, offensichtlich in Antwort auf einen Brief von Haber: «Schilt mich nicht als voreilig oder unüberlegt. Ich habe heute dem Ministerium die Bitte ausgesprochen, mich von meinen Pflichten zu entbinden. Als Grund gebe ich an ‹die Einstellung der Regierung dem deutschen Judentum gegenüber›.» Er fühlte, daß er bei Semesterbeginn nicht den Studenten gegenübertreten und vorgeben könne, ihre Agitationen berührten ihn nicht. «Ich kann auch nicht den Gnadenbrocken benagen, den die Regierung den Kriegsteilnehmern jüdischer Rasse vorhält. Ich würdige und verstehe auch den Standpunkt derer, die heute im Amt ausharren wollen, aber es muß auch Menschen meiner Art geben.»[78] Vielleicht wurde bislang nicht hinreichend erwähnt, daß die Nationalsozialisten im Frühjahr 1933 die deutsche Wissenschaft von Juden «reinigten», während Juden in der nicht-öffentlichten Sphäre, insbesondere in der Wirtschaft und in den freien Berufen vorübergehend unangetastet blieben. Selbst Plancks Warnungen vor den Folgen solcher Maßnahmen ließen Hitler unberührt. Hitlers Verachtung für die Wissenschaft, sein Unverständnis von deren Bedeutung für Ansehen und Stärke der Nation paarten sich mit seinem Antisemitismus und mit seinem offen geäußerten Versprechen, daß Juden nicht in führenden Stellungen verbleiben sollten.

Haber litt Seelenqualen, wie seine Briefe aus dieser Zeit erkennen lassen. Er fühlte sich zerrissen: Sorgen über die eigene materielle Existenz und die seiner Kinder und seine Verpflichtung anderen gegenüber standen im Widerstreit mit seinem Gefühl, daß es für ihn unvereinbar war, jüdische Kollegen zu entlassen und gleichwohl in seinem Amt auszuharren. Gegen Ende April gab er auf. Er bat den Minister um seine Pensionierung, die mit dem 1. Oktober 1933 beginnen sollte. In seinem Brief erwähnt er, daß er hätte bleiben können,

«obwohl ich von jüdischen Großeltern und Eltern abstamme ... Mein Entschluß, meine Verabschiedung zu erbitten, erfließt aus dem Gegensatz der Tradition hinsichtlich der Forschung, in der ich bisher gelebt habe, zu den veränderten Anschauungen, welche Sie, Herr Minister, und Ihr Ministerium als Träger der großen derzeitigen nationalen Bewegung vertreten ... Sie werden von einem Manne, der im 65. Lebensjahre steht, keine Änderung der Denkweise erwarten, die ihn in den vergangenen 39 Jahren seines Hochschullebens geleitet hat, und Sie werden verstehen, daß ihm der Stolz, mit dem er seinem deutschen Heimatland sein Leben lang gedient hat, jetzt diese Bitte um Versetzung in den Ruhestand vorschreibt.»[79]

Einen kurzen Augenblick lang fühlte sich Haber über die gefällte Entscheidung erleichtert. Nie zweifelte er daran, daß diese richtig war. Aber sein Leben war zerstört worden. Seine Gesundheit verschlechterte sich und machte es ihm unmöglich, eine neue Zukunft zu planen. Ganz zu schweigen von den seelischen Bindungen, die ihn an sein Haus und seine Arbeit in Dahlem ketteten und die Deutschland über 64 Jahre zu seiner einzigen Heimat gemacht hatten.

Habers Amtsniederlegung haftet etwas Ergreifendes und Beispielhaftes an. Es mag falsch sein, das

Unglück *eines* Mannes in einer Zeit des Unheils hervorzuheben. Aber Habers Schicksal läßt exemplarisch die psychische (und insofern in einem gewissen Ausmaß auch die physische) Zerstörung dessen erkennen, was das Leben der deutschen Juden bestimmt hatte. Habers Schicksal nahm das brutale Ende der deutschen Juden vorweg. Noch allerdings lag die finstere Zukunft im ungewissen.* Selbst die Nationalsozialisten improvisierten die meiste Zeit. Wenige Tage nach seiner Amtsniederlegung schrieb Haber an Willstätter:

* Habers Befürchtungen, was ihm und seinen Kindern zustoßen könnte, hatten ihn im Frühling 1933 bewogen, sich an seinen ehemaligen Armee-Mitarbeiter zu wenden, Hermann Geyer, der inzwischen Generalmajor geworden war. In einem handschriftlichen und freundlichen Brief bescheinigte Geyer, daß Haber nicht nur «Frontkämpfer von Wert» gewesen sei, sondern:

«Sie haben in den Monaten vor dem ersten großen Gasangriff (April 15) Wochen oder Monate lang an der Front gelebt und nicht nur bei hohen Stäben gesessen sondern mit vollem Einsatz Ihrer Person auch in vorderster Linie geholfen und gelernt, um die Anwendungsbedingungen für Gasverfahren jeder Art zu studieren.»

Geyer erwähnte «als besonders eindringliche Einzelheit», daß beide Männer am 21.3.1918 «großer Westangriff» mit Gasmaske in der «vordersten Linie» und unter großem Beschuß gestanden hatten. Haber dankt in seiner nur teilweise erhaltenen Antwort für das Schreiben, das er benützen würde, um seinen Kindern zu ermöglichen, «ihre Schule weiter besuchen» zu können – falls das notwendig wäre. Gleichzeitig erwähnt er: «Ich habe die militärische Anregung unmittelbar und mittelbar erhalten, mein Institut wieder in den Dienst von Gaskampf und Gasschutz zu stellen, wie es im Kriege der Fall gewesen ist, und ich bin dieser Anregung ausgewichen». Sein Grund: ein Villenort wie Dahlem sei für solche Zwecke nicht geeignet. Generalmajor Hermann Geyer an Haber, 14.5.1933, Haber an Geyer, 15.5.1933, Nachlaß Habers im Besitz von Frau Lévy, St. Sulpice, Schweiz.

«Ich bin so bitter wie nie zuvor ... Ich bin in einem Maß deutsch gewesen, das ich erst jetzt voll empfinde und ich fühle eine unerhörte Widerwärtigkeit darin, daß ich nicht mehr genug arbeiten kann, um mich eines neuen Amtes in einem anderen Lande zu getrauen ... Aus dem ganzen Kreise der I. G. hat sich Niemand gefunden, der mich anläßlich meines Abschiedsgesuchs angesprochen, angeschrieben oder besucht hätte ... Planck gibt sich jede Mühe, um mir Achtung und Zuneigung zu bekunden.»[80]

Selbstverständlich gab es – von Planck abgesehen – auch weitere Ausnahmen. Diese legen nahe, daß das große Schweigen, das Habers letzte Tage im Amt umgab, gefühllose Gleichgültigkeit oder auch Angst oder Scham bezeugte. In jenen Tagen hätte eine private briefliche Solidaritätsbekundung keinen außerordentlichen Mut erfordert. Einige Tage, nachdem die Zeitungen von Habers Abschiedsgesuch berichtet hatten, schrieb ihm sein ehemaliger Schüler Karl Friedrich Bonhoeffer. Er teilte dem Lehrer seine Besorgnis mit, daß selbst Haber die deutsche Wissenschaft nicht länger schützen könnte:

«Aber ich möchte Ihnen doch wenigstens versichern – was Sie ja sowieso hoffentlich von mir wissen –, daß ich mich stets mit Stolz und Dankbarkeit zu Ihnen als meinem Lehrer bekennen und von Ihren Verdiensten um Deutschlands Wissenschaft und Technik der künftigen Generation erzählen werde.»[81]

Trotz eigener Belastung wurde Haber so etwas wie ein Organisator der Emigration für Freunde und Kollegen. Dies verband ihn auch mit Chaim Weizmann – der wohl aus Anstand und Interesse mit Haber arbeitete und (im Gegensatz zu Einstein) ihn nie an sein früheres Deutschtum erinnerte.

Weizmann hoffte, daß einige der großen jüdischen Naturforscher in sein Daniel-Sieff-Institut in Rehevoth kommen würden (das heutige berühmte Weizmann-Institut). Er hätte auch «arische» Wissenschaftler aufgenommen und teilte wohl Habers Meinung, daß Deutschlands führende Position in der Chemie «frei werden» würde:

«Mein Schicksal und das meines Instituts werden nicht einen vereinzelten Punkt bilden. Die Fortführung einer großen Entwicklung mit Hilfe von Menschen, die in erster Linie nach dem politischen Bekenntnis ausgesucht werden, erscheint mir in Deutschland hoffnungslos.»[82]

Weizmann half, wo er konnte, und war enttäuscht darüber, daß viele der großen Wissenschaftler eher in die Türkei oder anderswohin gingen als nach Palästina. Willstätter besuchte das Institut, blieb aber seinem Entschluß, in Deutschland zu verharren, treu. Er schrieb an Weizmann:

«Es ist sehr gütig, daß Sie sich, wie mir Haber sagt, wegen meines Verbleibens in Deutschland Sorge machen. Sie dürfen es nicht tun; ich glaube, Sie haben ohnedies für Leute genug Sorgen zu tragen. Der Romanist [Karl] Vossler meinte zu mir: ‹Für unsere Regierung sind Sie eine fette Wanze. Wenn man sie zertritt, gibt es großen Gestank. Darum tut man es nicht.›»

Und doch tat man vieles dergleichen – und der «Gestank», als Deutschlands Größe zertreten wurde, blieb aus.[83]

Seit Mai 1933 korrespondierten Haber und Einstein ziemlich regelmäßig. Haber versuchte Einsteins – immer bereite – Hilfe für entlassene Wissenschaftler zu gewinnen. Zugleich versuchte er jedoch Einstein zu überreden, seine öffentlichen Auseinandersetzungen mit Weizmann zu beenden, dem Haber inzwischen sehr nahegekommen war. In Antwort auf einen Brief schrieb Einstein, noch voller Mitgefühl für das Schicksal seines Freundes, an Haber: «Ich kann mir

Ihre inneren Konflikte denken. Es ist so ähnlich, wie wenn man eine Theorie aufgeben muß, an der man sein ganzes Leben lang gearbeitet hat. Bei mir ist es nicht so, weil ich nicht im geringsten je an sie geglaubt habe.»[84] Wenige Monate später schrieb Haber erneut an Einstein. Er teilte ihm mit, daß er weiterhin an seinem Plan festhalte, die Hebräische Universität zu besuchen, daß dies aber durch den offenen Streit zwischen Einstein und Weizmann unmöglich gemacht werde. «Ich habe den Eindruck, daß eine öffentliche Fehde zwischen Ihnen und Weizmann das Unglück erneut, das die inneren Streitigkeiten in Jerusalem in den Tagen bedeutet haben, in denen Titus mit seinen Legionen Jerusalem belagerte.» Er bat Einstein, mit Weizmann zu sprechen, und schloß mit den Worten. «Ich war in meinem Leben nie so jüdisch wie jetzt!»[85]

Einstein erwiderte umgehend und äußerst verletzend. Er griff Weizmann an und warnte Haber, mit der Hebräischen Universität zusammenzuarbeiten.

«Ich freute mich sehr, ... daß Ihre frühere Liebe zur blonden Bestie ein bißchen abgekühlt ist ... Hoffentlich gehen Sie nicht nach Deutschland zurück. Es ist doch kein Geschäft, für eine Intelligenzschicht zu arbeiten, die aus Männern besteht, die vor gemeinen Verbrechern auf dem Bauche liegen und sogar bis zu einem gewissen Grade mit diesen Verbrechern sympathisieren. Mich haben sie nicht enttäuschen können, denn ich hatte für sie niemals Achtung und Sympathie – abgesehen von einigen feinen Persönlichkeiten (Planck 60% edel und Laue 100%). Ich wünsche nichts sehnlicher für Sie, als eine wirklich menschliche Atmosphäre, in der Sie wieder froh werden können (Frankreich oder England). Am schönsten ist es (für mich) aber im Kontakt mit ein paar feinen Juden; so ein paar Jahrtausende zivilisierte Vergangenheit bedeuten eben doch etwas.»[86]

Es ist eine ironische Wendung, daß sich Weizmann in den verbleibenden Monaten bis zu Habers Tod im Exil als weit fürsorgenderer und verständnisvollerer Freund erwies als Einstein, der sich in Princeton niederließ, während Haber, entschlossen, Palästina zu besuchen, starb.*

Im Herbst 1933 hatte Haber in Cambridge/England einen vorübergehenden Zufluchtsort gefunden. Sein körperlicher Gesundheitszustand verschlechterte sich zusehends. Wohl versuchte er, die Forschung wiederaufzunehmen, aber das Einleben in fremde Sprache und Verhältnisse war ungeheuer schwer. Sein engster Freund Willstätter brachte es kaum über sich, ihm zu schreiben:

«Was ich bei Deinem Schicksal miterlebe und empfinde, das eignet sich schlecht zum Niederschreiben ... Daß Du wieder gearbeitet und die Untersuchung der Hydroperoxydkatalyse zu wichtigen Entscheidungen geführt hat, freut mich herzlich als ein Beweis Deiner gebesserten Gesundheit und Leistungsfähig-

* Auch kamen Angebote aus dem Ausland. Im Jahre 1924 hatte Haber Japan besucht – veranlaßt durch seine Beziehungen zu dem japanischen Großindustriellen Hajime Hoshi, der bald nach dem Krieg die deutsche Wissenschaft unterstützte. Haber war die treibende Kraft hinter der Errichtung des Japan-Instituts in Berlin im Jahre 1926. Im Jahre 1933 erlitt die Hoshi Pharmaceutical Co. finanziellen Schaden, so daß Hoshi erst am 26. Januar 1934 eine offizielle Einladung an Haber schicken konnte. Der auf Englisch verfaßte Text ist unübersetzbar – und unersetzlich zugleich: «Dr. Haber! You have done great works. Every nation in the world must recognize your works and respect you. I am convinced of the fact that Japanese people is only the race which able to recognize your greatness exactly, because Japanese people is superior in Fairness, Generousity [sic], Kindness to everybody than other nations in the world.» (H. Hoshi an Haber, 26.1.1934, im Besitz von Frau Lévy, St. Sulpice, Schweiz)

keit, denn es ist unabänderlich, daß für Dich Leben Arbeiten bedeutet.»[87] Es war eine treffende, tragische Diagnose, denn selbst Arbeit konnte ihn nicht am Leben halten. Haber setzte seine umfangreiche Korrespondenz fort, die seine Emigration aus Deutschland vorbereiten sollte. Wenn er Deutschland offiziell verließ, würde er eine Reichsfluchtsteuer zu bezahlen haben, die nicht nach dem gegenwärtigen, sondern nach dem vergangenen höheren Vermögenswert veranschlagt wurde. Eine solche Regelung hätte ihn, vor allem aber seine geschiedene Frau und die noch minderjährigen Kinder in einen empfindlichen finanziellen Engpaß geführt. Gleichwohl verwandte er viel Gedanken und Energie darauf, Freunden und Kollegen zu helfen, die weniger vermögend als er waren. Inzwischen gab er sich kaum noch Illusionen über die Deutschen hin. Anfang Januar 1934, wenige Wochen vor seinem Tod, schrieb Haber an meinen Vater:

«Glücklich wer nicht in der deutschen Welt aufgewachsen ist und künftig aufwächst! Aber die Leute hinter dem Rhein werden die Schulden, die sie jetzt gegen das Menschentum contrahieren, schwerer los werden als sie sich einbilden, und Deine Kinder werden an dem Leiden ihrer Eltern für sich und ihre Kinder mehr Gewinn haben als wir am Gedeihen unserer eigenen Vorfahren gehabt haben.»[88]

Haber starb in Basel am 29. Januar 1934. Seine vielen Freunde empfanden seinen Tod als einen entsetzlichen Verlust, den die Niederträchtigkeit der Nationalsozialisten zu verantworten hatte. Haber hatte das Genie der Freundschaft besessen. Sein eigenes, von Sorge, Erfolg und Traurigkeit bestimmtes Leben fand seine Erfüllung darin, das Leben anderer zu bereichern. Seine Freunde und Kollegen empfanden auch die historische Ungerechtigkeit. Aus Amerika schrieb James Franck:

«Es ist eine einfach unerlöschliche Schande, daß man diesen Menschen moralisch in's Exil gezwungen hat ... Vieles was zu Haus passierte und geschieht, vermag ich zu verzeihen und suche das Gute daran zu sehen, wenn es auch spärlich ist, aber das werde ich mein Leben lang nicht verzeihen können, daß man einen Mann wie Fritz Haber, der für sein Land mehr tat als fast ausdenkbar ist, zwingt, sein Leben im Exil zu beschließen. Ich wünschte, da es Ihrem lieben Vater nicht vergönnt war, die schwere Zeit zu überleben, daß er sie garnicht erst erlebt hätte.»[89]

Weizmann schrieb an Habers Sohn: «Das einzige, was man glauben muß – und ich glaube –, daß genau wie sein Leben unvergeßlich bleiben wird, auch sein Märtyrertod für uns alle und für diese Welt, eine tiefe Bedeutung haben wird noch in den kommenden Jahren.»[90]

Im Januar 1935 organisierte Planck eine Gedenkfeier für Fritz Haber im Namen der Kaiser-Wilhelm-Gesellschaft. Die Regierung versuchte die Ehrung dieses Nichtariers zu verbieten, Planck setzte sich jedoch durch. Am Vorabend äußerte er zu Lise Meitner: «Diese Feier werde ich machen, außer man holt mich mit der Polizei heraus.» Die Zweideutigkeit des Lebens in der Diktatur läßt sich an Plancks Eröffnung der Veranstaltung ermessen. Planck begann mit dem Hitlergruß und endete mit den denkwürdigen Worten: «Haber hat uns die Treue gehalten, wir werden ihm die Treue halten.»

Die Offenheit der Berliner «scientific community» – in der Akademie, in der Kaiser-Wilhelm-Gesellschaft, in der Universität und bei improvisierten Sitzungen – hatte Haber und Einstein in eine derartig nahe physische Zusammenarbeit gebracht. Habers Gabe verwandelte die Kollegialität in Freundschaft. Für Haber war sein Kaiser-Wilhelm-Institut ein Zuhause. Für beide Männer bedeutete das wissenschaftliche Umfeld die tiefste Art der Nahrung. Sie fanden einen Platz menschlichen Anstands vor und hielten ihn lebendig, eine Oase selbst zu ihrer eigenen Zeit, eine Oase bis zu dem Zeitpunkt, als Hitler alles zerstörte, was wertvoll war und auch die Unschuld zerstörte, welche die Voraussetzung für diese tiefen Bindungen gewesen war.

Haber, der Gelegenheitsdichter, würde die Worte geschätzt haben, die Einstein, der religiöser als Haber veranlagt war, 1954 in Princeton am Grab Rudolf Ladenburgs aussprach und die vermutlich unbewußt an das Leben erinnerten, das Einstein und Haber einst geteilt hatten:

«Kurz ist dies Dasein, wie ein flüchtiger Besuch in einem fremden Hause. Kümmerlich erhellt ist der zurückzulegende Weg durch ein flackerndes Bewußtsein, als dessen Zentrum das beschränkende und trennende Ich erscheint.

Die Beschränkung auf das Ich ist für Wesen unserer Art undenkbar für das nackte Dasein und auch für das Lebensgefühl. Das Ich führt uns zum Du und zum Wir – ein Schritt, der uns erst zu dem macht, was wir sind. Und doch ist die Brücke, die von dem Ich zum Du führt, subtil und unsicher wie das ganze Abenteuer des Lebens.

Fügt sich eine Gruppe von Menschen zu einem Wir zusammen, zu einem harmonischen Ganzen, so ist das Höchste erreicht, was Menschen als Geschöpfe erreichen können.»

Danksagungen

Bei der Vorbereitung dieses Aufsatzes standen mir Felix Gilbert, Martin Klein, Reimar Lüst, Abraham Pais und I. I. Rabi mit Hilfe und Ermunterung zur Seite. Ich danke ihnen ebenso wie Rudolf Vierhaus und Bernhard vom Brocke. Dankbar bin ich auch für die Hilfe von Robert Schulmann, der das Albert Einstein Projekt an der Universität Boston betreut. Weiter möchte ich der Einstein Nachlaßverwaltung für die Erlaubnis danken, aus bislang unveröffentlichtem Material zu zitieren. Mein besonderer Dank gilt Eckart Henning und Marion Kazemi vom Archiv der Max-Planck-Gesellschaft zur Förderung der Wissenschaften e. V. in Berlin, Jürgen Real vom Bundesarchiv in Koblenz, Nehama Chalom vom Weizmann Archiv in Rehovot, Israel, Margaret Cohen und Frau Katzenstein von der Einstein Sammlung an der Jüdischen National- und Universitätsbibliothek in Jerusalem sowie Beate Glaus von der Eidgenössischen Technischen Hochschule in Zürich. Ebenfalls hilfreich waren Hans-Jürgen Treder und Christa Kirsten von der Akademie der Wissenschaften der DDR sowie Brigitte Schroeder-Gudehus von der Université de Montréal. Schließlich möchte ich auch der Alfred P. Sloan Foundation in New York für ein Stipendium danken, das mich bei meiner Forschung unterstützte.

Verlorene Heimat*

Unvergessen die Tränen meines Vaters, als wir Ende September 1938 seine Heimatstadt Breslau verließen. Es war ein einmaliger Ausbruch von Gefühlen, Trauer um eine zerstörte Vergangenheit, Sorge um eine Zukunft voller Ungewißheit. Ich allerdings als Zwölfjähriger empfand nichts als Freude – Freude, den Gemeinheiten jener Zeit zu entrinnen. Und doch, vor einigen Jahren in einem deutschen Interview gefragt: «Was fällt Ihnen bei dem Wort Heimat ein?» gab ich die mich völlig überraschende sofortige Antwort: «Heimatlos». Es gibt halt viele Arten «verlorener Heimat». Die Heimat kann einem auch in der Heimat enteignet werden, auch gerade das haben Millionen in diesem Jahrhundert erlebt.

«Verlorene Heimat» – ein Schicksal, das Menschen immer wieder betroffen hat. Es gehört zur Weltgeschichte, wie Kriege zu ihr gehören – und meist war die Vertreibung die Folge des Krieges. In unserem

* Dies ist der Text eines Vortrags, den ich am 1. Juni 1995 im Rahmen einer deutsch-polnischen Veranstaltung auf Einladung des polnischen Botschafters in Deutschland Janusz Reiter und des schleswig-holsteinischen Europa- und Bundesratsministers Gerd Walter in Berlin gehalten habe. Im Anschluß an den Vortrag fand eine Podiumsdiskussion statt, an der unter anderem Marion Gräfin Dönhoff, der Direktor des Nationalmuseums in Poznan (Posen) Konstanty Kalinowski, der polnische Innenminister Andrzej Milczanowski und der deutsche Innenminister Manfred Kanther teilnahmen. Milczanowski und Kanther sind am selben Tag geboren. Alle vier Diskussionsteilnehmer haben den Verlust der Heimat erfahren.

Jahrhundert haben weit über 100 Millionen Menschen ihr Leben oder ihre Heimat verloren. Ich will versuchen, Aspekte von «verlorener Heimat» zu erläutern als ein Historiker, dem das Thema auch aus eigenen Erlebnissen ein wenig vertraut ist.

Vertreibung und Verlust: Am Anfang war das Wort und auch die Urgestalt der Vertreibung, die Vertreibung aus dem Paradies. Verbannung und Vertreibung sind Merkmale der Geschichte. Aber Verlust eines Paradieses, einer gewissen Unschuld – wiederholt sich diese Erfahrung nicht bei jedem Kind, das die einmalige Geborgenheit verlieren muß? Wie oft erleben wir, daß Menschen einer verklärten Kindheit nachtrauern – mag sein, daß gerade in unserem Jahrhundert die Kindheit auch negativ verklärt wird, als nachwirkendes Trauma und Entschuldigung. Die Vertriebenen – wie das Kind – leben oft von einer trügerisch verklärten Erinnerung, im Guten wie im Bösen.

Haß, Neid, Angst und Machtgelüste – das sind die allzu menschlichen Motive, die die Vertreibung von Menschen aus ihrer Heimat zu einer alten welthistorischen Erscheinung machen. Wir haben sie in diesem Jahrhundert in blutiger Weise immer wieder erlebt. Im frühen Europa kam es oft zu Verfolgungen und Vertreibungen des als andersartig Empfundenen: Es betraf Juden und, nach der Reformation, auch Christen anderer Konfession. Später geschah es aus politisch-ideologischen Gründen: Exil z.B. ist ein bedeutendes, oft ehrenwertes Phänomen deutscher und polnischer Geschichte. Im 19. Jahrhundert wurden Millionen von Landbewohnern entwurzelt und im Zuge der Industrialisierung in die Mietskasernen von Großstädten verwiesen. Unser Jahrhundert war noch grausamer: Ich denke an Armenier und an Griechen, an Spanier, die am Ende des Bürgerkrieges fliehen mußten, an die Opfer des Zweiten Weltkrieges, an Juden, Polen, Russen, an Deutsche, die seit 1933 Täter und Opfer darstellen. Man sollte auch an Millionen von Moslems denken, die aus Indien fliehen, an Palästinenser, an *pieds noirs,* die ihre Heimat in Algerien aufgeben mußten. Es war ein aggressiver Nationalismus, der Antrieb zur Verfolgung war, im Zweiten Weltkrieg waren es Rassenhaß und Wahn. Auch wurden Millionen von sogenannten Klassenfeinden verschleppt oder vernichtet; die Tragödie von heute erlebt man in den sogenannten ethnischen Säuberungen.

Das Ideal der Toleranz und die Anerkennung der menschlichen Würde, Gedanken, die wir mit der Aufklärung verbinden, wurden in unserem Jahrhundert vom Nationalsozialismus verhöhnt und verneint und von vielen brutal verletzt. Und doch sind die Prinzipien der Aufklärung nicht begraben. Gerade in den Kellern der Resistance – in denen z.B. Albert Camus an einen fiktiven deutschen Freund schrieb, er liebe sein Land zu sehr, um Nationalist zu sein – oder im polnischen und osteuropäischen Widerstand gegen den Kommunismus, besann man sich auf die Ideen der Aufklärung.

Was bedeutet verlorene Heimat? Meist bedingt es Verlust von Gütern, von Lebensunterhalt. Noch viel tiefer liegt der menschlich-seelische Verlust. Heimat bedeutet Geborgenheit, prägt auch das meist «unbewußte Selbstbewußtsein» oder – um mit der Sprache der Moderne zu sprechen – prägt die Identität. In dem, was wir Heimat nennen, erleben wir die tiefsten Eindrücke der Verbundenheit, auch mit der Natur: mit Wald und Wiese, mit Geruch und Geräuschen, mit all dem, an das wir uns gewöhnt haben, wir verbinden mit Heimat meist auch Familienerinnerungen, an den Ort im Haus oder Garten, der mit Eltern und Vorfahren verknüpft ist. Und doch: Meist bringt erst der Verlust die Erkenntnis des unwiederbringlichen Wertes des Gewohnten, der Heimat. Heimat ist wie die Luft, die man atmet – man wird ihrer voll bewußt, wenn sie verschwindet oder vergiftet wird. Und so entsteht in der Erinnerung ein Bild der Heimat. Die Sprache verrät das Leid: Wir sprechen von Heimweh, «homesickness» oder «mal de pays», von jenem Schmerz, der in der Ferne gespürt wird.

Dichter des Heimwehs war Heine – und hier nur eine Probe: «Es ist eine eigene Sache mit dem Patriotismus, mit der wirklichen Vaterlandsliebe. Man kann sein Vaterland lieben und achtzig Jahr' dabei werden, und es nie gewußt haben; aber man muß dann auch zu Hause geblieben sein. Das Wesen des Frühlings erkennt man erst im Winter, und hinter dem Ofen dichtet man die besten Mailieder. Die Freiheitsliebe ist eine Kerkerblume, und erst im Gefängnis fühlt man den Wert der Freiheit. So beginnt die deutsche Vaterlandsliebe erst an der deutschen Grenze, vornehmlich aber beim Anblick deutschen Unglücks in der Fremde.» Auf diesen Text bin ich zum ersten Mal am 8. November 1992 gestoßen, Stunden bevor ich bei einer Gedenkfeier für Willy Brandt sprechen sollte. Es paßte so genau auf ihn, seine große Vaterlandsliebe, und es gehört zu so vielen, die im Exil leben mußten.

Und doch, gerade bei dem Wort Heimat muß man sich vor Sentimentalität schützen. Es gab die entsetzlichen Vertreibungen, die oft den Tod bedingten. Ich spreche hier von den Überlebenden, die zwar Verlust erlitten haben, aber deren Schicksal und deren Empfindungen oft sehr verschieden sind. Wie man Verlust erlebt, hängt nicht nur mit äußeren Umständen zusammen, sondern auch mit individueller Verfassung, mit Alter und Charakter. Verlust kann auch Gewinn bedeuten, einen neuen Ansporn, Verantwortung wekken, in einem neuen Leben zwar das alte Erbe zu pflegen, aber dem Unrecht einen Nutzen abzutrotzen, kann dazu führen, daß man in der Verpflichtung lebt, jedem neuen Unrecht Widerstand zu leisten. Ich glaube sagen zu dürfen, daß Sie, meine Damen und Herren, hier vier Vorbilder einer bewundernswerten Einstellung vor sich haben.

Sicher gibt es auch andere Menschen – Deutsche, Polen, Juden –, die ganz in der Vergangenheit leben, die verbittert und haßerfüllt an ihre Vertreiber denken. Man sollte meinen, daß nach 50 Jahren solche Gefühle verblassen, wir wissen aber, daß diese Emotionen oft ermutigt und parteipolitisch ausgenutzt werden. Sie verleihen Erinnerung an die Vergangenheit und erschweren Existenz in der Gegenwart. Sie alle kennen den organisierten Unfug, der mit dem Wort «Heimat» getrieben wird, von denjenigen, die aus altem Unrecht neues politisches Kapital schlagen wollen. Ich rede auch nicht von Heimat als Kitsch, als Mediengeschäft. Heimat ist Privatgut. Der Heimat zu huldigen verlangt Verständnis für Geschehenes, führt zu der Frage, wie entstand die Wunde – und hier könnten Historiker vielleicht einen Beitrag leisten.

Václav Havel hat das Verlangen, «in der Wahrheit zu leben», beschrieben. Die Wahrheit ist, daß die heutigen unveränderlichen Grenzen als durchlässig für gegenseitiges Verstehen begriffen werden müssen. Polen, die sich um das deutsche Erbe in dem ehemaligen Schlesien bemühen, befestigen ihre neue Heimat durch diese Wahrheit. Deutsche, die sich um die Verbreitung polnischen Kulturgutes bemühen, tun das gleiche. Die Anerkennung, daß Unrecht geschehen ist, daß verlorene Heimat Schmerz bedeutet, das ist die Vorbedingung für Versöhnung. Es gibt auch so etwas wie innere Heilung, indem man Erinnerung an das verlorene Alte in ein neues Leben aufnimmt. Eigentlich kann man die Heimat nur durch sich selbst verlieren, indem man die Erinnerung und deren Pflege zu unterdrücken, zu verfälschen versucht.

Wir wissen, daß das erste Opfer eines Krieges die Wahrheit ist – und so geschah es vom August 1914 an. Statt pluralistischen Streit um die Wahrheit – die nie absolut ist – gab es die organisierte Lüge, die Leugnung der Wirklichkeit. Lüge und Terror sollten Menschen zu einer neuen Unmündigkeit verdammen. 1945 für Westeuropa, 1989 für das ganze Europa wurde der Weg zur Wahrheit wieder offen. Es ist für kein Volk und vielleicht auch für keinen Menschen leicht, in der Wahrheit zu leben; für Deutsche nach 1945 mag es besonders schwer gewesen sein. In ihrer eindrucksvollen Rede im Bundestag hat Rita Süßmuth gesagt: «Es geht ... um Wahrheit, die Versöhnung schafft, und die Erinnerung an die ungeheuren Verbrechen, die damals von Deutschen und im deutschen Namen begangen wurden. Diese schmerzhafte Wahrheit müßte vielleicht nicht so oft beim Namen genannt werden, wenn sie nicht immer wieder relativiert würde.» In den letzten 50 Jahren war es für Westdeutsche möglich, sich über die Vergangenheit Rechenschaft abzulegen – für Polen war das kaum möglich. Um so wichtiger die polnische Bischofserklärung von 1965. Aber über das, was Polen nach 1945 erleiden mußten, über die Zwangsumsiedlung aus dem Osten wurde Schweigen verfügt. Es bedarf der Anerkennung des Leids, das diese Menschen erlitten haben, als sie aus ihrer Heimat verbannt wurden. Adam Zagajewski hat es meisterhaft geschildert, wie 1944/45 Polen nach Westen verfrachtet wurden, Menschen in Gleiwitz (Gliwice) landeten, aber weiter an Lvov glaubten, wie für die ältere Generation nun Lvov lebendig war. Vielleicht erst jetzt, wenn man das volle Leid des gepeinigten polnischen Volkes erkennen kann, erst jetzt können beide Völker verstehen, was für Elend ihre

Mitmenschen in vergangener Zeit erlitten haben. Dies ist die menschliche Wahrheit – die Anerkennung des Verlustes der Heimat auf beiden Seiten der Oder-Neiße-Grenze. Hier möchte ich die Rede des polnischen Außenministers Bartoszewski zitieren: «Da man nun über das Schicksal der Aussiedler aus Wilna und Lemberg sprechen darf, ist es auch leichter, die menschliche Dimension des Dramas der Aussiedlungen aus Breslau oder Stettin zu erblicken ... Wir beklagen das individuelle Schicksal und die Leiden von unschuldigen Deutschen, die von den Kriegsfolgen betroffen wurden und ihre Heimat verloren haben.»

Es hat lange genug gedauert, bis die endgültige Anerkennung der deutsch-polnischen Grenze stattfand, und man darf hoffen, daß das, was Politiker unterzeichnet haben, auch in den Herzen der Menschen festen Halt hat. Anerkennung von Grenzen und von vorhergehendem Unrecht ist Vorbedingung für Versöhnung – das Vergleichen aber von Unrecht wäre ein neues Übel. Deutsche Verbrechen an Polen und Juden bleiben einzigartig in der Geschichte. Das Bündnis zwischen Westalliierten und der Sowjet-Union ist allein durch das nationalsozialistische Deutschland entstanden, und als Folge des entfesselten Krieges haben Millionen Deutsche ihre Heimat verloren. Historische Wahrheit – ein gewagtes Wort – ermöglicht Versöhnung, und Versöhnung wiederum verlangt feierliche Momente: Die deutsch-französische Versöhnung – die dem deutsch-polnischen Verhältnis dienlich sein sollte – hatte ihren symbolischen Moment in dem Gottesdienst in Reims, an dem De Gaulle und Adenauer teilnahmen. Der Kniefall von Willy Brandt war ein solch unvergeßlicher Moment. Die mutige Rede des Außenministers Bartoszewski vor dem deutschen Bundestag war ein neuer Beweis von Versöhnung – im substantiellen wie im symbolischen Sinne. Versöhnung aber kann sich nicht in symbolischen Gesten erschöpfen. Sie verlangt tägliche Arbeit, und auch das geschieht – soweit ich sehe – in vielen Projekten, die von Nachbarfreundschaft zeugen. Hier könnten auch Historiker mitwirken. Deutsch-polnische Feindschaft hat eine sehr, sehr lange Geschichte, deren letztes schreckliches Kapitel von Stalin geschrieben wurde. Erst ein echtes deutsch-polnisches Verständnis, erst bei einer deutschen Anwaltschaft für Polen in Europa, etwas, was Herr Mazowiecki kürzlich in Weimar forderte, erst bei deutsch-polnischem Vertrauen kann man sagen, daß Hitler und Stalin endgültig besiegt sind.

Ich habe oft meiner Bewunderung für Polen Ausdruck gegeben – in Deutschland wie in Amerika. Vor 55 Jahren beschlossen Hitler und Stalin und ihre Schergen die Ausrottung der polnischen Eliten. Die deutsche Besatzung hat fünf Millionen Polen getötet, darunter drei Millionen polnische Juden. Nach diesen Opfern, nach Ghetto- und Warschauer Aufstand, kam für Polen eine erneute Besatzung – durch die Rote Armee und durch eigene Satelliten-Tyrannen. Trotz und auch wegen dieser Schreckensherrschaft bildeten sich neue Eliten.

Im Jahre 1979 habe ich in Warschau Adam Michnik und Bronislaw Geremek kennen und schätzen gelernt. Gerne wäre ich ihrer Einladung gefolgt und hätte einen Vortrag in der fliegenden Universität gehalten. Im Juni 1980 erinnerte ich einen bekannten reformistisch gesinnten Warschauer Kommunisten an das Wort von Jean Jacques Rousseau, der im Jahre 1772 schrieb: Dieses Volk der Polen wird noch einmal die Welt erstaunen, und ich fragte jenen Herrn, wann das geschehen würde. Ohne zu zögern, war seine Antwort: «Nicht in diesem Monat, nicht in diesem Jahr, aber in diesem Jahrzehnt.» Vier Wochen später wurde

Solidarność gegründet, zugleich Vorkämpfer und Vorbild der Befreiung – und mit welchem Mut und Verstand ging man dann den Weg vom Gefängnis zum runden Tisch. Wie unendlich viel verdanken wir gerade den Menschen, die jeglicher Art von Tyrannei Widerstand geleistet haben.

Auch das Nachkriegsdeutschland ist ein gelungener Neubau. Eine feste demokratische Staatsordnung ist aufgebaut worden, die Mentalität der Menschen hat sich geändert. Der Traum eines deutschen Sonderwegs ist ausgeträumt – wie auch das nationalistische Gefühl der Überlegenheit überwunden ist. In dem Deutschland von Bismarck, Weimar und Hitler gab es viele Menschen, die stolz darauf waren, *nicht* dem Westen anzugehören. Auch dies ist vorbei. Was gerade in Deutschland mit sogenannter Vergangenheitsbewältigung erreicht wurde, ist eine große Leistung – die sich bewähren wird trotz immer wieder aufkommender Versuche der Entsorgung – auch eine große Leistung im Vergleich zu wohl allen anderen Ländern, mein eigenes inbegriffen. Dieses Sich-Stellen zur Vergangenheit fing recht langsam an. Ich erinnere an eine Rede von Ernst Reuter, die er vor 42 Jahren bei einer Gedenkfeier zum 10. Jahrestag der Vernichtung des Warschauer Ghettos gehalten hat: «... Wir dürfen als Deutsche ... nicht vergessen, was in unserem, dem deutschen Namen Schandbares geschehen ist ... Wann wird unser deutsches Volk jemals wieder diese Schande abwaschen können – und wird es jemals möglich sein, die Menschen, denen man das angetan hat, dorthin zu bringen, daß sie nicht vergessen, daß sie aber doch vergeben?» Ich glaube, Ernst Reuter wäre froh über unsere Veranstaltung heute.

Das, was damals Ernst Reuter forderte, er, der zweimal die Schrecken der Konzentrationslager erleben mußte, dann in die Türkei emigrierte und ein neues

Leben aufbaute, immer hoffend auf den Tag, an dem das heiß geliebte Vaterland von der Naziseuche befreit sein würde – «eine innere Wiedergeburt der geistigen, der politischen und der sittlichen Grundlagen unseres ganzen wirtschaftlichen, öffentlichen und politischen Lebens» – diese Wiedergeburt ist wohl nur langsam und partiell erreicht worden. Das jetzige Deutschland ist westlich verankert – und so auch mit den Schwächen des Westens belastet. Menschen im In- und Ausland erschrecken, wenn sie von wüsten Ausschreitungen und Neo-Nazis hören, mit Abscheu sehen wir Bilder, die an eine frühere Zeit erinnern, als Terror in diesem Lande herrschte und das Regime trotzdem bejubelt wurde. Aber was Neonazismus genannt wird, ist ein westliches, ein weltweites Phänomen geworden. Seien wir ehrlich: Hitler bleibt Symbol für alle antidemokratischen Fanatiker und Psychopathen; das Hakenkreuz bleibt Kennzeichen für alle, die dem brutalsten Rassismus und der xenophobischen Gewalt dienen, gerade weil jenes Kreuz alle anständigen Menschen aufs tiefste verletzt. Es wäre dumm, wenn wir die Macht dieser Ressentiments in unserer Welt unterschätzen würden. Unseres war – das glaube und hoffe ich – ein kurzes Jahrhundert, das 1914 seinen Anfang hatte und 1989 sein Ende – ich sage das, obwohl ich weiß, wie sehr sich die Entwicklung im Praktischen wie im Denken seit 1989 wieder verdüstert hat. Aber man muß die deutsch-polnische Versöhnung in ihrem welthistorischen Kontext sehen: Wir leben im Zeichen allgemeiner Anerkennung von ehemaligem Unrecht und des verbreiteten Willens zur Versöhnung. Ich denke an das befreite Mittel- und Osteuropa und das sich der Wahrheit stellende Rußland; ich erinnere an Südafrika, an Nordirland, an viele Länder Lateinamerikas, vielleicht auch an Israel und seine Nachbarn. Wir wissen, daß Übel und Verbrechen ansteckend sind; aber auch praktische Vernunft wirkt vorbildlich: Der Übergang in Spanien z.B. von der Diktatur zur Demokratie hat auch der polnischen Entwicklung gedient. Alles ist mit allem verknüpft. Für kein Land ist es leicht, Schuld zu bekennen. Amerika tut sich schwer mit der Erinnerung an Hiroshima und Vietnam; auch nach 50 Jahren scheint es für Japaner unglaublich schwer zu sein, eigene große Schuld anzuerkennen. Es ist so viel leichter, eigenes Leid zu beklagen.

Versöhnung heilt nicht alle alten Wunden und verdeckt nicht die Erinnerung an verlorene Heimat. Aber Marion Dönhoff hat es bereits 1962 am allerbesten gesagt: «Vielleicht ist dies der höchste Grad der Liebe: zu lieben, ohne zu besitzen.» Wie viele Menschen haben bewiesen, daß die Reaktion auf verlorene Heimat der Aufbau einer neuen bedeutet.

Ich hatte das Glück, nach Amerika zu kommen, ein Land, das stets Heimat für Heimatlose bedeutete. Amerika ist von Millionen Menschen entdeckt worden, von Menschen, die mehr oder weniger freiwillig eine neue Heimat suchten. Aus den verschiedensten Gründen: um religiösem oder politischem Zwang zu entgehen, um im Land der unbegrenzten Möglichkeiten, wie es im 19. Jahrhundert hieß, eine neue Existenz aufzubauen. Deutsche Emigranten in der Hitlerzeit sprachen von dem Land der unbezahlten Möglichkeiten – denn leicht war es auch für die Geretteten nicht. Hier wurde ich Bürger – und frühe Erfahrung bestärkte den Einsatz als Bürger. Das alte amerikanische Ideal – der Schmelztiegel – heute selbst als Ideal von allzu vielen verworfen – wurde nur begrenzt in die Wirklichkeit umgesetzt. Emigranten wurden zwar Amerikaner – und meist sehr schnell und ganz betont in der zweiten Generation, aber die meisten blieben der alten Sprache und den alten Sitten treu. Buffalo und Chicago sind oder waren deutsche und polnische Städte, und beide Gruppen haben in meist friedlicher Zwietracht gelebt. Wie bereichernd es sein kann, ein generöses Einwanderungsland zu sein, beweist vielleicht die Tatsache, daß der jetztige amerikanische Chef der Streitkräfte, the Chairman of the Joint Chiefs, John Shalikashvili, in Warschau und der Chef des Geheimdienstes, der CIA, John Deutch, in Brüssel geboren sind. Wäre das in irgendeinem anderen Lande möglich?

Ein älteres Beispiel, wie das Erbe der verlorenen Heimat in einem neuen Land aufblühen kann, liegt sehr viel näher, liegt hier in Berlin. Was alles haben die Hugenotten hier geleistet, wie haben sie das armselige Brandenburg-Preußen, dessen Großer Kurfürst sie als religiöse Flüchtlinge aufnahm, bereichert. Mit ihrem Fleiß und Können haben sie große Innovationen in die neue Heimat gebracht und errangen Wohlstand und allgemeines Ansehen. Was auch ihre Nachkommen in Kunst und Politik erreicht haben, kann man mit zwei Namen bezeichnen: Theodor Fontane, hugenottischer Herkunft, der sein Brandenburg und Preußen und deren Menschen wohl besser kannte als jeder andere Schriftsteller – und Lothar de Maizière, der der Befreiung seines Landes diente. Und in Berlin, wie überall in Brandenburg, gibt es sichtbare Merkmale, wie jene Einwanderer ihren alten Traditionen treu bleiben: Das weltberühmte französische Gymnasium, der französische Dom, all das bezeugt vitales Eigenleben in einer neuen Welt. Und ist es völlig abwegig, jene zwei Zeilen von Fontane zu zitieren, die ich immer im Gedächtnis habe:

> Der ist in tiefster Seele treu
> Wer die Heimat liebt wie Du

Es betrifft einen verbannten Schotten – und doch mag es ein schlichtes Bekenntnis sein.

Es fehlt an Zeit und Wissen, um zu beschreiben, wie auch Polen im Exil oder in der Emigration ihre neue Heimat bereicherten. Ich begnüge mich damit, die Namen Marie Curie und Josef Conrad zu nennen und in Amerika an eine Tradition zu erinnern, die im 18. Jahrhundert mit Thaddeus Kosciusko anfing und heute mit Shalikashvili fortgesetzt wird.

Das sind Erinnerungen an alte Zeiten, die dem Historiker bei dieser Gelegenheit einfallen. Sie aber, meine Damen und Herren, sind diejenigen, die ihre Heimat verloren und so an dem Aufbau einer neuen Heimat entscheidend mitgewirkt und sich für Versöhnung eingesetzt haben – oft im Widerspruch zu der Mehrheit ihrer eigenen Mitbürger. Sie vermitteln Versöhnung – die die Erinnerung erhellt, die sonst von Ressentiments verdunkelt wird. Ich verbeuge mich vor Ihnen, denn Ihre Bereitschaft, die Vergangenheit zu ehren, indem man sie versteht und aufhebt – das Wort nicht nur im Hegelschen Sinne benutzt – öffnet den Weg zu etwas Neuem, zu einem Stück gemeinsamem Haus, das für künftige Generationen Heimat werden könnte.

Ich fahre morgen in meinen Geburtsort Breslau. Ich war schon einmal da, im Jahr 1979, besuchte die alte Villa meiner Großmutter, und der damalige Hausherr – wir konnten uns nur auf französisch verständigen – war ein polnischer Kavallerie-Offizier, Czeslaw Ostankowicz, der mich in das Wohnzimmer meiner Großmutter führte, ein Zimmer voll von Zeichnungen von Kindern und ihm – in Auschwitz. Er zeigte mir seine KZ-Tätowierung und sprach von den fünf Jahren in Auschwitz, Birkenau und Buchenwald. Auf dem Tisch war eine hölzerne Büste von Vater Kolbe, Wochen nachdem ihm der Papst in Auschwitz huldigte. Ein überwältigender Zufall: Er erlitt das Schicksal, dem meine Familie entkommen war. Wir haben uns die Hand geschüttelt, und in dem Moment empfand ich ein seltenes Gefühl, daß etwas in dieser Welt gerecht ist, der Zufall sinnvoll.

Herr Botschafter Reiter fährt mit mir morgen nach Wrocław, und ich werde mich dort mit Kollegen von der Universität treffen. All das dank deutscher und polnischer Freunde. Freundschaft ist eine Art Wahlheimat, ein Geschenk für alle Menschen und wohl unersetzlich für jene, die ihre Heimat verloren haben.

Anmerkungen

Die Historiker und der Erste Weltkrieg
Eigenes Erleben und öffentliche Deutung

1 C. V. Wedgwood, Velvet Studies. London 1946, S. 154.
2 Fritz Stern, Deutsche Historiker und der Krieg: Fischer und seine Kritiker, in: Das Scheitern illiberaler Politik. Studien zur politischen Kultur Deutschlands im 19. und 20. Jahrhundert. Frankfurt/Berlin/Wien 1974, S. 175–186.
3 The «Journal of the guerre» of Henri Pirenne, hg. von Bryce und Mary Lyon. Amsterdam/New York/Oxford 1976, S. 19.
4 Sir Llewellyn Woodward, Great Britain and the War of 1914–1918. London 1967, S. XII.
5 Modris Eksteins, Rites of Spring. The Great War and the Birth of the Modern Age. New York 1990, S. 84. (Deutsche Ausgabe: Tanz über Gräben. Die Geburt der Moderne und der Erste Weltkrieg. Reinbek bei Hamburg 1990.)
6 Hermann Hesse in einem Brief vom 26.12.1914 an Volkmar Andreä, in: Ders., Gesammelte Briefe, Bd. 1. Frankfurt am Main 1973, S. 255 f.
7 Marc Bloch, Souvenirs de guerre. Paris 1969.
8 Llewellyn Woodward (wie Anm. 4), S. XIV.
9 R. H. Tawney, The Attack, in: Ders., The Attack and Other Papers. London 1953, S. 15 f.
10 Ebd., S. 14.
11 Elie Halévy an Xavier Léon, 7.10.1911. Zitiert nach: Myrna Chase, Elie Halévy. An Intellectual Biography. New York 1980, S. 39.
12 Halévy an Léon, 23.9.1914. Zitiert nach: Ebd., S. 169.
13 Halévy an Léon, 15.12.1914, Zitiert nach: Alain (Emile Chartier), Correspondance avec Elie Halévy et Florence Halévy. Paris 1958, S. 343.
14 Marc Bloch, Réflexions d'un historien sur les fausses nouvelles de la guerre, in: Ders., Mélanges historiques, mit einer Einleitung von Charles-Edmund Perrin. Paris 1963, S. 41-57.
15 R. H. Tawney, Some Reflections of A Soldier, in: Ders. (wie Anm. 9), S. 21–25.
16 Marc Bloch, Souvenirs de guerre (wie Anm. 7).

17 Marc Bloch, Apologie der Geschichte oder Der Beruf des Historikers. Stuttgart 1974, S. 198.
18 Bronislaw Geremek, Marc Bloch. Historien et Résistant, in: Annales ESC, Nr. 5 (Sept.–Okt. 1986), S. 1095.
19 Llewellyn Woodward (wie Anm. 4), S. XVIIIf.
20 Winston S. Churchill, The World Crisis 1911–1918, gekürzte und überarbeitete Ausgabe. London 1931, S. 523.
21 Nicholas Murray Butler, Across the Busy Years. Recollections and Reflections, Bd. 2. New York/London 1940, S. 142 f.
22 Sigfrid Steinberg (Hg.), George Peabody Gooch, in: Die Geschichtswissenschaft der Gegenwart in Selbstdarstellungen. Leipzig 1926, S. 131.
23 Zitiert nach: David Cannadine, G. M. Trevelyan. A Life in History. New York/London 1993, S. 86, 88.
24 Felix Gilbert, Lehrjahre im alten Europa. Erinnerungen 1905–1945. Berlin 1989, S. 33.
25 Wolfgang J. Mommsen, Max Weber und die deutsche Politik 1890–1920. Tübingen 1959, S. 208, 207, 226.
26 Klaus Schwabe, Rolf Reichardt (Hg.), Gerhard Ritter. Ein politischer Historiker in seinen Briefen. Boppard am Rhein 1984, S. 208 f.
27 Zitiert nach: Hans-Georg Drescher, Ernst Troeltsch. Leben und Werk. Göttingen 1991, S. 453 und ebd., Fn. 107.
28 Henri Pirenne, Souvenirs de captivité en Allemagne (Mars 1916-November 1918). Brüssel 1920, S. 47–50 und passim.
29 Bryce und Mary Lyon (Hg.), The Birth of Annales History. The Letters of Lucien Febvre and Marc Bloch to Henri Pirenne (1921–1935). Brüssel 1991, S. 4, 8 und passim.
30 Johan Huizinga, Herbst des Mittelalters. 11. Aufl. Stuttgart 1975, S. 36.
31 Johan Huizinga, In the Shadow of Tomorrow. New York 1936, S. 373.
32 Johan Huizinga, Mein Weg zur Geschichte. Letzte Reden und Skizzen. Basel 1947, Vorsatz auf S. 7, zitiert als «Worte Huizingas an seine Freunde im Herbst 1949«.
33 Elie Halévy, The World Crisis of 1914–1918. An Interpretation, in: Ders., The Era of Tyrannies. Essays on Socialism and War. London 1967, S. 162.
34 Friedrich Meinecke, Ausgewählter Briefwechsel, hg. von Ludwig Dehio und Peter Classe. Stuttgart 1962, S. 346.
35 Marc Bloch, unveröffentlichter Brief vom 8. 10. 1939 (Archives Nationales, 318 Mi, 1), mit freundlicher Vermittlung von Dr. Peter Schöttler, CNRS, Paris.

36 Marc Bloch, Apologie der Geschichte (wie Anm. 17), S. 204 (Anhang: Hinweise des Herausgebers, Lucien Febvre).
37 Bronislaw Geremek (wie Anm. 18), S. 1105.
38 Fritz Stern (Hg.), Geschichte und Geschichtsschreibung. Möglichkeiten, Aufgaben, Methoden. Texte von Voltaire bis zur Gegenwart. München 1966, S. 64.

Deutsche Vergangenheit aus amerikanischer Sicht: Hundert Jahre amerikanische Historiographie

1 Richard Hofstadter, The Progressive Historians. Turner, Beard, Parrington. New York 1968, S. 7. Ders., America at 1750. A Social Portrait. New York 1971, S. II.
2 Leonard Krieger, European History in America, in: John Higham/Leonard Krieger/Felix Gilbert, History. The Princeton Studies of Humanistic Scholarship in America. Englewood Cliffs, N. J., 1965, S. 243.
3 Jurgen Herbst, The German Historical School in American Scholarship. A Study in the Transfer of Culture. Ithaca, N. Y., 1965, S. 1.
4 Hofstadter, The Progressive Historians. S. 35.
5 Raymond J. Cunningham, The German Historical World of Herbert Baxter Adams: 1874–1876, in: Journal of American History 68, Nr. 2, Sept. 1981, S. 268. Zu Droysen s.a. Fritz Stern (Hg.), Geschichte und Geschichtsschreibung. München 1966, S. 124f., 141–148.
6 Cunningham (wie Anm. 5), S. 261.
7 George Bancroft an Leopold von Ranke, 5. Sept. 1885, in: Papers of the American Historical Association, Nr. 6, Report of the Proceedings, Second Annual Meeting, Saratoga, 8.–10. Sept. 1885, von Herbert B. Adams, New York/London 1886, S. 65, Anm. 1.
8 Hofstadter, The Progressive Historians. S. xiii.
9 Der Wortlaut der Ansprache von Richter Dubbin findet sich im Archiv der Johns Hopkins University; Felix Gilbert zitierte daraus in seiner (unveröffentlichten) Rede zum 100. Gründungsjubiläum der Universität im Jahr 1976.
10 Nicholas Murray Butler war der Mann, der den Traum von einer bedeutenden Forschungs-Hochschule verwirklichte. Wie

viele andere Präsidenten amerikanischer Colleges und Universitäten hatte er in Deutschland studiert; er erinnerte sich an sein Studium in Berlin als eine Zeit, die ihm einen «unauslöschlichen Eindruck davon vermittelt hatte, was Wissenschaft bedeutete, was eine Universität war und welch weiten Weg die höhere Bildung in Amerika würde zurücklegen müssen, ehe sie hoffen konnte, eine vergleichbare Höhe zu erreichen». Zitiert nach Richard Hofstadter/Walter Metzger, The Development of Academic Freedom in the United States. New York 1955, S. 375. Siehe insbesondere das ausgezeichnete Kapitel: The German Influence, S. 367–412.

11 John W. Burgess, Germany and the United States: Rede vor der Amerikanischen Germanistischen Gesellschaft am 24. Januar 1908. The Germanistic Society of America, Publications, 1909, Nr. 1, S. 6–7, 8.

12 Aus Charles Kendall Adams' Manual of Historical Literature, erstmals 1882 erschienen, wird ersichtlich, daß zu dieser Zeit in Amerika so gut wie gar nicht über deutsche Geschichte geschrieben wurde. Adams war ein Mann von sehr entschiedenem Urteil. Über Carlyles Friedrich-Biographie schrieb er: «Ein Werk von überragender Genialität. [...] die beste Geschichte Friedrichs des Großen in jedweder Sprache.» An anderer Stelle schrieb er, es gebe «vielleicht keine glanzvolleren historischen Schriften in irgendeiner Sprache als Teile des Werkes von Michelet». New York ^{3}1889, S. 292, 328.

13 Albert Bushnell Hart, zitiert nach Higham/Krieger/Gilbert (wie Anm. 2), S. 161.

14 A Study of History in Schools. Being the Report to the American Historical Association of the Committee of Seven (1898), in: AHA, Annual Report 1898. Washington D. C. 1899, S. 434f., 521, 529f.

15 Hartmut Lehmann, Deutsche Geschichtswissenschaft als Vorbild, in: Horst Fuhrmann u. a. (Hg.), Aus Reichsgeschichte und nordischer Geschichte. Stuttgart 1972, S. 384–396. National Commission on Excellence in Education, A Nation at Risk. The Imperative for Educational Reform: A Report to the Nation and to the Secretary of Education, U. S. Department of Education, Washington, D. C. 1983.

16 William James, The Letters of William James, hg. v. Henry James. Bd. I, Boston 1926, S. 110f.

17 Zitiert nach Herbst (wie Anm. 3), S. 17.

18 Zu Dodd siehe Robert Dallek, Democrat and Diplomat: The Life of William E. Dodd. New York 1968, S. 20f., 80.

19 Zitiert nach Hofstadter, The Progressive Historians, S. 121.

20 Diese Männer lebten in einer Zeit, in der man sich in Amerika der zunehmenden Unterschiede zwischen dem deutschen und dem amerikanischen Weg bewußt wurde: Die Association of American Universities erklärte 1901, die Doktorprüfungen in den Vereinigten Staaten seien «in fast allen Fällen [...] strenger als die an der Berliner Universität abgenommenen Examina». Association of American Universities, Journal of Proceedings and Addresses, 1901, S. 11, 38, zitiert nach Herbst, German Historical School, S. 9. Um dieselbe Zeit, aber in einem anderen Zusammenhang, kleidete Henry Adams seine Frustration über die Art und Weise, wie in Harvard Geschichte gelehrt wurde, in die Worte: «Dieses Verfahren der Wissensvermittlung wurde zuweilen mit dem ziemlich prätentiösen Begriff der historischen Methode belegt, doch dieser Name roch nach deutscher Pädagogik. [...] Nichts ist leichter, als die historische Methode zu lehren, aber dem, der sie gelernt hat, bringt sie wenig Nutzen.» The Education of Henry Adams, hrsg. v. Ernest Samuels. Boston 1918, S. 302.

21 Siehe Fritz Stern (Hg.), Eine «Neue Geschichte» in Amerika: Robinson und Beard, in: ders. (Hg.), Geschichte und Geschichtsschreibung, S. 263–273. Zum Thema Neue Geschichtsschreibung und Deutschland-Bezug siehe Louise Schorn-Schütte, Karl Lamprecht: Kulturgeschichtsschreibung zwischen Wissenschaft und Politik. Göttingen 1984, S. 287–309.

22 James Harvey Robinson, The Study of the Lutheran Revolt, in: American Historical Review (AHR), 8, Nr. 2, Jan. 1903, S. 207.

23 Hartmut Lehmann, Martin Luther in the American Imagination. München 1988, S. 288.

24 Bernadotte Schmitt, Germany and International Peace. Leserbrief an The Nation, 92, Nr. 2392, 4. Mai 1911, S. 444.

25 Thorstein Veblen, Imperial Germany and the Industrial Revolution, New York/London 1915, S. 238, 70, xii-xiii.

26 Talcott Parsons, Democracy and Social Structure in Pre-Nazi Germany, Essays in Sociological Theory. Glencoe, Ill., überarb. Ausgabe 1954, S. 104–23.

27 Bernadotte Schmitt, Made in Germany. Leserbrief an The Nation, 99, Nr. 2565, 27. August 1914, S. 251 f.

28 Lovejoy hatte wahrscheinlich ein frühes Exemplar der Flugschrift «The Manifesto of the Ninety-three» gelesen, das offiziell erst im Oktober 1914 herauskam und in dem führende Männer der deutschen Wissenschaft und des öffentlichen Lebens die Vorwürfe der Alliierten, Deutschland habe den Krieg

ausgelöst, auf verbrecherische Weise die Neutralität Belgiens verletzt und in Belgien Greueltaten begangen, zu widerlegen versuchten. Das Manifest enthielt die Feststellung, deutscher Militarismus und deutsche Kultur seien identisch; dagegen hatten alliierte Schriftsteller – aus Respekt vor der deutschen Kultur – darauf bestanden, daß man beides auseinanderhalten müsse. Das Manifest trug auf die denkbar gründlichste und nachhaltigste Wirkung zur Entstehung einer antideutschen Stimmung bei, besonders bei den Intellektuellen in den alliierten Ländern. Siehe dazu Bernhard von Brockes richtungweisenden Artikel ‹Wissenschaft und Militarismus› in William M. Calder III u.a. (Hrsg.), Wilamowitz nach 50 Jahren, Darmstadt 1985, S. 649–719, der erschien, nachdem ich diesen Vortrag gehalten hatte.

29 Arthur O. Lovejoy, German Scholars and «Truth about Germany». Leserbrief an The Nation, 99, Nr. 2569, 24. September 1914, S. 376.

30 Zitiert nach Hofstadter, The Progressive Historians, S. 286.

31 Zitiert nach Carol S. Gruber, Mars and Minerva: World War I and the Uses of Higher Learning in America. Baton Rouge 1975, S. 70.

32 Albert Bushnell Hart/Arthur O. Lovejoy (Hg.), A Handbook of the War for Readers, Speakers and Teachers. New York 1917, S. 70, 85.

33 Charles H. Haskins, European History and American Scholarship. Ansprache des Präsidenten vor der AHA, 27. Dezember 1922, AHR 27, Nr. 2, Jan. 1923, S. 217.

34 Carlton J. Hayes, A Political and Cultural History of Modern Europe. New York 1936, S. vii, zitiert nach Higham, Krieger und Gilbert, History, S. 278.

35 Carnegie Endowment for International Peace, Year Book, Washington, D. C., 1928, S. 170. Siehe auch James T. Shotwell, Autobiography. New York/Indianapolis 1961, S. 134–55.

36 Siehe das 6. Kapitel von George A. Finch, History of the Carnegie Endowment for International Peace, 1910–1946. Carnegie Endowment, Washington, D. C., vervielfältigtes Manuskript, o.J.

37 Haskins (wie Anm. 33), S. 226.

38 David H. Pinkney, American Historians and the European Past, in: AHR 86, Nr. 1, Feb. 1981, S. 2; AHA, Annual Report 1926, Washington, D. C. 1930, S. 68; William H. McNeill, A Birthday Note, in: Journal of Modern History (JMH) 51, Nr. 1, März 1979, S. 1. 1931 kam ein Nachfolger für Charles Kendall

Adams' Manual heraus: George Matthew Dutcher u.a. (Hg.), A Guide to Historical Literature. New York 1931, Neuausg. 1949. S. B. Fay behandelte darin, in einem noch ziemlich dünnen Kapitel, Deutschland, Österreich und die Schweiz. Siehe S. 695–728.

39 John Lukacs, Decline and Rise of Europe. Garden City, N. Y., 1965, S. 267, Anm. 12.

40 Hofstadter, The Progressive Historians, S. 442.

41 Die Zahlen habe ich den Rechenschaftsberichten der Präsidenten und Schatzmeister der John Simon Guggenheim Memorial Foundation (1979, S. XXXII) entnommen. Mein Dank gilt G. Thomas Tanselle, dem derzeitigen Vizepräsidenten der Guggenheim Foundation, für seine Hilfe bei dieser Sache.

42 Philip Mason Burnett, Reparation at the Paris Peace Conference. Bd. I, New York 1965, S. 66.

43 William L. Langer. Gas and Flame in World War I. New York 1965, S. XI.

44 Robert K. Merton, The Fallacy of the Latest Word: The Case of «Pietism and Science», in: American Journal of Sociology 89, Nr. 5, März 1984, S. 1093.

45 Eugene N. Anderson, Recent Works on German Unification, in: JMH 7, Nr. 1, März 1935, S. 198.

46 Eckart Kehr. Economic Interest, Militarism, and Foreign Policy. Essays on German History, hrsg. v. Gordon A. Craig, Berkeley 1977, S. IX.

47 Ich möchte damit nicht den Eindruck erwecken, die Historiker hätten sich alle durch gleichartige Anschauungen und Qualitäten ausgezeichnet. Einige der emigrierten Historiker, die Deutschland oft nur widerwillig verlassen hatten, konnten ihre konservativ-nationalistische Einstellung nicht ablegen; so etwa Hans Rothfels. Manche jüngere amerikanische Wissenschaftler konnten der Versuchung nicht widerstehen, die Vergangenheit in bequem vereinfachender Weise zu re-interpretieren, als ob Hitler wirklich der Kulminationspunkt aller deutschen Traditionen gewesen sei. Peter Viereck, Metapolitics. From the Romantics to Hitler, New York 1941, ist ein Beispiel dafür. Das Buch zeichnet sich wenigstens durch guten Stil und Wissen aus. Nach abgeschlossener Überarbeitung des vorliegenden Beitrages erhielt ich von Karen J. Greenberg freundlicherweise ihren Aufsatz: The Search for Silver Lining: The American Academic Establishment and the «Aryanization» of German Scholarship, in: Simon Wiesenthal Center Annual, Bd. II, White Plains, N. Y., 1985, S. 115–37. Sie dokumentiert darin die fortgesetzt

prodeutsche Haltung führender amerikanischer Wissenschaftler und Universitätspräsidenten zwischen 1933 und 1938.

48 Higham/Krieger/Gilbert (wie Anm. 2), S. 291.

49 «From the Editors», in: Central European History 1, Nr. 1, März 1968, S. 3. William H. McNeill, ‹Modern European History›, in: The Past Before Us. Contemporary Historical Writing in the United States, hg. für die AHA von Michael Kammen, Ithaca, N. Y./London 1982, S. 97.

50 Gordon A. Craig, The Politics of the Prussian Army, 1640–1945. New York 1955, S. XIII. Das Buch ist auch in deutscher Übersetzung erschienen: Die preußísch-deutsche Armee 1640–1945. Staat im Staate. Düsseldorf 1960.

51 Hajo Holborn, Der deutsche Idealismus in sozialgeschichtlicher Beleuchtung, in: Historische Zeitschrift, (??) 1952. S. (??)

52 Ders., Deutsche Geschichte in der Neuzeit. Stuttgart 1960–71, Bd. I, S. X.

53 Carl E. Schorske, Fin-de-Siècle Vienna: Politics and Culture. New York 1981, S. XIV.

54 Mack Walker, German Home Towns: Community, State, and General Estate, 1648–1871. Ithaca, N. Y., 1971, S. 4.

55 Haskins (wie Anm. 33), S. 224.

56 McNeill (wie Anm. 49), S. 108 f.

57 Haskins (wie Anm. 33), S. 223.

58 Noel Annan, Vorwort zu Isaiah Berlin, Personal Impressions, hg. v. Henry Hardy. London 1980, S. XIII.

59 Zu den Zuschauerzahlen bei der Holocaust-Serie siehe The New York Times, 19. April 1978, 21. April 1978. Zu William S. Shirer siehe Eighty Years of Bestsellers, hg. v. Alice Payne Hackett/James Henry Burke, New York 1977, S. 40. Die Bracher-Zahl verdanke ich einer persönlichen Mitteilung des Verlages.

60 Fernand Braudel, On History. Chicago/London 1980, S. 14, 5.

61 Richard von Weizsäcker, Die deutsche Geschichte geht weiter. Berlin 1983.

Chaim Weizmann und der liberale Nationalismus

1 Isaiah Berlin, Chaim Weizmann, in: Personal Impressions, hg. von Henry Hardy. London 1980, S. 61.

2 Jehuda Reinharz, Chaim Weizmann. The Making of a Zionist Leader. Oxford 1985, S. 14.

3 Carl E. Schorske, Politics in a New Key. An Austrian Trio, in:

Fin-de-Siècle Vienna. Politics and Culture. New York 1961, S. 164.

4 Jehuda Reinharz (wie Anm. 2), S. 134.

5 Judith N. Shklar, The Liberalism of Fear, in: Liberalism and the Moral Life, hg. von Nancy L. Rosenblum. Cambridge (Mass.), S. 21, 29.

6 Jehuda Reinharz (wie Anm. 2), S. 191 f.

7 Richard Hofstadter (Hg.), The Progressive Movement 1900–1915. Englewood Cliffs (New Jersey) 1963, S. 15.

8 Albert Einstein, Mein Weltbild, hg. von Carl Seelig. Zürich 1953, S. 141–144.

9 Isaiah Berlin, Felix Frankfurter, in: Personal Impressions (wie Anm. 1), S. 89.

10 Harry Sacher, The Manchester Period, in: Chaim Weizmann. Statesman, Scientist, Builder of the Jewish Commonwealth, hg. von Meyer W. Weisgal, mit einem Vorwort von Felix Frankfurter. New York 1944, S. 191.

11 Algernon Cecil, Arthur James Balfour, in: Dictionary of National Biography 1922–1930, hg. von J. R. H. Weaver. Oxford 1937, S. 42.

12 David Ben-Gurion, Preface, in: Chaim Weizmann. A Biography by Several Hands, hg. von Meyer Weisgal und Joel Carmichael. New York 1963, S. 2. Norman Angell, Weizmann's Approach to the British Mind, in: Chaim Weizmann (wie Anm. 10), S. 79.

13 Leonard Stein, The Balfour Declaration. Jerusalem/London, S. 143.

14 Ebd., S. 99.

15 Ebd., S. 126.

16 Richard H. S. Crossman, A Nation Reborn. A Personal Report on the Roles Played by Weizmann, Bevin and Ben-Gurion in the Story of Israel. New York 1960, S. 43.

17 Roman Szporluk, The Political Thought of Thomas G. Masaryk. New York 1981, S. 81. Steven Beller, The Hilsner Affair. Nationalism, Anti-Semitism and the Individual in the Hapsburg Monarchy at the Turn of the Century, in: T. G. Masaryk (1850–1937), Bd. 2, hg. von Robert P. Pynsent. London 1989, S. 52–76. Vgl. auch Michael A. Riff, The Ambiguity of Masaryk's Attitudes on the ‹Jewish Question›, in: ebd., S. 77 f. Hillel J. Kieval, Masaryk and Czech Jewry. The Ambiguities of Friendship, in: T. G. Masaryk (1850–1937), Bd. 1, hg. von Stanley B. Winters. London 1990, S. 302–327.

18 Chaim Weizmann, Trial and Error. New York 1949, S. 407.

19 Michael E. Parrish, Felix Frankfurter and his Tims. The Reform Years. New York 1982, S. 134f.
20 Jehuda Reinharz, Chaim Weizmann. The Making of a Statesman. New York 1993, S. 218.
21 Kenneth Ingham, Jan Christian Smuts. The Conscience of a South African. London 1986, S. 141–143. Zu seiner glühenden Unterstützung Weizmanns vgl. W. K. Hancock, The Fields of Force 1919–1950. Cambridge 1968, S. 129–131, 278, 529f.
22 Chaim Weizmann (wie Anm. 18), S. 331.
23 Albert Einstein an Chaim Weizmann, 29.11.1929, Weizmann-Archiv Yad Chaim Weizmann/Rehovot.
24 Chaim Weizmann, The Essential Chaim Weizmann. The Man, the Statesman, the Scientist, zusammengestellt und hg. von Barnet Litvinoff. London 1982, S. 160.
25 Chaim Weizmann (wie Anm. 18), S. 32.
26 Ebd., S. 384.
27 Ebd., S. 476.
28 Ebd., S. 454.
29 Thomas Carlyle, On Heroes, Hero-Worship, and the Heroic in History. London 1940, S. 239f.

Paul Ehrlich. Der Forscher in seiner Zeit

1 Hebrew University Archive, Jerusalem
2 Willstätter an Ehrlich, 7.10.1903; Paul Ehrlich-Archiv im Rockefeller Archive Center. Bei diesem Vortrag beschränke ich mich auf Quellenangaben aus dem Ehrlich-Archiv.
3 Ehrlich an Friedrich Althoff, 1.11.1906, ebd.
4 Althoff an Ehrlich, 14.4.1907, ebd.
5 Althoff an Ehrlich, 25.2.1900, ebd.
6 Ehrlich an Althoff, 1.11.1906, ebd.
7 Althoff an Ehrlich, 31.8.1902, ebd.
8 Ehrlich an Albert Neisser, 15.4.1904, ebd.
9 Hedwig Ehrlich, Tagebucheintragung v. 10.11.1910, ebd.
10 Dto., v. 9.12.1910, ebd.
11 Ehrlich an Weizmann, 13.2.1914, und Weizmann an Ehrlich, 16.2.14, ebd.

Walther Rathenau. Der Weg in die Politik

1 Walther Rathenau, Gesammelte Schriften, Bd. 6. Berlin 1929, S. 272.
2 Walther Rathenau, Schriften und Reden, hg. von Hans Werner Richter. Frankfurt am Main 1964, S. 379. Künftig zitiert als Richter.
3 Walther Rathenau, An Deutschlands Jugend. Berlin 1918, S. 9.
4 Harry Graf Kessler, Walther Rathenau. Sein Leben und Werk. Berlin-Grunewald 1928, S. 15.
5 Walther Rathenau, Gesammelte Schriften, Bd. 1. Berlin 1918, S. 188f.
6 James Joll, Intellectuals in Politics. Three Biographical Essays. London 1960, S. 87.
7 Richter (wie Anm. 2), S. 249.
8 Heinrich M. Ledig-Rowohlt, Ein Verleger in Berlin, in: Manfred von Ardenne (Hg.), Berliner Lektionen. Berlin 1988, S. 123.
9 Harry Graf Kessler (wie Anm. 4), S. 165.
10 Ebd., S. 51.
11 Walther Rathenau, Gesammelte Schriften, Bd. 4. Berlin 1918, S. 18, 20f.
12 Walther Rathenau, Gesammelte Reden. Berlin 1924, S. 264.
13 Walther Rathenau-Gesamtausgabe, Bd. 6, hg. von Hans Dieter Hellige und Ernst Schulin, München 1983, S. 308.
14 Harry Graf Kessler (wie Anm. 4), S. 137.
15 Ebd., S. 122.
16 Walther Rathenau-Gesamtausgabe, Bd. 2, hg. von Hans Dieter Hellige und Ernst Schulin, München 1977, S. 651.
17 Zu Haber s. auch Fritz Stern, Fritz Haber. Politik und Wissenschaft, in: ders., Der Traum vom Frieden und die Versuchung der Macht, Berlin 1988, S. 62–89.
18 Harry Graf Kessler (wie Anm. 3), S. 191f.
19 Ebd., S. 244.
20 Walther Rathenau, Gesammelte Schriften, Bd. 6. Berlin 1929, S. 465.
21 Gerhard Hecker, Walther Rathenau und sein Verhältnis zu Militär und Krieg. Boppard am Rhein 1983, S. 416–420 und passim.
22 Walther Rathenau-Gesamtausgabe (wie Anm. 16), S. 301, 303.
23 Ebd., S. 352.
24 Walther Rathenau (wie Anm. 3), S. 107, 110.
25 Harry Graf Kessler (wie Anm. 4), S. 265.

26 Gerhard Hecker (wie Anm. 21), S. 474. Zur Kontroverse mit Ludendorff vgl. S. 473–476.
27 Ebd., S. 474–484.
28 Richter (wie Anm. 2), S. 360, 364.
29 Ebd., S. 333.
30 Ebd., S. 238.
31 Ebd., S. 399.
32 Richter (wie Anm. 2), S- 386.
33 Zum intellektuellen Hintergrund von Erhards Ideen vgl. die exzellente Studie von A. J. Nicholls, Freedom with Responsibility. The Social Market Economy in Germany 1918–1963. Oxford 1994.
34 Harry Graf Kessler (wie Anm. 4), S. 277.
35 Richter (wie Anm. 2), S. 427–439.
36 Ingrid Schulze-Bidlingmaier (Hg.), Die Kabinette Wirth I und II, Bd. 2. Boppard am Rhein 1973, S. 636f.
37 Ernst Schulin, Noch etwas zur Entstehung des Rapallovertrages, in: Was die Wirklichkeit lehrt. Golo Mann zum 70. Geburtstag, hg. von Hartmut von Hentig und August Nitschke. Frankfurt am Main 1979, S. 177–202.
38 David Felix, Walther Rathenau and the Weimar Republic. The Politics of Reparations. Baltimore/London 1971, S. 134.
39 Viscount D'Abernon, Versailles to Rapallo 1920–1922. The Diary of an Ambassador. Garden City/New York 1929, S. 323.
40 Zitiert nach: Walther Rathenau 1867–1922, hg. v. Hans Wilderotter, Berlin o.J. [1994].

Freunde im Widerspruch. Haber und Einstein

1 Richard Willstätter, Aus meinem Leben. Von Arbeit, Muße und Freunden. Weinheim 1949, [2]1958, S. 247.
2 Fritz Haber an Albert Einstein, 14.3.1929, Albert Einstein-Archiv/Boston (AEA).
3 K. F. Bonhoeffer, Nachruf: Fritz Haber, in: Chemiker-Zeitung, Bd. 58 (1934), Nr. 20, S. 205.
4 1910–1913 erhielt Einstein eine jährliche Zuwendung über 5000 Mark von einem unbekannten Stifter durch Vermittlung des großen Chemikers Emil Fischer. Franz Oppenheim, der Direktor der Agfa, hatte Fischer gebeten, herauszufinden, ob Einstein ein solches Geschenk annehmen würde. Er war dazu bereit. Die Oppenheims hatten einen großartigen Freundeskreis, zu dem auch Fritz Haber und Wichard von Moellendorf gehör-

ten. Vgl. die Korrespondenz im Emil Fischer Nachlaß, Univ. of California, Berkeley; den Hinweis erhielt ich vom Einstein-Archiv.

5 The Collected Papers of Albert Einstein, Bd. 5, The Swiss Years: Correspondence, 1902–1914, hg. von Martin J. Klein, A. J. Knox und Robert Schulmann. Princeton 1993, S. 511. Hiernach zitiert als Collected Papers.

6 Alfred North Whitehead, Science and the Modern World. New York 1925, 1948, S. 91.

7 Vgl. z.B. Martin J. Klein, Great Connections Come Alive. Bohr, Ehrenfest and Einstein, Vortrag auf der Bohr-Jahrhundertfeier in Kopenhagen 1985.

8 Haber an Willstätter, vermutlich 1930, über die Politik der «Notgemeinschaft», Archiv der Max-Planck-Gesellschaft (MPG-Archiv).

9 Einstein an Fritz Fichter-Bernouilli, 17.1.1912, Collected Papers, Bd. 5 (wie Anm. 5), S. 390.

10 Ebd., S. 558.

11 Erik H. Erikson, Psychoanalytic Reflections on Einstein's Centenary, in: Albert Einstein, Historical and Cultural Perspectives, hg. von Gerald Holton und Yehuda Elkana. Princeton 1982, besonders S. 153–160.

12 Wilhelm Ostwald, Große Männer. Leipzig 1909, S. 401. Zitiert nach Martin J. Klein, Paul Ehrenfest. Amsterdam 1970, S. 77, eine ausgezeichnete Untersuchung. – Sigmund Freud, Beiträge zur Psychologie des Liebeslebens (1910), in: ders., Gesammelte Werke, Bd. 8: Werke aus den Jahren 1909–1913. London 1943, Frankfurt a.M. [5]1969, S. 66–77, hier: S. 67.

13 Collected Papers, Bd. 5 (wie Anm. 5), S. 586.

14 Albert Einstein, Mein Weltbild, hg. von Carl Seelig. Zürich 1953, S. 141–144.

15 Lothar Burchardt, Naturwissenschaftliche Universitätslehrer im Kaiserreich, in: Deutsche Hochschullehrer als Elite, 1815–1945, hg. von Klaus Schwabe. Boppard am Rhein 1988, S. 210.

16 Vgl. Abraham Pais' herausragende Biographie, «Subtle is the Lord ...». The Science and Life of Albert Einstein. New York 1982.

17 Richard Willstätter (wie Anm. 1), S. 396–398. – Juden im deutschen Kulturbereich. Ein Sammelwerk, hg. von Siegmund Kaznelson, mit einem Geleitwort von Richard Willstätter (1934), 3. Ausg. Berlin 1962, S. VII-XI.

18 Charlotte Haber, Mein Leben mit Fritz Haber. Spiegelungen der Vergangenheit. Düsseldorf 1970, S. 84.

19 Clara Immerwahr an Richard Abegg, 25.4.1909, MPG-Archiv.

20 Karlsruher Zeitung, 31.1.1927. Die Kopie verdanke ich Herrn Hoepke.

21 Einstein an Maja, 1898. The Collected Papers of Albert Einstein, Bd. 1, The Early Years, 1879–1902. Princeton 1987, S. 211.

22 Einstein an Jost Winteler, 8.8.1901, ebd., S. 310.

23 Carl Misch, Geschichtswissenschaft, in: Juden im deutschen Kulturbereich (wie Anm. 17), S. 368.

24 Einstein an Alfred Stern, 3.5.1901, Collected Papers, Bd. 1 (wie Anm. 21), S. 296.

25 Mileva Marić an Helene Kaufler, Sommer 1900, ebd., S. 245; Mileva Marić an Helene Savić, Winter 1901, ebd., S. 320.

26 Einstein an Heinrich Zangger, 24.8.1911, Collected Papers, Bd. 5 (wie Anm. 5), S. 314.

27 Christa Kirsten und Hans-Jürgen Treder, Albert Einstein 1879–1955, in: Wegbereiter der deutsch-slawischen Wechselseitigkeit, hg. von Eduard Winter und Günther Jarosch. Berlin (Ost) 1983, S. 349–363, hier: S. 354.

28 Haber an einen Kollegen, 11.6.1905, MPG-Archiv.

29 In der Haber-Sammlung im Archiv der MPG in Berlin-Dahlem befindet sich eine Abschrift des vertraulichen Memorandums des preußischen Kultusministers v. Gossler vom 17. Februar 1890, in dem dieser eine Aufstellung über die Religionszugehörigkeit aller Universitätslehrer in Preußen für die Jahre 1870, 1880 und 1890 verlangte. Die detaillierte Antwort ist beigefügt. Da das Personal an allen Universitäten und in allen Rängen von 796 Beschäftigten im Jahre 1870 auf insgesamt 1155 im Jahre 1890 anstieg, nahm auch die Zahl der Lehrer jüdischen Glaubens zu. Sie stieg von 35 auf 113, demnach von 4 auf 10 Prozent. Die meisten von ihnen gehörten niedrigeren Rängen an, aber der Trend war klar und beschleunigte sich zweifellos nach 1890. Konvertierte Juden wurden in Preußen bei entsprechender Religionsangabe als Protestanten geführt.

30 Zu dem Manifest der 93 vgl. Bernhard vom Brockes maßgebliche Untersuchung: Wissenschaft und Militarismus, in: Wilamowitz nach 50 Jahren. Darmstadt 1985, S. 649–719. Siehe auch Fritz Stern, Der Kulturpessimismus als Politische Gefahr. Bern/Stuttgart 1963, besonders S. 248–251.

31 Albert Einstein, Über den Frieden, hg. von Otto Nathan und Heinz Norden. Bern 1975, S. 20 (zuerst engl. New York 1960).

32 Einstein an Rolland, 22.8.1917, in: Romain Rolland, Zwischen den Völkern. Aufzeichnungen und Dokumente aus den Jahren

1914–1919. Bd. 1. Stuttgart 1954, S. 418f. Zitiert nach: Bernhard vom Brocke, Wissenschaft versus Militarismus. Nicolai, Einstein und die «Biologie des Krieges», in: Annali dell'Istituto storico italo-germanico in Trento X 1984. Bologna 1985, S. 405–508, hier: S. 409. – G. F. Nicolai, Die Biologie des Krieges (1917). 4., erw. Aufl. Darmstadt 1985, S. 12–14. Zur lebenslangen Verbindung Einstein-Nicolai, der 1921/22 den ersten Lehrfilm «Die Grundlagen der Relativitätstheorie» zur Verteidigung Einsteins drehte: Wolf Zuelzer, Der Fall Nicolai. Frankfurt a.M. 1981, S. 315ff., 320ff. und passim.

33 Im Januar 1918 ersuchte das Oberkommando in den Marken den Berliner Polizeipräsidenten, gewissen prominenten Pazifisten, darunter auch Einstein, die Erlaubnis zu Auslandsreisen nur mit Zustimmung des Oberkommandos zu erteilen: Albert Einstein in Berlin 1913–1933. Teil I: Darstellung und Dokumente, bearb. von Christa Kirsten und Hans-Jürgen Treder. Berlin (Ost) 1979, S. 198f.

34 Eine Abschrift befindet sich im AEA. Vgl. auch: Gedächtnisausstellung zum 100. Geburtstag von Albert Einstein, Otto Hahn, Max von Laue, Lise Meitner, Staatsbibliothek Preußischer Kulturbesitz. Berlin 1979, S. 63f.

35 Haber an Weizmann, um 1934, in: Rudolf A. Stern, Fritz Haber. Personal Recollections, in: Leo Baeck Institute. Yearbook 8 (1963), S. 111.

36 Vgl. Habers Memorandum an Krupp vom 18.9.1917. Diese Akte wurde mir freundlicherweise vom Krupp-Archiv Essen zur Verfügung gestellt.

37 Haber an v. Valentini, 2.1.1916, MPG-Archiv, V. Abt., Rep. 13 Haber, Nr. 1623.

38 Ebd.

39 Einen raschen Überblick über Habers Vorstellungen von Wissenschaft und Kriegsführung vermittelt: ders., Die Chemische Industrie und der Krieg, in: Die Chemische Industrie, Nr. 31/32 (1920), MPG-Archiv. Habers jüngster Sohn hat eine meisterhafte Studie über den Gaskrieg veröffentlicht: Ludwig F. Haber, The Poisonous Cloud. Chemical Warfare in the First World War. Oxford 1986.

40 Der Brief ist auf dem Briefpapier seiner Frau geschrieben, gezeichnet Frau Klara Haber, Dr. phil. Der Hauptteil des Briefes betrifft die Nachfolge auf den Lehrstuhl Baeyers, der der herausragende Chemiker seiner Zeit gewesen war. Haber diskutierte die Namen, die Sommerfeld aufgeführt hatte; sein Freund Willstätter war nicht erwähnt. Gleichwohl wurde dieser auf

den Lehrstuhl berufen und war seither nicht mehr Habers Nachbar. Haber an Sommerfeld, 19.1.1915, Leo Baeck Archiv New York (LBA).

41 Clara Immerwahr-Habers Schicksal ist inzwischen eingehend und kontrovers diskutiert worden. In einem späteren Buch werde ich zu dieser polemisch diskutierten Frage Stellung nehmen.

42 Im Januar 1918 schickte Haber Einstein einen langen, handgeschriebenen Brief, weil er fürchtete, daß die Art und Weise, wie er einer Forderung Einsteins nachzukommen gesucht hatte, diesem mißfallen haben könnte. Einstein hatte sich Hilfe für seinen Freund Gunnar Nordström, einen finnischen Physiker, erbeten, der ins neutrale Holland reisen wollte. Haber war mit der Bitte an höchster Stelle vorstellig geworden, und Einstein hatte ihn anscheinend hierfür gerügt. Haber versicherte Einstein, «nichts hat mir ferner gelegen ... als Vergnügen an Ihrer Unvertrautheit mit militärischen Formen [zu empfinden].» Dann belehrte er Einstein: «Das Leben beruht nicht nur im Gebiet der mathematischen Physik auf der Kenntnis und Befolgung gewisser formaler Zusammenhänge und nicht nur auf dem Gebiete, in dem Sie Wunder wirken, ist ohne die formalen Gesetze oft zum Erfolg nicht zu gelangen. Für mich erbitte ich lediglich den Glauben bei Ihnen, daß ich froh und glücklich bin, Ihnen nützlich zu sein, daß ich für Ihre Person und Leistung zu viel Respekt habe, um mich über irgend etwas, was Sie thun (sic) lustig zu machen, und daß ich Sie persönlich lieb habe.» Haber an Einstein, Januar 1918, AEA.

43 Moellendorf an Haber, 5.9.1916, Nachlaß Moellendorff, Bundesarchiv Koblenz, vgl. Gerald D. Feldman, Army, Industry and Labor in Germany 1914–1918. Princeton 1966, Kapitel III.

44 Brief an Rudolf Stern, 1917, in meinem Besitz.

45 Haber an Carl Duisberg, 11.2.1918, MPG-Archiv.

46 Scheüch an Haber, 27.11.1918, MPG-Archiv.

47 Haber an Moellendorff, 9.12.1918, Bundesarchiv Koblenz. Zu Moellendorff vgl. Ralph H. Bowen, German Theories of the Corporative State. With Special Reference to the Period 1870–1919. New York 1947, S. 182–195, und die neuere Studie von David E. Barclay, Rudolf Wissell als Sozialpolitiker 1890–1933. Berlin 1984, S. 75–142.

48 Fritz Haber, Die deutsche Chemie in den letzten 10 Jahren (Vortrag in Buenos Aires, 4.12.1923), in: ders., Aus Leben und Beruf. Aufsätze, Reden, Vorträge. Berlin 1927, S. 7–24, hier: S. 20.

49 Einstein an Besso, 4.12.1918, in: Albert Einstein. Michele Besso, Correspondence, 1903–1955. Paris 1972, S. 145.
50 Gedächtnisausstellung (wie Anm. 34), S. 90.
51 Marshall Missner, Why Einstein became Famous in America, in: Social Studies of Science, Bd. 15 (1985), S. 269, legte eine andere Fassung der Bemerkungen von Thomson nahe. Sein Zitat aus der «Times» ist jedoch grammatikalisch fehlerhaft. Über die tatsächlichen Worte, die Thomson äußerte und die sofort in leicht unterschiedlichen Fassungen gedruckt wurden, bestehen somit gewisse Zweifel.
52 Ein gewisser Skeptizismus und Befürchtungen im Hinblick auf einen «Bolschewismus in der Wissenschaft» – so die Formulierung eines Reporters in der New York Times vom November 1919 – bestanden auch in den USA. Vgl. Marshall Missner (wie Anm. 51), S. 277.
53 Vgl. Felix Gilbert, Einstein und das Europa seiner Zeit, in: Historische Zeitschrift, Bd. 233 (1981), S. 1–33.
54 Kirsten/Treder I (wie Anm. 33), S. 201–203.
55 Vgl. Friedrich Herneck, Albert Einstein. Ein Leben für Wahrheit, Menschlichkeit und Frieden. Berlin (Ost) 1963 ([3]1967), S. 156–184. Insbesondere die stark gekürzten populären Auflagen seit 1973 (zuletzt [6]1982, S. 70–83) leiden unter groben marxistischen Vereinfachungen. Des weiteren siehe: Gedächtnisausstellung (wie Anm. 34), S. 90–93; Kirsten/Treder I (wie Anm. 33), S. 206f.
56 Zu den Angriffen Lenards vgl. Alan D. Beyerchen, Wissenschaftler unter Hitler. Physiker im Dritten Reich. Köln 1980, S. 133, 115–145.
57 Haber an Willstätter aus Bad Nauheim, undatiert, MPG-Archiv.
58 Kirsten/Treder I (wie Anm. 33), S. 209.
59 Abraham Pais (wie Anm. 16), S. 302.
60 Haber an Einstein, 1919, MPG-Archiv.
61 Wissenschaft und Buchhandel. Der Verlag von Julius Springer und seine Autoren. Briefe und Dokumente aus den Jahren 1880–1946, bearb. von Michael Davidis, Ausstellungskatalog Deutsches Museum. München 1985, S. 55f.
62 1903 schrieb Einstein einem Freund, daß seine Schwester Maja «im Grunde ihres Herzens, tief in dem Kämmerlein des Unbewußten natürlich» andere Gefühle haben mochte über die vermutlichen geldlichen Verpflichtungen, die sie einem ehemaligen Angestellten ihres Vaters gegenüber hatte, als sie es selbst zugeben wollte oder es ihr bewußt war. Einstein an Besso, Ja-

nuar 1903, (wie Anm. 49), S. 4. Ohne Zweifel bemühte sich Haber um Geld für Einstein. 1920 beauftragte er einen Dr. Lieber in New York, Einsteins Plan für eine anstehende, dann aber verschobene Reise in die USA zu koordinieren. «Herr Einstein würde die Reise und die Vorträge in Amerika nicht übernehmen, wenn er ein vermögender Mann wäre.» Anfangs hatte Einstein gehofft, 30 000 Dollar während seines sechsmonatigen Aufenthalts zu verdienen, Haber hielt jedoch 25 000 Dollar für eher wahrscheinlich. Gewiß zahlte sich auch Einsteins Ruhm aus, insbesondere im reichen, kulturhungrigen und neugierigen Amerika. Haber an Dr. Lieber, 30.11.1920; Einstein an Haber, Oktober 1920, AEA.

63 Haber an Einstein, 30.8.1920, AEA.

64 Einstein an Besso, 8.9.1918 (wie Anm. 49), S. 139f.

65 Einstein an Laue, 1928, AEA.

66 Haber an Einstein, 9.3.1921, AEA.

67 Einstein an Haber, 9.3.1921, AEA.

68 Die Handschriften befinden sich im AEA.

69 Willstätter (wie Anm. 1), S. 235, 340–346; Haber an Willstätter, Juni 1924 (das genaue Datum ist unklar), MPG-Archiv.

70 Haber, «Die Notgemeinschaft der deutschen Wissenschaft», 1920, MPG-Archiv.

71 K. F. Bonhoeffer, Fritz Habers wissenschaftliches Werk, in: Zeitschrift für Elektrochemie, Bd. 57 (1953), S. 6.

72 Vgl. Eberhard Friese, Kontinuität und Wandel. Deutsch-japanische Kultur- und Wissenschaftsbeziehungen nach dem Ersten Weltkrieg, in: Forschung im Spannungsfeld von Politik und Gesellschaft, hg. von Rudolf Vierhaus und Bernhard vom Brocke. Stuttgart 1990, S. 801–834.

73 Rudolf A. Stern (wie Anm. 35), S. 70–102, hier: S. 96f.

74 New York Times, März 1933, «Dr. Einstein urges Hitler Protests», MPG-Archiv.

75 Julie Braun-Vogelstein, Was niemals stirbt. Gestalten und Erinnerungen. Stuttgart 1964, S. 353; Kirsten/Treder I (wie Anm. 33), S. 250f., 265f.

76 Ebd., S. 245.

77 Elsa Einstein an Yehuda, 24.7.1933, National-University Library, Jerusalem.

78 Franck an Haber, 15.4.1933, MPG-Archiv.

79 Zuerst veröffentlicht in: Willstätter (wie Anm. 1), S. 273.

80 Haber an Willstätter, nicht datiert, eindeutig jedoch Anfang Mai 1933, MPG-Archiv.

81 K. F. Bonhoeffer an Haber, 5.5.1933, MPG-Archiv.

82 Haber an Weizmann, 5.10.1933, Weizmann-Archiv, Rehevoth.
83 Willstätter an Weizmann, 23.10.1933, Weizmann-Archiv, Rehevoth.
84 Einstein an Haber, 19.5.1933, AEA.
85 Haber an Einstein, ca. 7. oder 8.8.1933, MPG-Archiv.
86 Einstein an Haber, 10.8.1933, AEA.
87 Willstätter an Haber, 22.1.1934, MPG-Archiv.
88 Haber an Rudolf Stern, Januar 1934, MPG-Archiv.
89 James Franck an Rudolf Stern, 23.2.1934; James Franck an Hermann und Marga Haber, 6.2.1934, MPG-Archiv.
90 Weizmann an H. Haber, 4.2.1934, MPG-Archiv.

Quellenangaben

Die zweite Chance. In: Umbrüche und Aufbrüche. Europa vor neuen Aufgaben. Vortragsreihe. Herausgegeben von der Robert Bosch Stiftung. Stuttgart 1992.

Die Historiker und der Erste Weltkrieg. Erstdruck: Historians and the Great War. Private Experience and Public Explication. The Yale Review 82/1 (1944), S. 34–54. Deutsch in: Transit. Europäische Revue 8 (Herbst 1994), S. 116–136. Aus dem Englischen von Reinhard Kaiser.

Deutsche Vergangenheit in amerikanischer Sicht. Erstdruck in: Den Staat denken. Theodor Eschenburg zum Fünfundachtzigsten. Hrsg. von Hermann Rudolph. Berlin 1990. Neu übersetzt von Karl Heinz Siber. Auf Englisch zuerst in: Central European History 19 (1986), S. 131–163.

Chaim Weizmann und der liberale Nationalismus. Erstdruck: Chaim Weizmann and Liberal Nationalism. The Annual Chaim Weizmann Lecture in the Humanities. 20. März 1994. Deutsch in: Sinn und Form 6 (1995) S. 874–892. Aus dem Englischen übersetzt von Erich Ahrndt.

Paul Ehrlich. Vortrag bei der Eröffnung des Paul-Ehrlich-Instituts in Langen im Mai 1990. Erweiterte Fassung. Bisher unveröffentlicht.

Walther Rathenau. Deutscher Erstdruck in: Die Grenzen sprengen. Edzard Reuter zum Sechzigsten. Berlin 1988. Überarbeitete Fassung.

Freunde im Widerspruch: Haber und Einstein. In: Forschung im Spannungsfeld von Politik und Gesellschaft. Geschichte und Struktur der Kaiser Wilhelm-/Max-Planck-Gesellschaft. Herausgegeben von Rudolf Vierhaus und Bernhard vom Brocke. Stuttgart 1990, S. 516–551. Aus dem Englischen übersetzt von Heidrun

Homburg und Bernhard vom Brocke. Erweiterte Fassung. Die im Erstdruck enthaltenen Abbildungen wurden nicht übernommen.

Verlorene Heimat. Vortrag am 1. Juni 1995 im Polen-Institut in Berlin. In: Landeszentrale für Politische Bildung Schleswig Holstein. Labskaus Nummer 5 (1996), S. 9–15.